古典文獻研究輯刊

三四編

潘美月・杜潔祥 主編

第 32 冊

杜詩闡
（第一冊）

陳 開 林 校證

國家圖書館出版品預行編目資料

杜詩闡（第一冊）／陳開林 校證 -- 初版 -- 新北市：花木蘭
文化事業有限公司，2022〔民111〕
目 42+180 面；19×26 公分
（古典文獻研究輯刊 三四編；第32冊）
ISBN 978-986-518-887-0（精裝）
1.CST：杜詩闡 2.CST：校勘
011.08   110022686

ISBN-978-986-518-887-0

古典文獻研究輯刊
三四編　第三二冊   ISBN：978-986-518-887-0

杜詩闡（第一冊）

作　　　者　陳開林 校證
主　　　編　潘美月、杜潔祥
總 編 輯　杜潔祥
副總編輯　楊嘉樂
編輯主任　許郁翎
編　　　輯　張雅淋、潘玟靜、劉子瑄　美術編輯　陳逸婷
出　　　版　花木蘭文化事業有限公司
發 行 人　高小娟
聯絡地址　235 新北市中和區中安街七二號十三樓
　　　　　　電話：02-2923-1455／傳真：02-2923-1452
網　　　址　http://www.huamulan.tw 信箱 service@huamulans.com
印　　　刷　普羅文化出版廣告事業
初　　　版　2022 年 3 月
定　　　價　三四編 51 冊（精裝）台幣 130,000 元

杜詩闡
（第一冊）

陳開林　校證

作者簡介

陳開林（1985～），湖北麻城人。2009 年畢業於重慶工商大學商務策劃學院，獲管理學學士學位（市場營銷專業商務策劃管理方向）。2012 年畢業於湖北大學文學院，獲文學碩士學位（中國古代文學先秦方向）。2015 年畢業於華中師範大學文學院，獲文學博士學位（中國古代文學元明清方向）。現為鹽城師範學院文學院副教授。主要從事易類、子部、集部文獻的整理與研究。出版專著《〈全元文〉補正》《劉毓崧文集校證》《〈周易玩辭困學記〉校證》《〈純常子枝語〉校證》，並在《圖書館雜誌》《文獻》《中國典籍與文化》《古典文獻研究》《圖書館理論與實踐》《中國詩學》等刊物發表論文 90 餘篇，另有「史源學考易」系列、清代別集系列數種待刊。

提　　要

　　清代是繼宋代之後的又一個杜詩學研究的高峰時期，注杜之作大量湧現。盧元昌的《杜詩闡》是清初非常重要的杜詩注本。其解杜的獨特方式和學術價值得到了學界的高度肯定。仇兆鰲的《杜詩詳注》曾大量徵引盧元昌的觀點。《杜集書錄》稱：「在仇《注》以前清初之杜學家，吳見思之《杜詩論文》及盧氏《杜詩闡》，均是獨創風格」；並指出「可取資者不少」、「正有發人所未發也」。然而令人遺憾的是，學界關於《杜詩闡》的研究雖然有一些成果，包括期刊論文和學位論文，在相關的清代杜詩學的研究專著中也有論及，然而基礎的文獻整理工作尚付之闕如。

　　本書是《杜詩闡》的首個整理本。校點工作以清康熙二十五年刻本為底本，以清康熙二十一年刻本為參校本。遇有與通行本之異文，則取《錢注杜詩》《杜詩詳注》《讀杜心解》《杜詩鏡銓》等加以校勘。書中徵引杜詩及其他文獻，均查找史源，加以注明。另外，學界通常認為《杜詩闡》之「注、釋、評，均出以己語，概不據引前敘人舊注」，此說實則有誤。經過考索，書中對宋人、清人之注時有引錄，或明引，或暗引，絕大多數不加注明，在整理過程中亦盡力查出。

目

次

第二冊

第三冊

前　言

一

　　兼具高尚人格和精湛詩篇的杜甫，其人其詩獲得了學界的高度肯定，被冠以「詩聖」、「詩史」的美譽。蘇軾說「古今詩人眾矣，而杜子美為首」（《王定國詩集敘》），陳寅恪稱「少陵為中國第一詩人」（《書杜少陵〈哀王孫〉詩後》），錢鍾書稱「舊詩傳統裏排起座位來，首席是輪不到王維的。中唐以後，眾望所歸的最大詩人一直是杜甫」（《中國詩和中國畫》），而洪業更是直接以《杜甫：中國最偉大的詩人》為題寫書。杜詩則以其承前啟後的姿態矗立於詩壇，成為後人師法、取資的重要泉源，對中國詩學的影響極為深遠，似乎難能有二。在杜詩的流傳過程之中，歷代學人更是為之傾注了大量的心血，相關的箋釋、評注、考訂、編年、集句之作不斷湧現，層出不窮。職是之故，杜詩學也應運而生〔註1〕，迄今蔚為大觀，已成顯學。

　　為了有效地把握杜詩學的總體面貌，便於相關研究工作的開展，學者們不斷地編制各類杜詩學文獻目錄，以期「即類求書，因書究學」，成果也頗為豐碩，先後出現了鄭慶篤、焦裕銀、張忠綱、馮建國四人合著的《杜集書目提要》（齊魯書社1986年9月版）和周采泉《杜集書錄》（上海古籍出版社1986年12月版）等目錄。作為此一領域的晚出者，張忠綱、趙睿才、綦維、孫微主編的《杜

〔註1〕學界關於杜詩學研究的專著已有多部，其中胡可先先生的《杜甫詩學引論》
　　　　建構最為詳備，並將杜詩學分為七個方面（安徽大學出版社2003年版，第6
　　　　頁）：（1）杜詩的著錄；（2）杜詩的版本；（3）杜詩的校勘；（4）杜詩的注釋；
　　　　（5）杜詩的史料；（6）杜詩的評點；（7）杜詩的文化。

集敘錄》一書在充分吸收前人研究成果的基礎之上，不斷完善和修訂，後出轉精，以著錄完備、考訂精審著稱，成為其中的集大成者。該書分「唐五代編」、「宋代編」、「金元編」、「明代編」、「清代編」、「現當代編」、「國外編」七個部分，「所收杜集，包括自唐迄今中國（包括臺灣、香港、澳門地區）和國外（包括歐美、朝鮮半島、日本、越南等地區和國家）有關杜甫詩文的全集、選集、評注本及各類研究著作、文藝作品（包括集杜、和杜、擬杜及傳奇、雜劇、小說、電影）等」（《凡例》一），並對著錄的每一部作品均撰寫提要，予以介紹，共計 1261 種（見《前言》）。該書自 2008 年出版以來，備受學界推崇〔註2〕。

　　在杜詩學史上，宋代和清代是兩個高峰。宋代出現了「千家注杜」的盛況，開啟了集注、編年、評點、分類等研究路徑。清代是中國學術的集大成時期，在杜詩學領域也出現了一大批蜚聲學界的精品，如錢謙益《錢注杜詩》、朱鶴齡《杜工部集輯注》、仇兆鰲《杜詩詳注》、浦起龍《讀杜心解》、楊倫《杜詩鏡銓》等，直至今日依然是學人研治杜詩的重要參考。

　　《杜集敘錄》「清代編」共著錄 386 位學者的 413 部著作，當然還有少量失載之書〔註3〕，數量極大。除了前舉聞名之作外，還有一些典籍本身具有很高的學術價值，在當時也頗為知名，但由於年代久遠，已經變得日漸沈寂，不為所重。諸如顧宸《辟疆園杜詩注解》、盧元昌《杜詩闡》等。

二

　　總體而言，學界關於盧元昌的研究成果不太多，計有碩士論文三篇：劉曉亮《盧元昌〈杜詩闡〉研究》（暨南大學 2013 年），王琦宇《〈杜詩闡〉研究》（西北大學 2014 年），王雪《〈杜詩闡〉整理與研究》（西北大學 2019 年）；期刊論文六篇：鄭子運《盧元昌〈杜詩闡〉論略》（《井岡山大學學報》2010 年第 6 期），劉曉亮《論〈杜詩闡〉的「以杜注杜」方法》（杜澤遜主編《國學季刊》第 3 期，山東人民出版社 2016 年版），劉曉亮《盧元昌著述考》（《杜甫研究學刊》2016 年第 1 期），劉曉亮、徐國榮《新見盧元昌〈半林詩稿〉考

〔註2〕參見王靜、劉冰莉《杜詩學文獻研究的集大成之作——簡評〈杜集敘錄〉》，《杜甫研究學刊》 2009 年第 3 期；梁桂芳《「杜詩學」文獻研究的集大成之作——讀張忠綱、趙睿才、綦維、孫微〈杜集敘錄〉》，《杜甫研究學刊》，2010 年第 2 期。

〔註3〕參著者《〈杜集敘錄〉清代編作家傳記補正》，刊《中國詩學》2018 年第 26 輯。

略》（《文獻》2017 年第 2 期），劉曉亮《論清代江南奏銷案對盧元昌〈杜詩
闡〉的影響》（《中華文化論壇》2016 年第 7 期），王雪《〈杜詩闡〉四庫提要
疏證》（《世界家苑》2018 年第 8 期）。另外，兩部專著中亦有論及。（劉文剛
《杜甫學史》第四章《清：盧元昌》；鄭子運《明末清初詩解研究》第三章《解
詩者的生平及其詩解的價值》（下）第二節《盧元昌〈杜詩闡〉吳見思〈杜詩
論文〉》，鳳凰出版社 2010 年版）

　　其中，劉曉亮《盧元昌〈杜詩闡〉研究》附錄有《盧元昌年譜簡編》，根
據盧元昌《半林詩稿》、顧景星《白茅堂集》、董含《三岡識略》等文獻勾稽而
成。王雪《〈杜詩闡〉整理與研究》以清康熙二十一年刻本整理了《杜詩闡》
的卷一、卷二部分。

　　盧元昌之生平，典籍記載較少。〔註4〕劉曉亮據《明清江蘇文人年表》定
其生於明萬曆四十四年（1616）。明諸生，終生未仕。順治十八年，因坐逋賦
案（即奏銷案），被銷諸生籍。據《清詩紀事》《全明詞》《全清詞》定其卒年
為康熙 34 年（1695 年）。

　　董含《三岡識略》記載：

　　　　盧先生元昌，晚自號半林居士，湛思經術，晝夜不輟，尤精注
　　疏。所評月旦，傾動海內。素善飲酒，喜長嘯，每當高會，浮白拊
　　掌，千人辟易。苟非同志者，白眼睨視，不接一談，時人往往畏而
　　謗之。晚歲著述益富，雖病不廢筆墨。

　　可知其人頗具個性。

　　其生平著述，除《杜詩闡》外，另有《半林詩集》三卷、《左傳分國纂略》
十六卷、《唐宋八大家集選》十二卷、《國書》十九卷（《明紀本末國書》）、《稀

─────────────

〔註4〕楊武泉《四庫全書總目辨誤》（上海古籍出版社 2001 年版，第 251 頁）：
　　122。杜詩闡
　　《總目》卷一七四云：國朝盧元昌撰。元昌有《左傳分國纂略》，已著錄。
　　《左傳分國纂略》，《四庫總目》未著錄，蓋成書時刪去也。由於該書失載，
　　以致撰人盧元昌之籍貫與生平簡歷，亦為失載，甚可惜也。
　　陳乃乾編《室名別號索引》「半林居士」條云：「清華亭盧元昌。」楊廷福、
　　楊同甫編《清人室名別稱字號索引》云：「盧元昌，華亭人，字文子，號半林
　　居士、稀留、半林、思美盧。」雍正《江南通志》卷一六六人物‧文苑‧松江
　　府盧元昌傳云：「字文子，華亭人，諸生。著述有盛名。詩學杜陵，有《杜詩
　　闡》、《唐宋八家文選》，操選政數十年，以壽終。」可略見盧元昌之籍貫與生
　　平。

餘堂留稿》一卷、《東柯鼓離草》一卷、《思美廬刪存詩》等。（參《盧元昌著述考》）

其中，以《杜詩闡》最為知名。

三

《杜詩闡》一書的卷數，諸書所記互有差異。對此，《盧元昌著述考》曾有論列。該文指出：

> 關於《杜詩闡》之卷數，（1）《清文獻通考》《清史稿·藝文志四》《松江府志·藝文志》《華亭縣志·藝文》皆謂「三十三卷」，持此說者另有康熙壬戌（1682）年刻本、丙寅（1685年）刊本及周采泉、鄭慶篤、張忠綱、孫微、鄭子運等；（2）董含《三岡識略·雲間著述》謂「盧先生元昌有《分國左傳》十六卷、《杜詩闡》三十四卷」；（3）《全清詞》「盧元昌小傳」謂「四十餘卷」；（4）葉嘉瑩《杜甫秋興八首集說》「引用書目」中有《杜詩闡》，謂「三十卷十九冊」。

由於書缺有間，無從目驗諸本，其間記載之差異難以釐清。現存《杜詩闡》之版本，有兩種：一為康熙二十一年思美堂刻本，一為康熙二十五年書林王萬育刻本，均為三十三卷。學界普遍認為二種刻本內容完全一樣，二十五年本係翻刻二十一年本。從版式而言，二書確實相同。但經過全書的比對之後，可以發現二書之間還是存在一些差異。

首先，二十五年刻本刪去了五處文句：

（1）卷三《送高三十五書記十五韻》，二十一年刻本文末有「○唐簿尉有過，刺史撻之，故云『捶楚』。見《通鑑》」；

（2）卷六《紫宸殿退朝口號》，二十一年刻本題下注「○女官導駕，朝儀褻矣。退朝會送，上文韜也。詩起結有議，本詩說」；

（3）卷十一《蜀相》，二十一年刻本題下注「《實錄》載唐順宗疾，立太子，王叔文憂之，吟口詩末二句以自況。叔文固可恥，公之詩則已見重於唐」；

（4）卷十二《惡樹》，二十一年刻本文末有「○考漢哀時，夏候憲惡劉放，指殿中雞棲樹曰：『此亦久矣，其能復幾奈爾何？』三字似有會，作樹名亦可」；

（5）卷三十一《憶昔行》，二十一年刻本文末有「○《唐志》載盧老知未來事，隋時寓雲際寺，後館於唐崔鐃家」。

而二十五年刻本均無。

其次，二書之間存有異文。如卷三十三《奉送二十三舅錄事之攝郴州》，二十五年刻本稱「當年所交者，司馬、諸葛之流，舅氏是也」。其中，「司馬諸葛」，二十一年本作「乃崔州平」。

另外，還有一個問題需要交代。二十五年刻本還有兩種不同的系統。書中正文全同，差異只表現在兩個方面（如下圖）：一是封面不同，一本題「書林孫敬南梓行」，一本題「書林王萬育、孫敬南梓行」；二是卷次下編者信息不同，一本題「同學王日藻卻非氏閱　華亭盧元昌文子氏述　武林弟璉漢華氏訂」，一本僅題「華亭盧元昌文子氏著」。

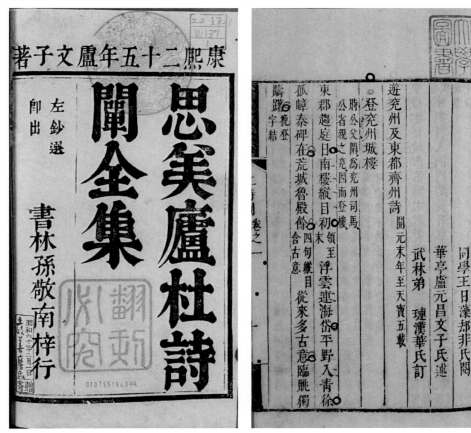

日本早稻田大學圖書館藏二十五年刻本封面、內頁

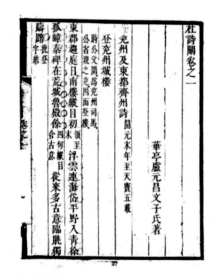

臺灣大通書局「杜詩叢刊」二十五年刻本封面、內頁

四

關於的創作，盧元昌在《自序》中有明確的交代，稱：

　　猶憶余丁壯盛，沉溺於雞林之業者垂二十年，彼時朝諷夕披，寒不爐，暑不扇，矻矻不少休。雖非為己之學，而樂此不疲，亦足以消磨歲月，即精神志氣得有所寄託，而窮通得喪、生老病死，果不足以介其懷。自被放輟舉子業，雞林之請謝，自分非場屋中人矣，碌碌於此奚為者？於乙巳秋病間，遂從事於《少陵詩集》云。世稱少陵詩之難讀也，古今註家，奚翅數十？顧有因注得顯者，亦有因注反晦者。一晦於訓詁之太雜，一晦於講解之太鑿，一晦於援證之太繁。反是者，又為膚淺凡庸之詞，曰：「吾以杜註杜也。」則太陋！況長篇而所發明者只一二言，數首而所發明者只一二首，其眾所曉者及之，眾所不曉者仍置焉，如是者又太簡。余於雜者芟之使歸於一，於鑿者核之使確，於繁者約之使不多指而亂視，於陋者澤之使雅，於簡者櫛比而徧識之使不罣漏。而又加以鎔鑄組織之功焉，以意逆志，既又發其言中之意，意中之言，使當年幽衷苦調曲傳紙上，而又旁羅博採，凡注家所未及者約千有餘條，名之曰《杜詩闡》，蓋

自乙巳至壬戌，凡十八年矣。

盧元昌早年和傳統讀書人一樣，致力於舉業。後因坐逋賦案（即奏銷案），「被放輟舉子業」，遂專意於杜詩。浸淫十八年，方成此書。盧元昌之前，已經出現了眾多的杜詩注本。宋代且不說，即便是清代，已有錢謙益、朱鶴齡等人之名作。但盧元昌認為前人注杜之書「一晦於訓詁之太雜，一晦於講解之太鑿，一晦於援證之太繁」，仍有發揮之餘地，故而撰成此書。

有別於前人的是，《杜詩闡》沒用將重心放在字詞的箋釋上面，畢竟這部分已經有了非常豐富的成果，難以突破，而是充分運用科舉制義之學，對杜詩進行了充分的闡發。四庫館臣批評該書，稱「然其注如《四書講章》，其評亦如時文批語。說詩不當如是，說杜詩尤不當如是也」，實為過激。

關於《杜詩闡》的體例，前舉之研究成果多有論及。洪業《杜詩引得序》指出：

> 書中錄詩，不載校文，編次與諸家皆不同，但亦大略以地時為先後。詩中輒注出段落後，則先譯詩為文，時亦抑揚可誦，更勝吳見思所作；又輒更綴一小論，多是引證史事，或別舉杜詩他篇，以求闡發杜意無遺云。

王雪《〈杜詩闡〉四庫提要疏證》指出：

> 《杜詩闡》將注、批、述、闡相結合來「闡」杜，主要有題解、夾批、述、闡四部分。大部分詩的詩題後有題解，內容涉及引用杜甫自注，繫年考訂，注釋人物及職官，注解寫作背景等不同方面。夾批主要批註詩歌的行文、結構、寫作手法。述，在每首（全書只有兩首詩後無「述」）詩歌後用杜甫的口吻敘述詩歌大意，多用四六句式，對偶排比。闡，在述後，用○將兩部分分隔開，全書一半左右的詩歌後都有闡，是全書最有價值的部分，除了闡發此前注家未及者，也分析考證前人舊注，訂正其中存在的錯誤。

竊以為王雪所謂的「述」即是「闡」，這部分篇幅最大，才是「全書最有價值的部分」。而其所謂的「闡」，篇幅遠不及「述」多，似可稱為「考」，即洪業所謂的「又輒更綴一小論」。

具體來講，《杜詩闡》的內容可以細分為如下幾個大的方面，各附數例加以說明。

（1）辨文字

「卷」是著力字，須用「聽」字對，且不出韻。公決是「昨夜聽」，「聲」字必繫傳寫之悞。（卷十四《客舊館》）

「春苗」當是「青苗」。夔有青苗陂，公《夔州歌》「北有澗水通青苗。晴浴狎鷗分處處」。（卷二十五《鷗》）

（2）作品繫年

按：翰召見華清宮，在天寶六載，未授隴西節度使。與安祿山同入朝，在十一載冬，未投河西節度使，未封西平郡王。此詩定是十三載春，翰為部將論功，奏高適為書記時贈。（卷三《投贈哥舒開府翰二十韻》）

此章據呂、蔡《譜》，皆云：「天寶十四載十一月初，公越奉先作。」黃鶴謂是十三載。公《夔府書懷》詩：「昔罷河西尉，初興薊北師」，是祿山之反，在罷尉官定後；奉先之赴，又在兵曹未授前。故詩曰「杜陵有布衣」。按史：十四載八月，免今載百姓租庸。若赴奉先在其年，詩中不得極言鞭撻聚歛。十三載秋七月，霖雨六旬不止，關中大饑。公妻子在奉先，必罹艱食，故曰「無食」，曰「秋未登」。黃鶴是。（卷四《自京赴奉先縣詠懷五百字》）

有編此詩於廣德二年，謂公憶去年十月吐蕃逼長安，代宗幸陝。公遠客成都，未知消息，因野人之贈，忽思今日玉食有此時物否。謬矣。微論廣德年間，公在東川，與西蜀無涉。即是年公《傷春五首》，已自注云：「巴閬僻遠傷春罷，始知春前已收宮闕。」櫻桃為孟夏之物，此時尚未知消息，不幾與自注相左。（卷十三《野人送朱櫻》）

（3）辨舊注

按：公種稻皆在東屯。讀《補稻畦水》〔註5〕及《督促耗稻》〔註6〕兩詩，皆東屯也。雖卜居瀼西，有「春耕破瀼西」句，其實瀼西未嘗種稻，蔬果居多。蓋瀼西石田，不可耕。東屯水平土沃，米冠蜀中，故兩次還東屯，皆曰歸田。黃鶴以「茅堂檢校收稻」為

〔註5〕《杜詩闡》卷二十六《行官張望補稻畦水歸》。

〔註6〕《杜詩闡》卷二十七《秋行官張望督促東渚耗稻向畢清晨遣女奴阿稽暨子阿段往問》。

收瀼西之稻，「復還東屯」刈稻為刈東屯之稻。微論公非老農，不若是之貪得。即客居旅食，臧獲寥落，亦無僕僕東西，兩處耕種之理。瀼西蔬果，責成篡子；東屯稻禾，責成行官。公詩了然。（卷二十九《暫往白帝復還東屯》）

舊註謂殺刺史者，吳璘、翟封；討平之者，杜鴻漸、楊子琳。都謬。公第三章言之「殿前兵馬雖驍雄」，朝廷自撤禁軍，縱略與羌渾同，是作亂者羌渾也。（卷三十《三絕句》之一）

（4）總結杜詩用詞慣例

公詩中慣用「為」字作韻腳。如《贈畢曜》曰「顏狀老翁為」，此「為」字下得苦；《孟冬》詩曰「方冬變所為」，此「為」字下得微；《送王侍御》曰「此贈怯輕為」，此「為」字下得逸；《偶題》曰「餘波綺麗為」，此「為」字下得雅；《復至東屯》曰「一學楚人為」，此「為」字下得傲；《和少府書齋》曰「書齋聞爾為」，此「為」字下得蘊藉；此曰「樂任主人為」，此「為」字下得放。（卷十九《宴戎州楊使君東樓》）

公詩慣用「底」字。「底」作「何等」二字解。如「花飛有底急」，言花有何等事而急；「終朝有底忙」，言終朝有何等忙而不來；「文章差底病」，言文章差比何等病；此曰「盤渦鷺浴底心性」，言盤渦鷺浴，是何等心性。（卷二十一《愁》）

不宜然而然曰犯。公用「犯」字都有謂。《將曉》詩曰「飄飄犯百蠻」，言老不可入蠻也。《對雪》詩曰「北雪犯長沙」，言北不可侵南也。此曰「蠻歌犯星起」，言夜不可冒曉也。（卷二十八《夜二首》）

「磊落」二字，公於星曰「磊落星月高」，於馬曰「騰驤磊落三萬匹」，於鶴曰「磊落如長人」，於人曰「君看磊落士」，又曰「磊落映時賢」，於畫曰「磊落字百行」，於事曰「磊落貞觀事」，此於使君則曰「於君最磊落」。註家於秦州詩「磊落星月高」句必引古詩以實之，亦迂矣。（卷三十《敬寄族弟唐十八使君》）

（5）組詩串講

首章曰「平生為幽興」，末章曰「幽意忽不愜」，首尾對照。大抵山林遊宴，非有幽興者不能窮其勝。公遊何將軍山林，發於幽興，

先於首章點破，以下九章都寫幽興。次章幽興溢於百頃千章，寓於香芹碧澗，似矣。不知登臨發柂樓之想，山林動越中之思，為興真幽也。三章幽興託意於萬里奇花，寄傲於見聞不及，似矣。不知寓摧折於露翻雨打，感衰頹於開坼離披，為興更幽也。四章則旁舍疎籬，廣幽興於山林之左右；藏蛇沒馬，窮幽興於山林之險僻。似矣。賣書籍，問東家，將結茅而投老，其為興也，不幽之至乎！五章則綠筍紅梅，涉幽興於野蔬山果；金魚銀甲，躭幽興於酒肆歌場。似矣。無灑掃，坐莓苔，將忘形而肆志，其為興也，不又幽之極乎！至六章幽興，愴然有身世之感矣。人知酒醒於風磴之陰雪，衣冷於雲門之瀑泉，謂其興幽也，亦曾於世路之嶮巇，念山川之淳樸，一想其幽興否？七章幽興，浩然有鑿壞之思矣。人知鋪食單于棘樹之前，設生菜於寒雲之下，謂其興幽也，亦曾於入石林恐不密，蟠水府恐不深，一繹其幽興否？夫公之幽興，本發於今日之山林；乃公之幽興，忽移於向時之行樂。南塘之路，方在眼也；江湖之遊，正堪思也。幽興至八章而情深矣。抑公以將軍之有山林，幽興忽發於宴遊；乃公以將軍之在山林，幽興忽移於世變。武臣棄武，朝廷弛備矣；將門乏將，邊塞失防矣。幽興至九章而感深矣。至十章曰「幽意忽不愜，歸期無奈何」，來時幽興忽焉而盡，去時幽興無處可尋，但見流水尚縈幽興，白雲尚繞幽興，庶幾朋好無恙，風雨相期，訂幽興於異日云爾。（卷二《陪鄭廣文遊何將軍山林十首》）

公身羈夔府，心在長安。前三章當以夔府為主，後五章當以長安為主。於夔府而憶長安，則託之望，故曰「望京華」。望長安而不可見，則託之思，故曰「有所思」。前三章都從望中寫出，身居夔府，不樂居夔府之意。後五章都從思中寫出，心在長安，不得見長安之情。以言天時，巫山、玉露，何如霄漢、金莖也；塞上風雲，何如蓬萊、雲、日也。以言地勢，白帝城之淒其，何如秦中為帝王州也；瞿唐峽之風煙，何如曲江為勝遊處也。以言人事，伴山郭之千家，何如與拾翠佳人春相問也；侶信宿之漁人，何如與同舟仙侶晚更移也。以言物理，下叢菊兩開之淚，何如碧梧香稻為可念也；看江樓燕子之飛，何如鸚鵡鳳皇為可懷也。長安之繫人思如此。今日之長

安不然矣。今日長安，霄漢、金莖猶然否？蓬萊、雲、日猶然否？
想見者，夜月機絲，秋風鱗甲，不勝寂寞耳。秦中為帝王州，猶舊
否？曲江為勝遊處，猶然否？想見者，花蕚樓邊，芙蓉院裏，不勝
荒蕪耳。拾翠佳人，猶登紫閣否？同舟仙侶，猶泛溪陂否？想見者，
王侯第宅，文武衣冠，不勝變遷耳。碧梧香稻，猶然如昨否？鸚鵡
鳳皇，依然無恙否？想見者，菰米沉雲，蓮房墜粉，不勝淒涼耳。
況孤城之落日當樓，三峽之哀猿入耳，悲笳隱而如訴，孤舟繫而不
開。寂寂魚龍，秋江獨臥；淒淒刀尺，旅夜偏驚。想故國之旌旗，
感少年之裘馬。滄江遲暮，難回青瑣之班；綵筆蹉跎，空起白頭之
歎。真可謂「秋何興而不盡，興何秋而不傷」也已。（卷二十四《秋
興八首》）

（6）總結詩題

書曰「鄭廣文」，舉其爵，原其心也。（卷五《鄭駙馬池臺喜遇
鄭廣文同飲》）

《巴山》以下諸詩，俱寫時事所當諱言者，故每用詩中字命題。
（卷十六《巴山》）

詠物七章，於鷗賞其遊戲，於猿戒其用奇，於黃魚惜其長大，
於白小憐其細微，麂不能善藏，鸚鵡聰明而自損，難不能遊方之外，
皆假物說法。（卷二十五《鷗》）

（7）篇章對比

公客成都，作《石筍行》，諷姦臣之雍蔽；作《石犀行》，諷小
人之誣妄；作《杜鵑行》，諷朝廷之寡恩。故曰「詩史」。（卷十一《石
筍行》）

《江村》一章，以梁燕、水鷗，興起老妻、穉子。此章先敍老
妻、穉子，以峽蝶、芙蓉襯映，各自有情。俱飛、相逐、并蔕、自
雙，正見家人、婦子，倡隨結伴，非有勉強。蓋公數年來，饑走荒
山，室家難保。不曰「妻孥隔軍壘，撥棄不擬道」，則曰「嘿思歡會
處，恐作窮獨叟」。不曰「妻子亦何人，丹砂負前諾」，則曰「歎息
謂妻子，我何隨爾曹」。久矣，無妻孥之樂矣。至相攜入蜀，草堂初
成，乃於語燕定巢，飛烏將子，鳧雛傍母，穉子避人，託物流連，
始有家人之興。《江村》、《進艇》二章，於老妻、穉子，曲盡優游倡

隨之樂。蓋情隨境遷，與與時會，有不期然而然者。（卷十一《進艇》）

詠物七章，於鷗賞其遊戲，於猿戒其用奇，於黃魚惜其長大，於白小憐其細微，麑不能善藏，鸚鵡聰明而自損，雖不能遊方之外，皆假物說法。

在卷十三《嚴中丞枉駕見過》之「闡」中，盧元昌提出解杜詩的態度，「當以公註及詩為據」。職是之故，書中多用此法。

他日《寄唐十八》曰「長年已省柂」，《北風》章曰「再宿煩舟子」，《回棹》詩曰「篙師煩爾送」，《詠懷》作曰「稽留篙師怒」，亦見公於乘波涉險，處之有道。（卷十九《撥悶》）

特幕僚之職，佐節鎮謀畫，有轉逆為順之機權。故《送元二適江左》曰「取次莫論兵」，《送蘇四赴湖南幕》曰「數論封內事」，今送崔漢曰「夙夜聽憂主」。（卷二十三《別崔漢因寄薛璩孟雲卿》）

正是因為盧元昌有著這樣一種解杜詩的態度，因而在《杜詩闡》中，故能「加以鎔鑄組織之功焉，以意逆志，既又發其言中之意，意中之言，使當年幽衷苦調曲傳紙上，而又旁羅博採，凡注家所未及者約千有餘條」（《自序》）。

茲再舉一例。程千帆先生有篇很有名的論文，叫《一個醒的和八個醉的——杜甫〈飲中八仙歌〉箚記》，文章指出：

當代學人始有申蔡說，認為「這大概是天寶五載杜甫初到長安時所作」的，理由是他「往後生活日困，不會有心情寫這種歌。」說得詳細一點，則是這種論點的持有者認為：《飲中八仙歌》乃是杜甫以自己的歡樂心情描繪友人們的歡樂心情的作品。而詩人這種歡樂的心情，只有初旅長安那一段時期中才可能具有，因而這篇詩的作期也決不會太遲。

文章進而分析飲中八仙的處境，認為：「如果我們對這八個人的思想行為的論述不甚遠於事實，那就可以斷定，『飲中八仙』並非真正生活在無憂無慮、心情歡暢之中。」文章鞭辟入裡，對傳統看法進行了翻新。翻檢《杜詩闡》，稱：「古來達人君子，憫時病俗，不得志於時，因逃之於酒，今日『八仙』是也。……八人者，皆不得志，逃之於酒。然已仙矣，不得志於時者，神仙之津梁也。」實則已先發此論。

值得一提的是，盧元昌在對詩旨未能找到確鑿證據的時候，他往往採用一種審慎的態度，而不是牽強附會、武斷決絕。

「燕將」疑指哥舒翰。(卷六《收京三首》之一)

「月過北庭寒」，似傷李嗣業。嗣業為北庭節度。乾元五年正月，鄴城之役，中流矢薨。(卷八《秦州雜詩二十首》之十九)

「壯公」二句，似有慨於輔國、良娣。(卷十四《過郭代公故宅》)

篇中「雲夢欲難追」，疑連上「綠林」句，皆指寇盜。況吐蕃入寇，代宗奔陝，猶吳入楚，楚昭王之出也。追往事以為鑒，即不忘河北之難意。(卷二十四《夔府書懷四十韻》)

詩意似諷朝廷不用伯玉以平蜀亂，結二句可見。(卷二十五《玉腕騮》)

另外，附帶辯證一個學界流行已久的誤解。本書附錄《中國詩學大辭典》、《杜集敘錄》、《中國歷代唐詩書目提要》均稱《杜詩闡》「概出於己而不援引他人」，這個說法其實是有問題的。如：

題中「穎」字當是「頲」字。臨行為頲赴，蓋當時從公入蜀者惟占。若觀與穎皆在齊州，故曰「兩弟亦山東」。若豐則在江左。此從顧注。(卷十八《送舍弟穎赴齊州三首》)

「灌園」定對「遊寺」，梁劉慧斐遊匡山，居東林寺。本朱長孺注。(卷三十二《回棹》)

當然，在肯定《杜詩闡》的成就時，也毌庸諱言其不足。

(1)部分篇目闡發文字冗長，動輒逾千言，稍顯繁縟。

(2)有些闡發似乎求之過深。如卷十一《漫興九首》其二：「手種桃李非無主，野老牆低還是家。恰似春風相欺得，夜來吹折數枝花。」盧元昌稱前「二句自況」，後「二句諷人」。進而指出：

分明為強暴所侵，寓意春風。在《國風》為《野麕》諸什，在公集與《茅屋為秋風所破歌》同讀。

結合詩題及同組其他詩歌，似乎讀不出「分明為強暴所侵」的意味。

(3)有些辯證成果有掠美之嫌。如卷十《成都府》：

舊註以初月比肅宗，眾星比史思明之徒，殊謬。

檢《補注杜詩》卷六，載：

修可曰：「是詩子美寓意深矣。《淮南子》曰：『西垂景在樹端，謂之桑榆也。』說曰；桑榆之景，理無遠照。今也日薄桑榆，而其

光矄矄，止足照我衣裳，則不能遠照矣。以喻明皇，以太上皇居西內也。初月不高出，眾星尚爭光，而喻肅宗即位未久，而史思明之徒尚在也。蓋肅宗立於天寶之丁酉，而子美乾元庚子至成都，以其時考之，故知其寓意如此也。」

補注：鶴曰：公以乾元二年十二月至成都，而玄宗以上元元年七月遷於西內。今詩云「季冬樹木蒼」，則是初到成都時作。先明皇遷西內半年，修可謂託意明皇遷西內，肅宗即位未久而安史之徒尚在，恐未必然。

則黃鶴早有此說。

總體而言，《杜詩闡》一書通過編年的體例，運用通俗的語言，對 1447 首杜詩（數據參《杜集敘錄》）進行了詳細的解讀。古人稱杜詩「無一字無來歷」，注杜之書往往旁徵博引，令人無所適從。而《杜詩闡》恰恰拋棄了繁瑣的注釋，而是從串講的角度來解讀杜詩，理解詩意。從這個意義上講，《杜詩闡》是一部非常適合初學者的杜詩入門讀物。當然，說它是入門讀物，絲毫沒有否定《杜詩闡》學術價值的意思。

<h2 style="text-align:center">五</h2>

最後，關於本書的整理，因《四庫全書存目叢書》第 7～8 冊收清康熙二十一年思美堂刻本（又見《續修四庫全書》第 1308 冊）部分文本漫漶，而日本早稻田大學圖書館藏清康熙二十五年刻本、臺灣大通書局「杜詩叢刊」清康熙二十五年刻本文字清晰，故以二十五年刻本為底本，二十一年刻本為校本。另外，與《錢注杜詩》、《杜詩詳注》、《讀杜心解》、《杜詩鏡銓》相較，兩種《杜詩闡》刻本所錄杜詩文字偶有差異、錯訛，出校記說明。如卷十七《自閬州領妻子卻赴蜀山行三首》其一：「復作遊西川」，《杜詩闡》誤作「復作西川遊」。再次，限於本書校點的體例，杜詩所涉典故，因有多加注本，可供查閱，概不加注；盧元昌在闡發時所涉及的非杜詩原有典故，則加以注解，以供參考。

限於時間和本人水平，書中難免存在一些問題，尚祈博雅君子賜教，以便訂正。

魯超望序

自古著書難，注書為尤難。學殖不富，則援據不藪，一難也；害辭害志，穿鑿武斷，二難也；搜剔事類，以博為奇，而不得古人精意之所在，三難也。古今注杜者無慮數十家，如偽蘇注之紕繆，人皆知之，惟趙次公、蔡夢弼、黃鶴三家為稍優，然猶不能無遺議焉，其餘又可知也。注書之最善者，無如李善父子之注《文選》，然善傳於事類，而邑精於意義，合之則雙美，而離之則各有所偏，甚矣注書之難也。

盧子文子潛心學杜二十餘年，所著《杜詩闡》一書，穿穴鉤擿，直能取古人精意於千載之上，舉前此諸家厄詞曲說，牽合傅會之陋，一掃而空之，事類意義，兩者兼盡，可謂至當而無遺議者矣。予觀近時人有注《李義山集》者，其用心至為深苦，然予嫌其每章每句必牽合曲証，以為為王茂元、令狐綯事而發。豈古人一生胸臆中止有此一事，而其平日感物留連，應酬擿屬，別無寄託乎？恐猶未免於私心僻見而未可以為定論也。若盧子之注杜，不逞臆解，不務鑿空，語而詳，擇而精，斯可尚也已矣。舊注叢雜蕪穢，幾如霧露之翳白日，得盧子一為湔洗，而古人之精神始出。少陵有知，當莫逆於千載之前，不獨令後之觀者曠若發矇已也。

年家社弟魯超拜題。

自　序

　　乙巳秋，余邁瘧甚，客告曰：「世傳杜少陵詩『子璋髑髏血模糊』句，誦之可止瘧。」予怪之，繼而稽諸集，乃少陵《戲作花卿歌》中句也。遂輟藥杵，將全集從頭潛詠之。未兩卷，予忘乎瘧，瘧竟止。因知非《花卿歌》中之句之能止瘧，而心乎少陵詩、忘乎瘧者之能自已其瘧也。口心之為用，一也。志乎此，則忘乎彼者，皆然也。吾生之憂患多矣，非得一業焉，以專攻其中，則世之窮通得喪，身之生老病死，皆得撓亂其胸，將奪其所可樂者。而日形其所苦，顧優於貲者攻商賈，優於遇者攻仕宦，余病未能也。猶憶余丁壯盛，沉溺於雞林之業者垂二十年，彼時朝諷夕披，寒不爐，暑不扇，矻矻不少休。雖非為己之學，而樂此不疲，亦足以消磨歲月，即精神志氣得有所寄託，而窮通得喪、生老病死，果不足以介其懷。自被放輟舉子業，雞林之請謝，自分非場屋中人矣，碌碌於此奚為者？於乙巳秋病間，遂從事於《少陵詩集》云。世稱少陵詩之難讀也，古今註家，奚翅數十？顧有因注得顯者，亦有因注反晦者。一晦於訓詁之太雜，一晦於講解之太鑿，一晦於援證之太繁。反是者，又為膚淺凡庸之詞，曰：「吾以杜註杜也。」則太陋！況長篇而所發明者只一二言，數首而所發明者只一二首，其眾所曉者及之，眾所不曉者仍置焉，如是者又太簡。余於雜者芟之使歸於一，於鑿者核之使確，於繁者約之使不多指而亂視，於陋者澤之使雅，於簡者櫛比而徧識之使不罣漏。而又加以鎔鑄組織之功焉，以意逆志，既又發其言中之意，意中之言，使當年幽衷苦調曲傳紙上，而又旁羅博採，凡注家所未及者約千有餘條，名之曰《杜詩闡》，蓋自乙巳至壬戌，凡十八年矣。何朝夕何寒暑不手是編，今日之得授梓也，亦曰吾生之憂患多矣，藉是以忘其所苦，而得其所樂焉云爾。過此以往，則有

觀堂《左氏》一編在。

　康熙壬戌夏日，盧元昌文子氏題於思美堂。

杜詩闡卷之一

遊兗州及東都齊州詩 開元末年至天寶五載

登兗州城樓

時公父閒為兗州司馬，公省親之兗，因而登樓。

東郡趨庭日，南樓縱目初。領至末。浮雲連海岱，平野入青徐。孤嶂秦碑在，荒城魯殿餘。四句「縱目」，含「古意」。從來多古意，臨眺獨躊躇。挽「登」字結。

兗郡古矣，我趨庭之暇，登此城樓，乃「縱目初」也。縱目何如？其遠者，仰而縱目浮雲，直連海岱；俯而縱目平野，遙跨青徐。其近者，上而縱目孤嶂，但存李相殘碑；下而縱目荒城，尚有恭王古殿。此皆古意。乃古意則從來雖多，臨眺則躊躇絕少，感今懷古，獨我樓頭一人哉！○臨眺躊躇，公直將禹王隨刊則壞之心究圖一番。今日海岱疆界，與古何若？今日青、徐貢賦，與古何若？更將秦皇上嶧山、勒功德之蹟，而歎其誣妄。並將漢葉陵夷，當年未央、長樂毀滅殆盡，何以靈光一殿，歸然獨存，豈非恭王明德，自足不朽？此皆躊躇意也。

對雨書懷走邀許主簿

東嶽雲峰峻，溶溶滿太虛。震雷飜幕燕，驟雨落河魚。四句「對雨書懷」。座對賢人酒，門聽長者車。相邀媿泥濘，騎馬到堦除。四句「走邀主簿」。

　　太山之雲觸石出，膚寸合，不崇朝，雨天下。〔註1〕今雲峰既峻，氣滿太虛，潤澤九州之候也。雲滿而雷作，莫安處於慕燕。雷震焉而胥翻，物之安處者不免於危，有如此燕者。雷動而雨降，莫自得於河魚。雨驟焉而亦落，物之自得者有時失勢，有如此魚者。我對雨書懷，誰質我懷？亟望主簿耳。今日此酒，雖無清聖，庶幾濁賢。但主簿未到，座上之酒雖設而未敢飲。門前之車聲未聞，方竊竊然其聽，蓋長者之車聲必有異，猶恐其與雨聲相亂耳。在我走邀之意，方愧泥濘。在主簿騎馬而來，何妨直到堦除哉！○公平生稷、契自命〔註2〕，霖雨天下，本其素志。雲峰峻滿太虛，所謂「書懷」也。季札如晉，聞孫林父鐘聲，曰：「夫子在此，如燕巢幕上，懼猶不免，而又何樂？」公見當時在位者，貪位固寵，不知國事日非，禍將及己，乃泄泄處堂，不免「雷翻幕燕」也。「落河魚」或作從上落下解。如漢成帝時，天雨魚於信都，京房占為「邪人進，賢人疏」。玄宗開、寶年間，林甫、祿山表裏為奸，譬之魚為陰物，本在池中，顛倒在上，為驟雨落之，亦見小人不能久得也，無非「書懷」之意。

與任城許主簿遊南池

秋水通溝洫，城隅集小船。二句「遊南池」。**晚涼看洗馬，森木亂鳴蟬。菱熟經時雨，蒲荒八月天。**四句「南池」秋景。**晨朝降白露，遙憶舊青氈。**二句遊池之感。

　　南池秋水，溝洫皆通。城隅之間，小船因集。我與主簿遊此，小船集而馬亦洗，正當晚涼時也。馬方洗而蟬尚鳴，爭亂森木上也。上有森木，下有菱蒲。菱熟時雨，物之成功將退，如此菱類。蒲荒八月，物之望秋早零，如此蒲類。白露既降，節屆授衣。遙憶青氈，舊物足戀也。○「通溝洫」，水利修矣。集城隅，吏治暇矣。「看洗馬」，知封守無警。「亂鳴蟬」，知人煙輳集。「菱熟經時」，知雨暘時若。「蒲荒八月」，知氣候不爽。有簿如此，論道經邦可也。「青氈」為王氏故物。公自鄉貢不第，越今數載，回念父書空讀，壯志未酬，青氈之憶，有耿然不禁者。

遊龍門奉先寺

已從招提遊，一句完題，下都寫宿。**更宿招提境。陰壑生靈籟，月林散清影。天闕象緯逼，雲臥衣裳冷。**四句宿時景象。**欲覺聞晨鐘，令人發深省。**以覺意結還宿。

〔註1〕《公羊傳·僖公三十一年》：「觸石而出，膚寸而合，不崇朝而徧雨乎天下者，唯泰山爾。」
〔註2〕《杜詩闡》卷四《自京赴奉先縣詠懷五百字》：「許身一何愚，竊比稷與契。」

我遊龍門招提,已得其概矣。顧山中幽致,非宿不領。宿時所聞者,陰壑風生,靈籟自響。宿時所見者,竦林月照,清影若散。龍門高矣,若天闕然,象緯幾幾相逼。招提靜矣,若雲臥然,衣裳冷冷侵人。我始而遊,繼而宿,未幾覺矣。人惟不覺省,有晨鐘不聞,焉能深省?我方欲覺,故晨鐘一傳,即發深省。豈非欲覺者聞,不欲覺者不聞;能省者不聞亦省,不能省者聞仍不省耶?〇龍門與大內對峙,有若天闕。天闕自宜星拱,何以曰逼?他日曰「妖星帶玉除」〔註3〕是也。故結曰「令人發深省」。「雲臥」,「臥」字實用,如臥內之臥,故對天闕。李白「雲臥」對「天書」〔註4〕,亦實用。

夜宴左氏莊

風林纖月落,衣露淨琴張。暗水流花逕,春星帶草堂。此聯承「風林」句。**檢書燒燭短,看劍引盃長。**此聯承「衣露」句。**詩罷聞吳詠,扁舟意不忘。**二句從「左氏莊」開一步結。

夜如何哉?風動林中,始生之月已落;衣沾露裏,如拭之琴初張;而夜宴舉矣。莊有花逕,「月落」「流花逕」者,知為「暗水」。莊有草堂,「月落」「帶草堂」者,便見「春星」。我因「風林纖月落」,想見「暗水」、「春星」有如此。宴必「燒燭」,乃燒燭不盡為宴。當張琴後,更「檢書」,「燒燭」宜短。宴必「引盃」,乃引盃不盡為宴。當張琴後,更「看劍」,「引盃」愈長。我因「衣露淨琴張」兼及「檢書」、「看劍」有如此。此左氏莊,非吳會也。此「夜宴左氏莊」,非扁舟遊吳會也。如何賦詩方罷,忽「聞吳詠」,使往年遊吳之興復發,何日重下姑蘇,直窮扶桑耶?

過宋員外之問舊莊公自注:「員外季弟執金吾見知於代,故有下句。」〇金吾名之悌。員外家虢州,莊在首陽。公開元二十九年,在河南祭遠祖晉鎮南將軍於洛之首陽,曰:「小子築室首陽之下」〔註5〕,則過員外舊莊必在是年前後。又按:員外有弟名之遜者,附武三思,在五狗列。懷員外及其弟,但及之悌,自注嚴矣。

宋公舊池館,零落首陽阿。二句「舊莊」。**枉道祗從入,唫詩許更過。淹留問耆老,寂寞向山河。**四句「過」。**更識將軍樹,悲風日暮多。**二句「季弟」。

員外於中宗朝官居學士,今池館雖存,零落甚矣。凡經過,訪其舊莊。莊既無主,枉道者亦祗從其入耳。我則吟詩,有低回不能去者。今日枉道,他時更過,員外或者獨

〔註3〕《杜詩闡》卷六《收京三首》其一:「仙仗離丹極,妖星帶玉除。」
〔註4〕〔清〕王琦《李太白詩集注》卷九《口號贈楊徵君》:「雲臥留丹壑,天書降紫泥。」
〔註5〕《杜詩詳注》卷二十五《祭遠祖當陽君文》。

許我乎？但枉道者枉，吟詩者吟，俱不免淹留矣。雖則淹留，亦但從耆老訪問耳。況池館空存，宋公不見，蓋不勝寂寞矣。似此寂寞，惟有向山河憑弔耳。員外已矣，或者其弟執金吾者尚在，乃將軍一去，大樹蕭蕭。既悲其兄，又悲其弟，宜悲風至日暮偏多哉！

臨邑舍弟書至苦雨黃河泛溢隄防之患簿領所憂因寄此詩用寬其意

開元末年，河南北大水，臨邑被災。公弟為臨邑主簿，題曰「隄防之患，簿領所憂」，先勉之盡職也。「因寄此詩，用寬其意」，次慰之安心供職也。

二儀積風雨，百谷漏波濤。聞道洪河坼，遙連滄海高。四句「苦雨黃河泛溢」。**職司憂悄悄，郡國訴嗷嗷。**二句泛說。**舍弟卑棲邑，防川領簿曹。尺書前日至，版築不時操。難假黿鼉力，空瞻烏鵲毛。**六句「舍弟書至」，「隄防之患，簿領所憂」。**燕南吹畎畝，濟上沒蓬蒿。螺蚌滿近郭，蛟螭乘九皋。徐關深水府，碣石小秋毫。白屋留孤樹，青天失萬艘。**以上皆來書所云，並應「聞道」等句。**我衰同泛梗，利涉想蟠桃。倚賴天涯釣，猶能掣巨鼇。**四句「用寬其意」。

水勢大矣，原其所自，實由於天。蓋陰陽之氣乖舛也。風雨積而百谷漏，百谷漏而黃河溢，黃河溢而滄海連。我聞苦雨後，黃河泛溢如此。凡屬職司，誰不悄悄？所災郡國，到處嗷嗷。不謂舍弟臨邑其來書所云，亦復如此。舍弟臨邑尤屬卑棲，河堤坼矣，防川為急。其來書所云，已知版築之功不遺餘力，而深歎黿鼉不能為梁，烏鵲填河無據，宜舍弟以為憂也。乃書中所述，水勢不止，臨邑北而燕漂畎畝而稼害矣，東而濟沒蓬蒿而廬圮矣，螺蚌滿而近郭無人煙，蛟螭橫而九皋成巨浸。濟上如此，宜徐關亦為水府。燕南如此，宜碣石止存秋毫。近郭惟螺蚌，宜白屋無人，但留孤樹。九皋騰蛟螭，宜青天皆水，並失萬艘。二十四郡無不被災，信如我所聞坼洪河、連滄海者。夫河溢雖可憂，利涉差可喜。蓋因我衰已同泛，便得此遠涉，則度索之蟠桃可採；得此垂釣，即龍伯之巨鼇可掣。臨邑瀕海，二物可致，我弟之憂亦可寬矣。

天寶初南曹小司寇舅與我太夫人堂下累土為山一匱盈尺以代彼朽木承諸焚香瓷甌甌甚安矣傍植慈竹蓋茲數峰嶔岑嬋娟宛有塵外數致乃不知興之所至而作是詩

時方改元，故特提「天寶初」。太夫人，盧氏公祖母。

一匱功盈尺，三峰意出群。二句「累土為山」，領下兩聯。**望中疑在野，**點「堂下」。**幽處欲生雲。**點「塵外」。**慈竹春陰覆，**點「慈竹」。**香爐曉勢分。**點「瓷甌」。**惟南將獻壽，佳氣日氤氳。**結還「小司寇與我太夫人」並作詩意。

「累土為山」者，一匱之功，不過盈尺，三峰之意，便爾出群。「意出群」何如？本堂下，反疑在野；非塵外，忽欲生雲。「慈竹」為子母竹。「蓋茲數峰」，若春陰之覆。峰不一，香爐亦不一，承諸瓷甌，忽曉勢之分。凡此皆「意出群」使然。惟南山在野，惟南山生雲，惟南山有春陰，惟南山有曉勢。假山如是，是即南山。誰為此出群意者？小司寇為太夫人壽，特借假山以致祝。自茲以往，氣日氤氳，我亦興至作詩也已。

贈李白

二年客東都，所歷厭機巧。野人對羶腥，蔬食常不飽。四句「客東都」。豈無青精飯，使我顏色好。苦乏大藥資，山林跡如掃。四句起下。李侯金閨彥，脫身事幽討。亦有梁宋遊，方期拾瑤草。四句「贈李」。

我前後二年客遊東都，閱歷人情，甚厭機巧。蓋洛陽之人趨勢利，工揣摩，機巧所從來也。我本野人，自安蔬食，一入世味，便覺腥羶，即蔬食安能下嚥耶？既處機巧，又伴腥羶，入道何日之有？計惟青精飯，可以澤顏。乃青精飯雖有，大藥資則無。所由長往山林，蹤跡終絕耳。幸遇李侯。李侯非野人，本金閨彥。今日賜金放還，欲訪高人於梁宋間，亦野人之徒也。夫「事幽討」則機巧者可疏，「拾瑤草」則不必大藥。較勝青精，庶腥羶亦遠。野人之願，終得遂夫。○天寶三載，詔李白供奉翰林。旋被高力士譖，帝賜金放還。白托鸚鵡以賦，曰「落羽辭金殿」〔註6〕，是「脫身」也。是年，白從高天師授籙，是「事幽討」也。同時，有華蓋君，隱王屋山岑岌伊洛間。梁宋之遊，必訪此君，後公《昔遊》詩〔註7〕可證。

重題鄭氏東亭 公自注：「在新安界。」

鄭氏東亭與駙馬鄭潛曜無涉，故有另注四字。

華亭入翠微，一句東亭，下五句亭景。秋日亂清暉。崩石欹山樹，清漣曳水衣。紫鱗衝岸躍，承「清漣」句。蒼隼護巢歸。承「崩石」句。向晚尋征路，殘雲傍馬飛。二句別東亭。

亭華且高，直入翠微。惟高故秋日清暉，搖亂不定也。亭枕山，宜有崩石。崩石之勢，山樹為欹。亭俯水，宜有清漣。清漣之文，水衣交曳。有水衣，宜有魚。魚衝岸而躍，有所警也。魚得水衣而深潛，自為得所矣。乃清漣之間，幾忘岸之高下。故

〔註6〕《李太白集注》卷二十四《詠山樽二首》其二。
〔註7〕《杜詩闉》卷二十五。

因衝而忽躍，靜者有時動焉。有山樹，宜有鳥。鳥護巢而歸，有所感也。鳥離山樹而遠飛，自為無患矣。乃崩石之下，不知巢之存亡。故思護而急歸，進者有時退焉。魚忘機，能觸機。鳥知機，能先機。人何以不魚鳥若耶？客子征途，終無休息。殘雲馬首，依依欲飛。我將去東都他適矣。

望嶽

岱宗夫如何，齊魯青未了。 包下。**造化鍾神秀，陰陽割昏曉。** 二句「嶽」。**盪胸生層雲，決眥入歸鳥。** 二句「望」。**會當凌絕頂，一覽眾山小。** 以登嶽結。

　　我夙聞岱宗名，岱宗如何，今適魯，庶得其似。乃何山不青，獨岱宗最高，其青極遠，由齊至魯，黛色猶未盡也。蓋由神秀之氣，造化獨鍾，故山陰若恒昏，山陽若恒曉。昏曉於此另分，即日月亦不能為主。岱宗如何有如此者？我望焉。當盪胸時，若生層雲之奇，與俱吞吐。至決眥處，直入歸鳥之路，與俱杳冥。而青真未了也。岱宗究如何，會須有日，凌絕頂，覽眾山，見眾山之小，而岱宗之大，此時決矣。○秦始皇「上太山陽，從陰道下」〔註8〕。詩中「陰陽」二字有本，不但《貨殖傳》「陽則魯，陰則齊」也。公置身千仞，小視天下。《壯遊》詩云〔註9〕：「脫略小時輩，結交皆老蒼。飲酣視八極，俗物都茫茫」，正是結意。

與李十二白同尋范十隱居

李侯有佳句，往往似陰鏗。余亦東蒙客，憐君如弟兄。醉眠秋共被，攜手日同行。 以上敘「與李十二」。**更想幽期處，還尋北郭生。** 二句「同尋范十隱居」。**入門高興發，侍立小童清。落景聞寒杵，屯雲對古城。** 四句寫「隱居」。**向來唉《橘頌》，誰欲討蓴羹。不願論簪笏，悠悠滄海情。** 四句尋隱居之故。

　　昔有陰鏗，長五言古詩，似者絕少。李侯佳句，往往近之。今遇東蒙，相憐不翅弟兄。然夜則共被，無異姜肱。晝則同行，何殊杖杜。但此東蒙，豈無幽期處為隱居者？李侯外，聞有北郭生為范十，其居可訪也。入門而高興遂發，真是幽期處也。侍立之小童亦清，不媿北郭生也。忽焉夕景落，寒杵傳，浮雲屯，古城暮，何以為情耶？念李侯被放，久作屈原之吟《橘頌》；豈但思歸，欲為張翰之討蓴羹。

〔註8〕《史記》卷二十八《封禪書第六》。
〔註9〕《杜詩闡》卷二十三《壯遊》。

李侯脫身，范亦高蹈，我於二公之間，宦情亦淡。滄海之處，悠悠我思。他日同期長往，此則我來尋之意云爾。○士為不知己者妬，寧為知己者憐。「憐君」，「憐」字不泛。淮陰國士，蕭相國憐而追之，不能使市上少年憐。洛陽才子，吳公憐而薦之，不能使朝中絳、灌憐。文帝憐李將軍矣，曰「惜乎，子不遇時」，不能使灞陵醉尉憐。武帝憐司馬長卿矣，曰「恨不與此人同時」，不能使臨邛富人憐。即如公，明皇憐之，陳希烈輩不肯憐。即如李，明皇亦憐之，高力士輩不肯悅。此曰「憐君」，惟公憐君耳。他日曰「世人皆欲殺，我意獨憐才」〔註10〕，夫至「皆殺」、「獨憐」，「憐」之一字，夫豈尋常惋惜！李白《秋下荊門》詩有「此行不為思鱸膾，自愛名山入剡中」〔註11〕句，公曰「向來吟《橘頌》」，是遊荊門；「誰欲討蓴羹」，是入剡中。

贈李白

秋來相顧尚飄蓬，頜下三句。**未就丹砂愧葛洪。**此句「飄蓬」之故。**痛飲狂歌空度日，飛揚跋扈為誰雄。**二句「飄蓬」之情。

　　我與爾遊東蒙，忽復秋來，飄蓬如故者，蓋因有志學仙。丹砂未就，愧葛洪之為勾漏令也。春去秋來，日復一日，痛飲為事。度此居諸，我則已矣。爾雖飄蓬，意氣尚在。飛揚跋扈，亦甚雄矣。今與我相顧，更為誰騁其雄哉？○「相顧」者，李顧惟公，公顧惟李。兩人而外，無可顧盼者，故結曰「為誰雄」。史稱李好縱橫術，喜擊劍，為任俠，正是「飛揚跋扈」處。亦只為丹砂未就耳。公早見其必攖世網，欲其斂才養氣，又深惜其信道未篤，不能成就。「飛揚跋扈」，正取禍之媒。公《昔遊》詩「東蒙赴舊隱」、「伏侍董先生」〔註12〕，正其時也。

題張氏隱居　　二首

　　張氏即叔明，隱徂徠山，與李白、孔巢父等號「竹溪六逸」。

春山無伴獨相求，伐木丁丁山更幽。「幽」字領至末。**澗道餘寒歷冰雪，石門斜日到林丘。不貪夜識金銀氣，遠害朝看麋鹿遊。乘興杳然迷出處，對君疑是泛虛舟。**

〔註10〕《杜詩闡》卷十一《不見》。
〔註11〕《李太白詩集注》卷二十二《秋下荊門》：「此行不為鱸魚鱠，自愛名山入剡中。」
〔註12〕《杜詩闡》卷八《昔遊》：「東蒙赴舊隱，尚憶同志樂。伏事董先生，於今獨蕭索。」

　　春山何必有伴，然春山不可無伴。春山無伴，求友情動矣。惟無伴，亦獨往求友耳。此行為求友來，宜山中有伐木之聲。有聲不幽，乃有聲山更幽也。進而澗道，尚有餘寒，歷盡冰雪；進而石門，直當斜日，始到林丘。此林丘即隱居，何其幽也！人之多貪者，未識金銀氣也。誠識金銀上，為敗軍破國之墟，則自然不貪。亦惟夜氣清，故見耳。人輒遇害者，未觀麋鹿遊也。誠觀麋鹿群，不為金鞍文繡所束縛，則自然遠害。亦惟朝氣靜，故察耳。我乘興而來，恍入桃源。回首澗道、石門，已迷出處。況對君之餘，不貪如是，遠害如是，使人鄙悋消，名心淡，有若虛舟之觸，何幽似之！盡「對君」，疑其有伴；「泛虛舟」，依然「春山無伴」也。

之子時相見，邀人晚興留。領下四句。**濟潭鱣發發，春草鹿呦呦。杜酒偏勞勸，張梨不外求。前村山路險，歸醉每無愁。**兼結前章語意。

　　我對君，幾忘歸矣，君亦乘我晚興而留。晚興何如？此地有濟潭，鱣躍潭，發發其盛；山中有春草，鹿食草，呦呦其鳴。物之秉其樂如此。留客有酒，酒為杜酒，是我家酒，亦煩相勸。佐酒有梨，梨為張梨，即君家梨，不假外求。晚興如此，即將歸矣。出看澗道、石門，山路誠險，所幸遄歸醉後，可以無愁。我乘興來，興盡返夫。○句句與前章對發。「晚興」隱承「乘興」二字。「濟潭」二句隱承「遠害」意。「鱣發發」，不罹網矣；「鹿呦呦」，不即險矣。「杜酒」二句隱承「不貪」意，蓋酒不他取，只須杜酒；梨不他覓，無過張梨也。歸路險隱承「澗道」、「石門」。

劉九法曹鄭瑕丘石門宴集

　　石門在魯郡東。考李白有《石門送杜甫》詩〔註13〕。

秋水清無底，蕭然淨客心。二句寫「石門」。**椽曹乘逸興，鞍馬到荒林。**二句劉九法曹來集石門。**能吏逢聯璧，華筵直一金。**二句「宴集」。**晚來橫吹好，泓下亦龍吟。**結挽秋水。

　　石門秋水，清澈無滓，客心似之。客如法曹，遂乘逸興，不以荒林為僻，投鞍馬而來會。乃瑕丘亦能吏，今日逢法曹，信為雙璧。此集誠華筵，既有賢主客，值得一金。未幾橫吹忽起，疑為龍吟，豈知泓下龍吟，聲亦相應。藉非秋水清無底，能有此龍吟哉？

陪李北海宴歷下亭公自注：「時邑人蹇處士等在。」

東藩駐皂蓋，北渚凌清河。二句李北海來歷下亭。**海右此亭古，濟南名士**

〔註13〕《李太白詩集注》卷十七《魯郡東石門送杜二甫》。

多。點自注。雲山已發興，玉珮仍當歌。二句陪宴。脩竹不受暑，交流空湧波。二句亭景。蘊真愜所遇，落日將如何。貴賤俱物役，從公難重過。四句感懷。

李公守東藩，特駐皂蓋，自北渚，凌清河，將遊歷下亭也。遊此亭者，以海右之亭雖多，此為最古。況古亭非名士不稱，濟南名士有蹇處士等，一時交集。我陪宴時，登古亭，覽雲山，已堪發興；交名士，解玉珮，更爾當歌。古亭前有脩竹，蕭蕭數竿，不受暑氣，何遠炎也！古亭外有河濟，二水伏見，當其交流，憑空湧波，於水性原不動也。此皆真趣。我「蘊真」與遊，正愜所願。方期與公留連，無奈落日催別何。過此以往，賤者如我，固為物役；貴者如公，亦自不免。今日從公，後會難必，能無臨別耿然哉？○李邕恃才負氣，盧藏用嘗語之曰：「君如干將莫邪，難與爭鋒，終虞缺折。」邕不能用，卒罹於害。公「蘊真」之言，欲其歛才入道，方愜所遇也。

同李太守登歷下古城員外新亭

新亭結搆罷，隱見清湖陰。跡藉臺觀舊，氣溟海嶽深。圓荷想自昔，遺堞感至今。以上敘新亭古城。芳宴此時具，哀絲千古心。主稱壽尊客，筵秩宴北林。不阻蓬蓽興，得兼梁父吟。以上敘同登。

員外所制新亭，隱然掩映。雖曰新亭，其跡自齊梁以來。舊有臺觀，員外特因而敞之。雖藉舊跡，其氣湖山映發，一若憑海帶嶽，溟漭深邃。下則湖內圓荷，跡舊，物之生亦自昔也。旁則古城遺堞，亭新，城之足感，直至今也。我與太守登臨其上，芳宴具陳，一時誌盛。哀絲忽作，千古傷心。豈以新亭，遂忘已往？於時主為客壽，宴向林開，與公貴賤，雖曰有殊；作詩倡和，何嫌蓬蓽。舒我野興，繼公雅篇，一似孔明《梁父吟》，我兩人得兼有之也。

暫如臨邑至嶧山湖亭奉懷李員外率爾成興

「暫如臨邑」者，公弟簿領臨邑，前以河泛書至告哀也。「暫如臨邑」，故先至湖亭，別員外李之芳。乃之芳適之青州，因而奉懷。

野亭逼湖水，歇馬高林間。鼉吼風奔浪，魚跳日映山。四句「至嶧山湖亭」。暫遊阻詞伯，卻望懷青關。靄靄生雲霧，惟應促駕還。四句「暫如臨邑」、「奉懷員外」。

員外所搆新亭，既映湖陰，直逼湖水，我馬首指臨，因於高林間，暫歇鞍馬。歇

馬時，但見鵲湖中黿之吼，鼓風奔浪；魚之跳，翻日映山。員外何在哉？顧我此行，暫遊臨邑，為「阻詞伯」而言別。乃至此亭，退望員外，反在青關而未還。彼湖陰易生雲霧，況黿吼魚跳，必風雨交作。青關之駕，員外尚早言旋，庶臨邑之行，不至闕為面別也。

巳上人茅齋

巳公茅屋下，可以賦新詩。領下六句。枕簟入林僻，茶瓜留客遲。江蓮搖白羽，天棘蔓青絲。四句承「茅屋」句。空忝許詢輩，難酬支遁詞。二句應「賦詩」句。

　　何上人無茅屋？巳公茅屋有不同者，故新詩可賦也。茅屋中有枕簟焉，入林獨僻；有茶瓜焉，留客能遲。茅屋外有江蓮焉，如搖白羽；有天棘焉，若蔓青絲。「巳公茅屋下」如此，可以賦詩矣。但巳公是支遁茅屋之客，果許詢否？恐巳公有詞，無媿支遁；吾輩設難，有忝許詢。然則雖曰「可以賦新詩」，能無三舍避公哉？

冬日有懷李白

寂寞書齋裏，終朝獨爾思。更尋嘉樹傳，不忘角弓詩。四句「有懷」。裋褐風霜入，還丹日月遲。未因乘興去，空有鹿門期。四句「有懷」之故。

　　我遊魯郡，與爾狂歌痛飲。今爾去我留，書齋寂寞，豈無他人不如爾也。此終朝所思，獨為爾勞耳。我於書齋內，更尋《左傳》〔註14〕，見季武子於韓宣子封殖嘉樹，以無忘《角弓》。我平日憐君如弟兄者，《角弓》之詩，何日忘之。當此冬日，裋褐寒矣，風霜應入；歲月暮矣，丹砂難就。爾自落羽辭金殿以來，到處風霜，只恐不免。爾嘗自言富貴神仙，蹉跎兩失，況今一身將老也。往年鹿門之遊，原期乘興。今天各一方，鹿門偕隱，往年不空有其期哉？此寂寞書齋，獨爾思也。○計李白與公石門一別，便為永訣。此後雖江東雲樹〔註15〕，時復牽懷；乃落月屋梁〔註16〕，竟成夢想。「裋褐風霜」二句，料其將來失足風塵，難成正果，不待潯陽、夜郎，悲痛已深。

〔註14〕《左傳・昭公二年》：「二年春，晉侯使韓宣子來聘，且告為政，而來見，禮也。……既享，宴於季氏。有嘉樹焉，宣子譽之。武子曰：『宿敢不封殖此樹，以無忘角弓。』遂賦甘棠。宣子曰：『起不堪也，無以及召公。』」
〔註15〕《杜詩闡》卷一《春日憶李白》：「渭北春天樹，江東日暮雲。」
〔註16〕《杜詩闡》卷九《夢李白二首》之一：「落月滿屋梁，猶疑照顏色。」

歸長安詩 天寶五載至七載

行次昭陵

時玄宗詔天下通一藝者詣京師，公自東都西歸長安應詔。「昭陵」，太宗陵，在京兆府醴泉縣西。歸長安時，行次其處也。或編此章於北征時，謂醴泉在京師北，歸鄜州所經，亦是。但不得泥「鐵馬汗常趨」句，以神兵與崔乾祐戰為證，蓋「玉衣」句仍用漢事耳。

舊俗疲庸主，群雄問獨夫。二句泛言。讖歸龍鳳質，威定虎狼都。天屬尊堯典，神功協禹謨。風雲隨絕足，日月繼高衢。文物多師古，朝廷半老儒。直詞寧僇辱，賢路不崎嶇。以上專頌太宗。往者災猶降，蒼生喘未蘇。指揮安率土，盪滌撫洪鑪。以上再提，總扭前段。壯士悲陵邑，幽人拜鼎湖。玉衣晨自舉，鐵馬汗常趨。松栢瞻虛殿，塵沙立暝途。寂寥開國日，流恨滿山隅。以上「行次昭陵」。

南北朝率皆庸主，風俗之敝，厥惟舊哉！至隋煬不但庸主，天下群指為獨夫也。惟時李密、劉武周之徒，皆興兵問罪，乃符讖所屬，則在太宗。故關中為虎狼國，晉陽兵起，一戎遂定。於是天屬本親，尊神堯之典，父位禪子也；神功於鑠，協大禹之謨，武兼文德也。隋末群雄競起，大宗出而風雲際會，皆隨捷足。隋末天地否塞，太宗出而日月重朗，能繼高衢。且禮樂庶務，率師古人；房、杜諸公，無非儒者。霽顏從諫，以魏徵之直，往往見容。瑞在得賢，致貞觀之治，都由乎此。豈知往者固承隋亂哉？帝災猶降，民喘未甦，自太宗一指揮，東征西討，遂安率土；一盪滌，化育甄陶，盡在洪鑪。當年功德如此。今者陵邑茫茫，鼎湖渺渺，壯士幽人，過而瞻拜，俯仰之下，靈爽如存。玉衣猶舉也，鐵馬還趨也，獨行次者生不同時，使松栢徒瞻塵沙自立。開國雄風，寂寥不見。山隅蕭瑟，流恨何窮哉！○玄宗時，金甌全盛，公何以有「流恨」句？蓋由開、寶來，將相非人。玄宗政事，悉委李林甫，至陳希烈輩，不過抱牘書名，無昔時玄齡、如晦其人矣。杜邊將入相之路，節度盡用塞外人，至祿山兼領三鎮，無昔時世勣、敬德其人矣。改官制，創教坊，文物不師古矣。九齡罷，宋璟斥，朝廷乏老儒矣。一鳴輒斥去，直辭僇辱矣。選司有聖書，賢路崎嶇矣。況一日殺三子，天屬安在？歲歲開邊釁，神功安在？太宗在天，應有餘恨，故曰「流恨滿山隅」。

贈比部蕭郎中十兄 公自注：「甫從姑之子。」

有美生人傑，提從姑子。由來積德門。漢朝丞相後，梁日帝王孫。蘊藉

為郎久，魁梧秉哲尊。詞華傾後輩，風雅靄孤騫。以上「贈比部」。宅相
榮姻戚，兒童惠討論。見知聞自幼，謀拙愧諸昆。漂蕩雲天闊，沉埋
日月奔。致君時已晚，懷古意空存。中散山陽鍛，愚公野谷村。寧紆
長者轍，歸老任乾坤。以上自序。

　　似此有美，宜生人傑，而為我從姑子。況蕭氏積德，由來已久也。漢有蕭何，比
部是其後。梁有蕭衍，比部是其孫。非積德門而何？不獨門第，其性溫沉，由歷官之
久。其形磊落，兼經德之憂，著為詞華，後輩交推，蔚為風雅。孤騫罕匹，幸為我從
姑子。得此宅相，有榮姻戚，於我為從兄弟。我於兒童便資討論，面命耳提，是見知，
非聞知也。幼叨教益，長廁諸昆，奈謀拙有慚雁行也。我惟謀拙，故漂蕩人間。雲天
愈闊，沉埋林下，日月徒奔。今應詔詣京，年近強仕。前此曾忤考功，今日致君，為
時已晚。雖欲追踵古人，如伊、呂出處，此意亦只空存耳。惟中散、愚公，亦古之拙
謀者，一好鍛，一以愚名村。我學此二公，自安於拙。兄本長者，幼年雖資教益，今
日枉重何堪。落落乾坤，從此歸老矣。

今夕行

今夕何夕歲云徂，更長燭明不可孤。二句點「今夕」。咸陽客舍一事無，
相與博塞為歡娛。馮陵大叫呼五白，袒跣不肯成梟盧。英雄有時亦如
此，邂逅豈即非良圖。君莫笑，劉毅從來布衣願，家無擔石輸百萬。
以上今夕之事。

　　我自詣轂應詔，今夕何夕，歲云除矣。當此更漏正長，蕭條客邸，計惟博塞，聊
遣岑寂。夫成梟思牟，則呼五白，期倍勝也。馮陵其氣，袒跣大叫，庶肯成白。乃五
白不肯，適成梟盧。夫博塞者，得盧為梟，亦屬僥倖。然既梟後，則以五白為倍勝，
況呼盧得盧、呼白得白，乃稱如意。今所呼則白，所得則盧，雖有百萬，坐見輸矣。
古來英雄不能快意，往往如此。今夕與諸君遇，雖不得牟，何必非良圖哉？古英雄如
劉毅者，不過布衣耳，家無擔石，立願最豪，摴蒱一擲，常輸百萬，安在必得倍勝？
諸君慎勿胡盧也。○此章公借博塞見志，著眼「布衣願」三字。古來惟「布衣願」最
迂最奢，如空桑人抱耒而任天下，隆中人躬耕而定三分。即如公嘗自言，曰「許身一
何愚，自比稷與契」〔註17〕，「致君堯舜上，立使風俗淳」〔註18〕，「安得壯士挽天

〔註17〕《杜詩闡》卷四《自京赴奉先縣詠懷五百字》。
〔註18〕此卷後《奉贈韋左丞丈二十二韻》。

河，洗淨甲兵長不用」〔註19〕，「安得廣廈千萬間，大庇天下寒士皆歡顏」〔註20〕，無非布衣願也。

春日憶李白

白也詩無敵，飄然思不群。清新庾開府，俊逸鮑參軍。四句寫「李白」。渭北春天樹，江東日暮雲。二句寫「春日」。何時一尊酒，重與細論文。結出「憶」意。

　　詩者，思也。白詩獨步，無人可敵，亦由「思不群」耳。思超人外，故詩軼等倫。詩有辭采，貴於清新。詩有風神，期於俊逸。清新俊逸，思之「飄然」為之也。能此者，古惟庾、鮑，今惟李白。庾、鮑生於前時，無李白，誰敵庾、鮑？李白生於後時，無庾、鮑，誰敵李白？惜乎！我在渭北，所見惟「春天樹」；白在江東，所望惟「日暮雲」耳。夫思渙文生，文萃詩成。文者，一字之謂。一字未達，足以害辭，兼以害志。苟非把酒細論，安能披晰妙理？今一渭北，一江東，何日開尊，再與商推也？○大抵公於李白，不許其學仙，但許其能詩。故丹砂未就，每多微詞。獨詩，一則曰「有佳句」〔註21〕，一則曰「無敵」。學仙則於葛洪有愧，能詩則於陰鏗、庾、鮑無慚也。

李監宅　二首

　　趙氏以李監為李令問。按：令問隨玄宗平太平公主亂時，已為太僕少卿。開元二十五年，坐其子與回紇承宗遊，又貶撫州別駕。李監非其人也。蔡夢弼又謂是李鹽鐵，以次章有「鹽官絆驥」句。夫「鹽官絆驥」是惜其才大宦卑，「王孫豪貴」如首章所云，豈尚有才大宦卑之痛？愚意首章是諷李監，次章是美李婿。

尚覺王孫貴，豪家意頗濃。屏開金孔雀，褥隱繡芙蓉。且食雙魚美，誰看異味重。四句正寫其豪。門闌多喜色，女婿近乘龍。結出賦李監宅之故。

　　我遊長安，不覺王孫貴矣。由今觀之，尚覺王孫貴耳。蓋以豪家服食，其意頗濃也。施於屏者，有「金孔雀」；隱於褥者，有「繡芙蓉」。夫孔雀祈射，芙蓉並蒂，二物皆非無謂。或金或繡，則過侈矣。至於羅列珍羞，其為雙魚，我所知也；其為異味，我不辨也。且食雙魚，已覺其美；再登異味，殊駭其重。「豪家意頗濃」如是。於時一望門楣，更多喜色，豪家納婿，已近乘龍。乃知金孔雀、繡芙蓉、雙魚、異味之畢備，誠有故爾。

〔註19〕《杜詩闡》卷七《洗兵馬》。
〔註20〕《杜詩闡》卷十八《茅屋為秋風所破歌》。
〔註21〕此卷前《與李十二白同尋范十隱居》。

華館春風起，高城煙霧開。雜花分戶映，嬌燕入簷回。四句承「門闌多喜色」句，敘李監宅。一見能傾座，虛懷只愛才。鹽官雖絆驥，名是漢廷來。四句承「女婿近乘龍」句，美其婿。

　　承上章。　一李監，「門闌多喜色」矣。於時內而館中，春風頓起；外而城上，煙霧都開。且雜花鬥色，分戶爭妍；嬌燕羞容，入簷卻去。門闌如此，女婿若何？其座上風流，一見傾倒，故我輩愛才，不在豪華。今日鹽官，一時暫屈。李婿人才，豈終屈者？況官職雖卑，天家所授，李監得此，誠快婿哉！蓋女既乘駕，婿即絆驥，不必嫌也。○「傾座」、「愛才」，暗用司馬相如「一座盡傾」。人才足依，公殆以卓王孫比李監，以相如比其婿。

鄭駙馬潛曜宴洞中

　　鄭尚臨晉公主，主係皇甫淑妃生。天寶四載，公曾為淑妃作碑文，中有「忝鄭莊之賓客，遊竇主之園林」〔註22〕等句。

主家陰洞細煙霧，留客夏簟青琅玕。領下四句。春酒杯濃琥珀薄，冰漿椀碧瑪瑙寒。此聯寫「宴」，承次句。誤疑茅堂過江麓，已入風磴霾雲端。此聯寫「洞」，承首句。自是秦樓壓鄭谷，時聞雜珮聲珊珊。結還主家駙馬。

　　此神禾原，蓮花洞，為駙馬所尚主家陰洞也。陰寒之氣，煙霧生焉。時當溽暑，留客其處，爰設夏簟，色比琅玕。宴設矣，簟為夏簟，酒則春酒，浮於盃者，其味濃，覺琥珀猶薄。酒為春酒，漿則冰漿，注於椀者，其色碧，與瑪瑙俱寒。至於洞，本非茅堂，恍疑茅堂。在於江麓，不覺生涼。亦非風磴，忽似風磴。入於雲端，已覺無暑。故曰「陰洞細煙霧」。夫「茅堂」、「風磴」，「鄭谷」則然，今是秦樓也。主家得有秦樓，駙馬原來鄭谷。遊其中者，以為秦樓豪華何在，以為鄭谷物色不同。秦樓耶？鄭谷耶？殆秦樓壓鄭谷也。秦樓、鄭谷間，時聞雜珮，珊珊有聲。是秦樓主，宛然雞鳴婦。今日留客，即雜珮贈答之意夫。○唐俗：公主下嫁，舅姑反拜，何有於客？相夫子，使親賢下士，難矣。此詩暗寫主賢，不獨結句。即如主家第，疑為「茅堂」、「風磴」，雖寫洞中陰寒，若無盛夏，亦覺烏鵲橋、鳳凰臺，忽作江湖丘壑觀。秦樓壓鄭谷，自是諧辭，不挾貴，以其德，謂之壓可也。

房兵曹胡馬

胡馬大宛名，鋒稜瘦骨成。領下六句。竹批雙耳峻，風入四蹄輕。二句

〔註22〕《杜詩詳註》卷二十五《唐故德儀贈淑妃皇甫氏神道碑》。

實寫。**所向無空闊，真堪託死生。**二句虛寫。**驍騰有如此，萬里可橫行。**
總結。

　　兵曹此馬，來自西域。名著大宛，豈獨名？其實鋒稜瘦骨，成其為大宛馬也。鋒
稜何如？我見雙耳若竹批然，何其峻！瘦骨何如？我見四蹄若風入焉，何其輕！隨其
所向，無有空闊。庶幾仁不異遠，義不辭難也。惟此死生，真堪寄託，庶幾臨難無苟
免，與人成大功也。信驍騰矣，萬里而外，橫行可決，豈獨名哉！○太宗敘十驥，「耳
根尖銳，杉竹難方」。〔註23〕公本此，曰「竹批雙耳峻」。曹洪乘白鵠，耳中風生，
足不踐地。公本此，曰「風入四蹄輕」。此三句從有形質處寫馬。「無空闊」，淺言之，
為注坡驀澗；極言之，為臨陣無敵。「託死生」，淺言之，猶昭烈的驢、慕容赭白；極
言之，即趙朔二客、田橫五百士。此二句從無形質處寫馬。

畫鷹

素練風霜起，蒼鷹畫作殊。「殊」字領下六句。**攫身思狡兔，側目似愁胡。**
絛鏇光堪摘，軒楹勢可呼。何當擊凡鳥，毛血灑平蕪。借真鷹結。

　　鷹本鷙鳥，當秋而擊，原風霜之質，今此素練，風霜忽起，豈素練然哉？其所畫
蒼鷹作殊絕耳。本無「狡兔」，素練上「攫身」之勢，忽疑欲搏；並非「愁胡」，素練
上「側目」之形，彷彿似之。「絛鏇」以餂鷹者，素練上設色光彩，若可摘而下；「軒
楹」以處鷹者，素練上傳神飛動，若可呼而獵。畫殊矣！乃天下盡多凡鳥。凡鳥焉用
彼為。安得此鷹，起而一擊，使凡鳥毛血盡灑平蕪。此時何但風霜起素練也，為較快
矣。○前章寫真馬，直寫到無馬處。此章寫畫鷹，能寫得真鷹出。公於畫馬，曰「一
洗萬古凡馬空」；茲於畫鷹，曰「何當擊凡鳥」。物之凡者，不足充駕馭，資搏噬，洗
之擊之可也。人之凡者，不足寄死生，備緩急，斥之去之可也。惟殊隄擊凡鳥，一殊
一凡，首尾眼目。

贈特進汝陽王二十韻

　　汝陽王名璡，讓皇帝長子，封郡王，加特進。公《壯遊》詩〔註24〕云：「西歸到
咸陽，賞從實賢王。」

特進群公表，天人夙德升。「夙德」二字，題贈之主。**霜蹄千里駿，風翮**
九霄鵬。服禮求毫髮，推忠忘寢興。聖情常有眷，朝退若無憑。八句

〔註23〕《錢注杜詩》卷九《房兵曹胡馬詩》「竹批」：「唐太宗敘十驥曰：『耳根纖銳，
　　　　杉竹難方，尾本高尻，掘搏非擬。』」
〔註24〕《杜詩闡》卷二十三。

美其才德。**仙醴來浮蟻，奇毛或賜鷹。清關塵不雜，中使日相乘。**四句承「聖情有眷」。**晚節嬉遊簡，平居孝義稱。自多親棣萼，誰敢問山陵。**四句承「朝退無憑」。**學業醇儒富，辭華哲匠能。筆飛鸞聳立，章罷鳳搴騰。**四句才藝。**精理通談笑，忘形向友朋。寸腸堪繾綣，一諾豈驕矜。**四句交誼。以下自敘。**已忝歸曹植，何知媿李膺。招要恩屢至，崇重力難勝。**「招要」一聯包下十六句。**披霧初歡夕，高秋爽氣澄。尊罍臨極浦，鳧雁宿張燈。花月窮遊宴，炎天避鬱蒸。硯寒金井水，簷動玉壺冰。**八句申足「招要恩屢至」。**瓢飲惟三逕，巖棲在百層。謬持蠡測海，況挹酒如澠。鴻寶寧全秘，丹梯庶可凌。淮王門有客，終不愧孫登。**八句申足「崇重力難勝」。

　　王封郡王，又加特進，位冠群僚，豈倖致哉？蓋由夙德獨優，升聞於上，不但以懿親重也。有德則有才，其才遠到，為千里霜蹄；其才高舉，為九霄風翮。有德則有行，其行服禮，置身規矩，毫髮不遺；其行推忠，鞠躬盡瘁，寢興靡間。因之帝嘉乃德，眷顧特加。然而王心益虛，憑藉何有？惟有眷，故時賜醴，時賜鷹。清關之中，一塵不雜；中使之遣，每日相乘。惟無憑，故卻嬉遊，敦孝友。棣萼之親，原自多也；山陵之貴，不敢問焉。況藝能有過人者，以言博贍，學業富而詞華自工；以言翰墨，鸞筆飛而鳳章自灑。況交誼有過人者，已精文理，更忘形而傾心友朋；已極繾綣，即一諾而驕矜盡化。王賢如此，我也何人，敢曳裾哉？雖歸曹植，有忝王門；乃對李膺，自忘陋劣。止因王恩招要，屢至不厭；但恨我力寡弱，崇重難勝。王恩何如？歡彼宿霧，爽對高秋；浦設尊罍，燈棲鳧雁。宿張燈者，欲窮花月之遊宴；臨極浦者，為避炎天之鬱蒸。炎天避，而炎氣消，金井寒瀾，頓生研裏；花月窮，而月色出，玉壺冰片，忽掛蒼間。招要之恩，誠至矣。我力何如？自顧瓢飲野夫，巖棲遺老，本寸蠡也，豈測大海？亦鼴腹耳，敢貯如澠？所望我王鴻寶，不靳起予；庶幾仙人丹梯，尚可拾綴。使人羨淮王之門，亦有佳客。即我亦不愧孫登，而共躋蘇門，為王長嘯。王恩崇重，可勝任矣。○人莫患有寵而憑也，況親王子弟乎！吳王濞封五十三城，後賜几杖，恃寵而驕，卒至覆滅，有所憑也。獻王封河間，為諸侯王長，好學修古，被服儒者，竟得保世，無所憑也。梁孝王來朝，景帝以酒勸之，曰：「萬歲後，傳於王」，王坐此益驕。先禍告罰，卒用憂死，有所憑也。東平王蒼來朝，明帝以輦迎王，王不自安，上疏辭封，竟以壽終，無所憑也。從來無德而富貴，謂之不幸。況朝廷異數，寵之正鬾之。鄭莊於叔段，親弟也。請京予京，請邑予邑。段意公寵己而憑之，不知於鄢之師已襲其後。公於汝陽曰「朝退若無憑」，窺王深矣。鄭善夫曰：「若無憑，猶漢高失

蕭何，若失左右手」，未合。汝陽父讓皇帝墓，明皇親題曰「惠陵」，其山陵為天子特崇，汝陽不敢問，正見無憑處。

飲中八仙歌

知章騎馬似乘船，眼花落井水底眠。仙在「騎馬似乘船」。汝陽三斗如朝天，道逢麴車口流涎，恨不移封向酒泉。仙在「三斗始朝天」。左相日興費萬錢，飲如長鯨吸百川，銜盃樂聖稱避賢。仙在「樂聖稱避賢」。宗之瀟灑美少年，舉觴白眼望青天，皎如玉樹臨風前。仙在「白眼望青天」。蘇晉長齋繡佛前，醉中往往愛逃禪。仙在「醉中愛逃禪」。李白一斗詩百篇，長安市上酒家眠。天子呼來不上船，自稱臣是酒中仙。飲仙獨推李白。仙在「一斗詩百篇」。張旭三盃草聖傳，脫帽露頂王公前，揮毫落紙如雲煙。仙在「三杯草聖傳」。焦遂五斗方卓然，高談雄辨驚四筵。仙在「五斗方卓然」。

　　古來達人君子，憫時病俗，不得志於時，因逃之於酒，今日「八仙」是也。其一賀知章。知章，越人，習於乘船，騎馬亦似之。且知章視巖廊無異江湖，意嘗在鑑湖一曲。「騎馬似乘船」，殆陸沉金馬耶？醉眠水底，又焉知也？不謂之仙而何？其一汝陽王。汝陽為讓皇帝子，非無故託之於酒。汝陽嘗於上前大醉，上遣人被出。汝陽謝曰：「臣三斗壯膽，不覺至此。」則知汝陽胷中，欲以酒自晦也。不然，眉宇天人姿，虯鬚似太宗〔註25〕者，不託之酒，能自全乎？所以直欲辭郡王，移封酒泉也。汝陽真飲仙中善藏其用者。其一李适之。適之忤李林甫，罷相後，詠「避賢初罷相，樂聖且銜盃」。是適之之飲，失志而飲也。信陵見廢後，日飲醇酒自娛。楊惲落職家居，日事縱酒為樂。適之日費萬錢，殆以沉湎自廢，期免林甫之忌耳。避賢路，樂清聖，真仙飲也。其一崔宗之。宗之風神瀟灑，皎如玉樹，似非酒徒。然以侍御謫金陵，亦失志而飲者。阮籍見禮俗之士，則白眼宗之。則「白眼望青天」，當其舉觴，見得世無青眼者，亦誰為我可白眼者。此其沉醉埋照，不誠飲仙中獨清獨醒，亦與天為徒者哉！其一蘇晉。古未有佛而飲者。佛而飲，自彌勒始。蘇晉雅好浮屠，尤以彌勒性嗜米汁而寶之。夫晉好飲，其天性也；禮佛，其寄跡也。人有大不得已者，斯逃之於酒；逃之於酒不得，又逃之於禪。彼蘇晉者，我不知其逃禪於酒，抑逃酒於禪。酒徒與？開士與？直仙而已。其一李白。八人皆飲中仙，李白為

〔註25〕《八哀詩‧贈太子太師汝陽郡王璡》：「汝陽讓帝子，眉宇真天人。虯鬚似太宗，色映塞外春。」

主。李白以詩豪天下，不知李白以酒豪天下，蓋「一斗詩百篇」也。「一斗詩百篇」，非百篇之詩有待於一斗，乃一斗之頃，詩有百篇之多。所以沉香召而不顧，蓮舟召而不來，信為「酒中仙」矣。何以「自稱」，世無知李白者，只「自稱」云爾。其一張旭。旭，東吳之精也。負放浪不羈之性，託諸為龍為蛇之筆，其書獨以草著。特三盃後，以頭濡墨，古無此書法也。當其醉時，叫呼狂走，及疾書而醒，自以為神。善書能飲，兩者皆難。定旭在草為聖，在酒為仙，東吳之精，一人而已。其一焦遂。人飲而困，未有飲而卓者。飲而卓，斯仙矣。一斗至三四斗，猶未卓，五斗方卓，尤仙矣。五斗方卓，然其未五斗必放誕，非卓者可知，遂口喫。酒後酬酢如注，辯論驚筵，所以為卓耳。八人者，皆不得志，逃之於酒。然已仙矣，不得志於時者，神仙之津梁也。

奉寄河南韋丈人公自注：「甫故廬在偃師，承韋公頻有訪問，故有下句。」
有客傳河尹，逢人問孔融。二句「頻有訪問」。青囊仍隱逸，章甫尚西東。二句隱答問意。鼎食為門戶，詞場繼國風。尊崇瞻禮絕，疎放憶途窮。四句頌韋，仍帶訪問意。濁酒尋陶令，丹砂訪葛洪。江湖漂裋褐，霜雪滿飛蓬。牢落乾坤大，周流道術空。謬慚知薊子，真怯笑楊雄。八句自敘，亦帶訪問意。盤錯神明懼，謳歌德義豐。尸鄉餘土室，難說祝雞翁。結還「故廬在偃師」，隱繳訪問意。

　　昔李膺為河南尹，孔融造門為上客。今我非孔融，乃有客傳公逢人訪問，問我年來已辭隱逸，此身可免東西否。豈知郭璞青囊，依然隱逸；尼丘章甫，尚爾東西哉！且我與公非等倫也。公家聲尺五，門列鼎鐘；公風雅世傳，詞推壇坫。以公尊榮，奚翅天上。念我岐路，久在泥中。逢人而問，亦云僅矣。我嗜酒思尋陶令，求仙欲訪葛洪，無奈漂泊江湖，儒衣已破，淒其霜雪，短鬢空垂，天地莫容，周流靡益。信矣！章甫何之，青囊焉用哉？雖薊子之知，謬明長者；恐楊雄之誚，難免眾人耳。今公方治偃師，理盤錯，而神明亦避；徧謳歌，而德義彌隆。我有敝廬，幸邀覆庇。夫偃師尸鄉，往日有祝，雞翁名登仙籍；今日尸鄉，如我雖蒙訪問，潦倒不堪，安得與祝雞翁並傳不朽？〇「逢人問孔融」句，篇中三應。「疎放憶途窮」句一應，「謬慚知薊子」句一應，「難說祝雞翁」句一應。一孔融也，求郭璞青囊而窮，尋陶令濁酒而窮，訪葛洪丹砂而窮，學薊子神異而窮，法楊雄草《玄》而窮。至為尸鄉祝雞翁而難說，終不免於窮。信乎途窮，信乎道術空也。公《秋述》云：「楊子云草《玄》寂寞，多為

後輩所藝」〔註26〕，近似之矣。「真怯笑楊雄」句，語意正同。漢韋孟有諷諫詩，故曰「詞場繼國風」。

贈韋左丞丈濟公自注：「濟之兄洹，亦為給事中。」

　　時公應詔，李林甫忌人斥己建言，付尚書試問，無一中者。林甫以「野無遺賢」賀，公因是退下，有寄韋、贈韋諸作。

左轄頻虛位，今年得舊儒。相門韋氏在，經術漢臣須。四句贈韋。**時議歸前列，天倫恨莫俱。鶺原荒宿草，鳳沼接亨衢。**四句兼點自注。**有客雖安命，衰容豈壯夫。家人憂几杖，甲子混泥塗。不謂矜餘力，還來謁大巫。歲寒仍顧遇，日暮且踟躕。老驥思千里，饑鷹待一呼。君能微感激，亦足慰榛蕪。**以上自序，兼述投贈意。

　　左轄之位，久虛以待賢者。今丈由河南尹新遷是職，朝廷喜得舊儒焉。「左轄」何以「虛位」，蓋相門之業，夙推韋氏也。丈何以稱「舊儒」，蓋韋氏經術，自漢已重也。一時群議，皆推韋氏為前列，特恨伊兄，不能於今日同升。夫鶺原之宿草雖荒，天倫誠痛；乃鳳沼之亨衢已接，前列有歸。若我應詔被放，命也如何；已成老翁，豈有壯事？謀及几杖，莫慰妻孥；辱在泥塗，不知甲子。猶矜餘力謁大巫者，丈之待我特厚也。丈不以歲寒，有衰顧遇；我所以日暮，尚爾踟躕。所踟躕者，自傷老驥，志在千里；況屬饑鷹，專行一呼。丈有意乎？賜以吹噓，雖窮途之日，猶仰首之時也。

奉贈韋左丞丈二十二韻

紈袴不餓死，儒冠多誤身。二句包括一篇，側重「儒冠」句。**丈人試靜聽，賤子請具陳。**以下皆「具陳」之詞。**甫昔少年日，早充觀國賓。讀書破萬卷，下筆如有神。賦料楊雄敵，詩看子建親。李邕求識面，王翰願卜鄰。自謂頗挺出，立登要路津。致君堯舜上，再使風俗淳。此意竟蕭條，行歌非隱淪。騎驢三十載，旅食京華春。朝扣富兒門，暮隨肥馬塵。殘盃與冷炙，到處潛悲辛。**「早充觀國賓」至此，敘貢舉不第後「儒冠悞身」。**主上頃見徵，欻然欲求伸。青冥卻垂翅，蹭蹬無縱鱗。**以上四句敘應詔退下「儒冠悞身」。**甚愧丈人厚，甚知丈人真。每於百僚上，猥誦佳**

句新。**竊效貢公喜，難甘原憲貧。焉能心怏怏，祗是走踆踆。**以上述「奉贈」意。**今欲東入海，即將西去秦。尚憐終南山，回首清渭濱。常擬報一飯，況懷辭大臣。白鷗沒浩蕩，萬里誰能馴。**數句贈別，亦見不使「儒冠終悮身」意。

我恨生非紈袴，蓋紈袴溫飽，未聞餓死。我悔仕儒冠中人，蓋儒冠迂闊，往往悮身。此意丈人靜聽，賤子方敢具陳。賤子困窮之鳴，非丈人亦不能靜聽。儒冠悮身何如？甫丁弱冠，曾與賓興，有志於儒冠事業矣。讀書紙破，下筆神來，一出而賦敵楊雄，詩親曹植。李邕前輩，忘年下交；王翰名流，卜鄰求友。自誇挺出，即蹑要津，庶幾不悮身，不餓死，因而堯舜其君民。奚止不悮身，庶幾不悮國，不悮君，不悮蒼生。奚止不餓死，庶幾出其所飽之萬卷，以飽天下。此意不遂，幾悮身矣。行歌旅食，幾餓死矣。富兒肥馬，紈袴子也。殘盃冷炙，紈袴味也。朝而扣，暮而隨，到處悲辛，幾填溝壑。甫前此貢舉不第，儒冠悮身有如此。不料餓死之餘，生復有見徵之一日。無奈悮身於疇昔，不免再悮於今朝。青冥之上，又經垂翅；蹭蹬之後，豈有縱鱗。依然悮身，難免餓死。甫今日應詔退下，儒冠悮身又如此。猶賴丈人待我厚，遇我真耳。昔問孔融於有客之前，今誦佳句於百僚之上，此甫竊志彈冠私喜，不甘辭粟終貧也。乃厚意拳拳，命不能達，焉敢怏怏於心。既不能達，從此當辭，惟有踆踆而走已矣。紈袴不餓死，儒冠終悮身矣。「東入海」，「西去秦」，毋貽紈袴羞，勿被儒冠悮也。一片終南，數竿渭水，昔何為來？今何為去？嘗擬一飯而圖報，況辭大臣而永訣，耿耿獨為是耳。從此以往，道上無行歌之客矣，京華絕騎驢之跡矣。「富兒門」，「肥馬塵」，鴻飛冥冥，杳不可即矣。江湖隻鳥，萬頃煙波，飄飄乎。輕富貴如浮雲，安在儒冠必悮身哉！行矣，丈人知我心耳。○「騎驢三十載」，當是騎驢十三載，時杜公年未四十。

卷 二

遊東都復歸長安詩 天寶八載至十二載

冬日洛城北謁玄元皇帝廟 公自注：「廟有吳道子畫五聖圖。」

配極玄都閟，憑高禁籞長。守祧嚴具禮，掌節鎮非常。碧瓦初寒外，金莖一氣旁。山河扶繡戶，日月近雕梁。以上「廟」。仙李盤根大，猗蘭奕葉光。世家遺舊史，道德付今王。四句「玄元皇帝」。畫手看前輩，吳生遠擅場。森羅移地軸，妙絕動宮牆。五聖聯龍袞，千官列雁行。冕旒俱秀發，旌旆盡飛揚。以上「畫」。翠栢深留景，紅梨迥得霜。風箏吹玉柱，露井凍銀床。四句謁時冬景。身退卑周室，經傳拱漢皇。谷神如不死，養拙更何鄉。以諷意結。

　　丹臺仙真曰玄都。北辰為北極廟，在洛城北，是為配極。惟玄則閟，籞以禁往來。憑高而列，則長矣。遠廟曰祧。設官以象事生，故有守祧者，以昭具禮；有掌節者，以備非常。於時霜露既降，碧瓦初寒，水木相承，金莖一氣，其下之廣，則「山河扶」；其上之峻，則「日月近」。廟制尊嚴如此。至於玄元，遠則仙李一株，盤根自大；近則猗蘭一殿，奕葉重光。史雖世家見遺，經則今王手註也。廟中有畫，則前輩吳生擅場獨步。其布置森羅，能移地軸，而遠者使近；其點染妙絕，恍動宮牆，而死者疑生。「配極」、「憑高」，廟中聖祖在焉。「五聖」、「龍袞」，畫中諸宗亦在焉。「守祧」、「掌節」，廟中鵷鷺陳焉。「千官」、「雁行」，畫中師濟亦陳焉。以言五聖，不獨龍袞，冕旒亦俱秀發。以言千官，不獨雁行，旌旆亦盡飛揚。畫手擅場如此。於焉謁

—39—

廟，氣象陰森，則栢景深、梨霜迥也；音響闃寂，則玉柱吹、銀床凍也。因拜手颺言，曰：「今日玄元即當年老子，在周柱下之官不顯，至漢道德之經始傳。」當年老子亦自言，曰：「谷神不死。」夫谷神果不死，今日養拙，不知何處降靈。人間必不然矣。〇此詩大指在結四句。身退則辭榮恬退，老於柱下，不必有玄元皇帝、玄元聖祖之號；經傳則道德五千，自足不朽，不必有告錫靈符、妙寶真符之說。谷神不死，養拙何鄉，何有於像？開元間，螫屋之像何為？天寶間，丹鳳門之降何為也？且何有於廟？開元間，興慶宮之迎何為？天寶初，紫極宮之建何為也？玄宗惑於神仙，至有宮中聞天語之妄。築壇鍊藥，種種迂怪，詩寓微諷。

龍門

龍門橫野斷，驛樹出城來。氣色皇居近，金銀佛寺開。四句「龍門」。往來時屢改，川陸日悠哉。相閱征途上，生涯盡幾回。四句「龍門」之感。

　　東都龍門，其勢橫絕。大野為斷，而驛道即出其間。夾於驛道者有樹。龍門橫野，則驛樹出城，樹色蔥蔥若禾也。其氣色崔嵬，因與大內對峙，其金銀焜燿，為有佛寺莊嚴。所可感者，偶然往來，歲時頓易；只此川陸，跋涉何窮？望征途之日悠，本無涯也；歎勞生之彌促，實有涯也。誠不知川陸上，往來幾回，相閱始盡耶？

贈衛八處士

人生不相見，動如參與商。今夕復何夕，共此燈燭光。四句領全篇。少壯能幾時，鬢髮各已蒼。訪舊半為鬼，驚呼熱中腸。以上承「人生不相見」二句。焉知二十載，重上君子堂。昔別君未婚，兒女忽成行。怡然敬父執，問我來何方。問答未及已，兒女羅酒漿。夜雨剪春韭，新炊間黃粱。主稱會面難，一舉累十觴。十觴亦不醉，感子故意長。以上承「今夕復何夕」二句。明日隔山嶽，世事兩茫茫。總結。

　　昔有實沈閼伯，兄弟不相能者，為參、商星，終古而不相見。人生暌隔，動即似之。言念及此，今夕燈前，誠出意外。何以如參、商哉？其在者，昔年少壯，曾幾何時，今日相逢，鬢毛都白。其亡者，故舊幾人，半為異物，驚呼不見，空熱中腸。「人生不相見，動如參與商」，為此深悲耳！今夕何如，由今遡昔，二十載矣。誰料今夕，重登此堂。昔日別君，君未婚娶。今夕相見，兒女成行。見我雖有父執之呼，問我不知何方之客。問未及答，酒漿已具。春燈夜雨，剪韭炊粱，會面既艱，累觴不醉，誠念故人意長耳。「今夕復何夕，共此燈燭光」，夫豈易得者。已矣，明日行矣。吾此行由東都至長安，中隔終南二華。在天參、商，在地山嶽。疇昔參、商，今夕燈光幸共；

明朝山嶽，他年相見何期。世事茫茫，誠不可必。「明日隔山嶽」，又是「人生不相見，動如參與商」也。「世事兩茫茫」，安得「今夕復何夕，共此燈燭光」也。勉旃處士，毋忘今夕哉！

重經昭陵

草昧英雄起，謳歌曆數歸。風塵三尺劍，社稷一戎衣。翼亮貞文德，丕承戢武威。聖圖天廣大，宗祀日光輝。八句頌太宗。**陵寢盤空曲，熊羆守翠微**。二句「昭陵」。**再窺松栢路，重見五雲飛**。二句「重經」。

　　隋之亂，如草不齊，如昧不明。草不齊，須齊之；昧不明，須明之。亟望英雄起耳，太宗是矣，所以人歸天與。一時手提尺劍，身著戎衣，風塵靖，社稷安也。資輔弼之翼亮，文德以興；承高祖之緒業，武威即戢。作之前者，有如天之聖圖；垂於後者，有日新之宗祀。太宗功德如此。今日陵寢鬱蔥，氣盤山曲，熊羆侍衛，兵守翠微。吾昔曾行次，今一再窺，松栢舊路，還見五色綵雲也，發祥正未艾哉！

同諸公登慈恩寺塔公自注：「時高適、薛據先有此作。」

高標跨蒼穹，烈風無時休。自非曠士懷，登茲翻百憂。四句提綱。方知象教力，足可追冥搜。仰穿龍蛇窟，始出枝撐幽。七星在北戶，河漢聲西流。羲和鞭白日，少昊行清秋。秦山忽破碎，涇渭不可求。俯視但一氣，焉能辨皇州。以上承「高標跨蒼穹」二句。回首叫虞舜，蒼梧雲正愁。惜哉瑤池飲，日晏崑崙丘。黃鵠去不息，哀鳴何所投。君看隨陽雁，各有稻粱謀。以上承「自非曠士懷」二句。

　　莫高蒼穹，塔高直跨之，無論有風無風，覺烈風無時息也。夫登高望遠，可以寫憂。苟非曠士如諸公，百憂反集矣。「高標跨蒼穹」何如？蓋自正法沒而象教興，浮圖以建；象教起而冥搜寄，遐想何窮。即如此塔，其中磴道，似龍蛇之窟，初循屈曲而始穿；其間層級，多枝撐之幽，歷盡盤錯而後出。當其仰焉，開北牖而星光可數，憑西軒而天河有聲。恍睹白日馳，大火流；若見清秋行，涼颸落。塔高與上近，所見親切如此。及其俯焉，秦山之大，忽而細瑣；涇渭之流，杳不可尋。而況城郭宮室之微，總在皇州一氣之內。塔高，去下遠，所見恍惚如此，不真「高標跨蒼穹」哉！我與諸公何為「登茲翻百憂」也？雲斷蒼悟，虞帝之南巡不反；日斜瑤水，穆王之宴樂何荒。弔古之餘，忽有哀鳴，從空去者為黃鵠。嗟此黃鵠，何其失志，不能自謀。哀鳴之際，更有群鳥，得食呼者為陽雁。咄哉陽雁，何其得志，獨免斯饑。願為黃鵠，志則高矣，一飽無時；願為陽雁，食則得矣，守貞安在？既悲往哲，又傷物類，為是

「登茲翻百憂」耳。諸公想有同心也。○按：慈恩寺塔係高宗建，高宗誤納武才人，幾覆唐祚。在天之靈，應有遺憾，故有「蒼梧雲正愁」句。明皇不鑒，躭於淫樂，驪山溫泉，迷而不返，無異瑤池荒宴，故有「日晏崑崙丘」句。鵠本摩天，一舉千里。今去不息，無所投，時事可知。賢人君子，棲皇失所，其象如此。至於雁，其性隨陽，其食稻粱，原與鵠異。小人得君而仕，貪位戀祿，有固然者。

贈翰林張四學士垍

翰林逼華蓋，鯨力破滄溟。天上張公子，宮中漢客星。賦詩拾翠殿，佐酒望雲亭。紫誥仍兼綰，黃麻似六經。內分金帶赤，恩與荔支青。以上「張四」。無復隨高鳳，空餘泣聚螢。此生任春草，垂老獨漂萍。倘憶山陽會，悲歌在一聽。六句自序。

　　學士地位崇隆，既翰林而逼帝座；勢力雄闊，以鯨力而破滄溟。官尊矣。尚寧親公主，似漢成偕行之張放；起禁垣第宅，豈光武共臥之客星？誼親矣。惟尚主，故揮毫侍便殿之中，稱觴在大內之處。惟翰林，故紫泥封誥，得兼領夫集賢；黃麻宣辭，有六經之典貴。循翰林之職，金帶應分；因尚主之親，荔支兼賜。學士如此，亦念故舊如我。向思隨高鳳而騫騰，今力不勝矣；向曾矢聚螢而勵志，今空餘其泣耳。生如春草，為榮幾時？老類漂萍，不知所止。當年山陽會裏，我祖亦是一人；今日故人悲歌，學士豈應充耳？試一聽焉，能動念否？○貴妃嗜生荔支，垍在禁中，宜有此賜。以張放比垍，亦屬諷詞。

故武衛將軍挽詞　三首

嚴警當寒夜，前軍落大星。二句從「故武衛」發端。壯夫思敢決，伏次章。哀詔惜精靈。伏末章。王者今無戰，書生已勒銘。封侯意疏闊，編簡為誰青。四句哀挽之故。

　　武衛之職，統領宮廷嚴警之法者。當此寒夜，警衛正嚴。遙見前軍，大星忽隕，將軍殂矣。想其敢決，尚有壯夫；痛其情靈，但傳哀詔。夫將軍使壯夫思，哀詔惜，生時何不封侯？蓋因承平日久，武備廢弛，又邊將盡用蕃人，將軍用武無地耳。朝廷既無戰矣，宿衛之金戈為用？燕然竟勒銘矣，書生之柔翰為優。無戰焉得封侯？宜其意益疏闊。勒銘必登編簡，不知為誰而青哉！○開、寶時，府兵罷，折衝停，民間挾兵器者有禁。王者今無戰，正謂如將軍不使折衝萬里，乃坐老宿衛，齎志以沒耳。漢文帝語李廣曰：「惜乎，子不遇時！使當高帝時，萬戶侯何足道哉！」詩意如此。

舞劍過人絕，鳴弓射獸能。銛鋒行愜順，承「舞劍」。猛噬失蹻騰，承「鳴弓」。赤羽千夫膳，黃河十月冰。橫行沙漠外，神速至今稱。八句通寫敢決。

　　申「壯夫思敢決」句。今特無戰耳，將軍敢決，曾著沙漠，就弓劍言。其舞劍，有過人絕技；其鳴弓，有射獸奇能。惟其然，故當舞劍時，銛利之鋒，縱橫如意，何行不愜順也；當鳴弓時，猛力力噬，應弦飲羽，何物有蹻騰也。至於窮邊絕饟，赤羽微禽，為千夫治膳之具；遠塞苦寒，黃河腹堅，為十月成冰之時。似此絕饟苦寒，將軍往年，曾經舞劍鳴弓，橫行其地，此其神速所由，至今稱之。壯夫思其敢決哉！○「猛噬」即飲羽意，猶曹景宗所云「放箭如餓鴟叫澤。」「中失蹻騰」，獸失其蹻騰。「赤羽」，赤雁也。當轉餉不繼，以射獵所得禽為軍中需，此見不能飽騰意。「冰」，或作「矢筩」，蓋謂黃河十月，軍中猶執冰取水而飲。未合。此句不過苦寒耳。「千夫膳」則饑，「十月冰」則寒，故橫行為敢決。

哀挽青門去，新阡絳水遙。路人紛雨泣，天意颯風飂。四句送「挽」。部曲精仍銳，匈奴氣不驕。二句精靈。無由覩雄略，大樹日蕭蕭。結還「惜」意。

　　申「哀詔惜精靈」句。今特無戰耳，將軍精靈，至今不沒。將軍卒於長安，哀挽由長安城東去，出青門歸矣。將軍絳人，此去歸葬絳州。遙知新阡，在絳水濱耳。一時下感路人，泣涕如雨；上感天意，悲風颷然。將軍已矣，乃舊時部曲，其精者仍銳，不以將軍棄世，有異平生；塞外匈奴，其來威猶昨，不以將軍棄世，敢來入寇。精靈使然也。所傷者，往時威略，無由復覩。青門絳水間，惟有將軍大樹，落葉蕭蕭。所由哀詔，惜其精靈耳。

高都護驄馬行

　　按：高仙芝，高麗人。從軍安西，節度使夫蒙靈詧薦至副都護。天寶六載，仙芝討小勃律王有功，授安西四鎮節度使。十載，入朝。公詩當作於此時。

安西都護胡青驄，聲價歘然來向東。此馬臨陣久無敵，與人一心成大功。包下十二句。功成惠養隨所至〔註1〕，飄飄遠自流沙至。申「安西都護」二句。雄姿未受伏櫪恩，猛氣猶思戰場利。申「此馬臨陣」二句。腕促蹄高如踣鐵，交河幾蹴層冰裂。五花散作雲滿身，萬里相看汗流血。申足「雄姿」二句。結還「臨陣」二句意。長安壯兒不敢騎，走過掣電傾城知。青絲絡頭為君老，何由卻出橫門道。申足「功成」二句。結還「安西」二句意。

─────────

〔註1〕「至」，通行本作「致」。

都護今日為四鎮節度，然猶是安西都護，故有西域青驄。此馬出自西域，聲價高矣。今都護騎之入朝，忽向東來乎？此馬於安西，久經戰陣，目無勁敵，與都護一心，成掃除邊陲之大功，何由忽向東來哉？蓋由都護功成，加以惠養，故隨其所使。今日騎之入朝，飄飄然自流沙東至長安也，安見臨陣無敵哉？相其雄姿，從未伏櫪；察其猛氣，嘗在戰場。則臨陣可知，所由佐人成功耳。雄姿猛氣，何如其腕促，其蹄高，踏鐵不翅也。交河層冰，何足當其騰踏耶！散五花，成五錦，滿身皆是也。萬里長途，方見流其汗血耳。夫豈伏櫪不思戰場者？無敵而成功，有以也。然必逢惠養之人如都護，然後隨其所使。長安壯兒，不敢鞭策，惟有掣電之姿，傾動滿城而已。其意若曰：「我既遇都護，願青絲絡頭，終身效力。所惜今日功成，邊陲無事。忽向東來耳，何由一日出長安橫門道，再赴安西，庶不負都護惠養，益長我西域聲價耶！」○通章借馬美仙芝。「與人一心成大功」者，似仙芝討勃律王時，遣使奏捷，主帥夫蒙靈詧怒仙芝不先言己，遽發奏，幾斬仙芝。靈詧以二心疑仙芝，故云然耳。「交河幾蹴層冰裂」，即指仙芝討勃律時，度坦駒嶺，破阿弩城、婆夷冰藤橋等事。十一載，仙芝為右金吾大將軍，故有「青絲絡頭」二句。後仙芝討安祿山，以邊令誠誣奏見殺，其人顧未足嘉也。

兵車行

天寶十載四月，鮮于仲通討南詔，大敗於瀘南。七月，大募兩京兵以擊之。人聞雲南瘴癘，莫肯應募。楊〔註2〕國忠遣御史分道捕人，詣送軍所。百姓愁怨，父母妻子送之，所在哭聲震野。故作《兵車行》。

車轔轔，馬蕭蕭，行人弓箭各在腰。耶孃妻子走相送，公自注：「古樂府：『不聞耶孃哭子聲，但聞黃河之水流濺濺。』」**塵埃不見咸陽橋。牽衣頓足攔**〔註3〕**道哭，哭聲直上干雲霄。**以上七句作者記事，以下借行人口中敘述到底。**道旁過者問行人，行人但云點行頻。或從十五北防河，便至四十西營田。去時里正與裹頭，歸來頭白還戍邊。邊庭流血成海水，武皇開邊猶未已。君不見漢家山東二百州，千村萬落生荊杞。縱有健婦把鋤犁，禾生隴畝無東西。況復秦兵耐苦戰，被驅不異犬與雞。**以上行人敘述前番戍卒，即大敗瀘南時事，託之山東。**長者雖有問，役夫敢伸恨。且如今年冬，未休關西卒。縣官急索租，租稅從何出？信知生男惡，反**

〔註2〕「楊」，底本、二十一年本作「揚」。
〔註3〕「攔」，通行本作「攔」。

是生女好。生女猶得嫁比鄰，生男埋沒隨百草。君不見青海頭，古來白骨無人收。新鬼煩冤舊鬼哭，天陰雨濕聲啾啾。以上行人敘述今番戍卒，即指捕人詣軍時事，託之青海。

今日何為？車聲轔轔，馬鳴蕭蕭，行人腰間，各帶弓箭。其耶孃妻子相送咸陽橋畔者，塵埃蔽天，一時行者止者，牽衣頓足，欄道而哭，聲徹雲霄。道旁過者，訝而問焉。行人但曰：「似此點兵，我生以來，非一次矣。其中或有十五歲者，已點防河，裹頭而去。至今四十，尚復不免，而西去屯田，頭白戍邊者。凡此防河屯田，死於邊者，流血成海矣。武皇開邊，興猶未已。往日山東二百州，人務耕桑，煙火相接。自開邊以來，防河屯田，歲歲不免，遂使村落無人，皆生荊棘。君豈不見，煩致問耶？或有一二健婦，不充征戍，雖把鋤犁，隴畝終荒耳。往日山東之卒如此，況我不幸，復為秦兵，朝廷又以能耐苦戰，雞犬驅之也。長者下問，我本役夫，雖有怨恨，何敢盡言？為朝廷計，此秦兵皆耕夫。假如今役不休，冬租安出？我耶孃妻子，但知生男好，生女惡也。今殊不然。女得所歸，男無死所。彼時青海之戰，白骨成丘，豈無耶孃妻子，誰來收骨？我今日點名而往，將來白骨料無人收。當此天陰雨濕，舊鬼新鬼，啾啾哭聲，青海之岸，不知幾千萬也。君豈不見，煩致問耶？」

杜位宅守歲

位為林甫婿，不免附勢。故為公從兄弟，直書曰「杜位宅」，既不弟焉，又從而姓之。按：公於宗人，未有姓之者。如《示從孫濟》，只濟耳；《示姪佐》，只佐耳；《送從弟亞》，只亞耳；《寄從孫崇簡》，只崇簡耳。惟位往往姓之，於成都寄詩曰《寄杜位》，於夔州寄詩曰《寄杜位》。合之此章，命意可見。後位以林甫黨從讁。

守歲阿戎家，椒盤已頌花。盍簪喧櫪馬，列炬散林鴉。四句「守歲」。四十明朝過，飛騰暮景斜。誰能更拘束，爛醉是生涯。四句「守歲」所感。

歲除矣，今夕守歲，姑在阿戎家耳，而椒花之頌已豫制也。簪纓合沓，廄馬交喧，何姻婭之熱鬧；燎火成行，林鴉為散，何氣之升騰。阿戎家守歲如此，其如我意蕭索何！自念四十強仕，詰朝逾期，縱曰飛騰有時，榆景難挽。往日生涯，猶思聞達，故為禮法所縛。今已矣，惟有痛飲，是我前程。我守歲時，感懷如此。○晉宋人從弟皆稱阿戎。近註作「王思遠，小字阿戎」。〔註4〕思遠清介有識鑒，能優隆昌之事，非杜位比。

〔註4〕《杜詩詳注》卷二《杜位宅守歲》：【朱注】《南史》：「齊王思遠，小字阿戎，王晏從弟也，明帝廢立，嘗規切晏。及晏拜驃騎，謂思遠兄思微曰：『隆昌之際，阿戎勸吾自裁，若如其言，豈得有今日？』思遠曰：『如阿戎所見，尚未晚也。』」詩用阿戎，蓋出此耳。

玄都壇七言六韻寄元逸人

玄都壇在長安子午谷。李白與元丹丘遊，疑即此人。

故人昔隱東蒙峰，已佩含景蒼精龍。故人今居子午谷，獨在陰崖結茅屋。四句「元逸人」。屋前太古玄都壇，青石漠漠常風寒。子規夜啼山竹裂，王母晝下雲旗翻。四句「玄都壇」。知君此計誠長往，芝草琅玕日應長。鐵鎖高垂不可攀，致身福地何蕭爽。四句寄詩之意。

逸人學道，曾隱東蒙，久佩含景之劍。今去東蒙，來子午谷，於陰崖上結茅獨處。屋前所對者，玄都壇；壇前所有者，一片青石耳。夜聞子規，聲疑裂竹；晝見王母，影欲翻旗。長往於此，誠為得計。況芝草琅玕日生月長，供其餐服也。我遙望子午谷西，澗水窮處有鐵鎖高懸，絕人援引，逸人置身千仞，蕭爽非常，真福地哉！〇時明皇惑於神仙，山人王玄翼紛紛以妙寶真符獻。元逸修真子午谷，不作文成、五利想，高人一等矣。

樂遊園歌 公自注：「晦日賀蘭楊長史筵醉中作。」

樂遊古園崒森爽，煙綿碧草淒淒長。公子華筵勢最高，秦川對酒平如掌。長生木瓢任真率，更調鞍馬狂歡賞。六句總。青春波浪芙蓉園，白日雷霆夾城仗。闖闔晴開詄蕩蕩，曲江翠幕排銀牓。拂水低回舞袖翻，綠雲清切歌聲上。以上寫樂遊園盛事，應起二句。卻憶年年人醉時，只今未醉已先悲。數莖白髮那拋得，百罰深杯亦不辭。聖朝亦知賤士醜，一物自荷皇天慈。以上宴時感懷，應「公子華筵」四句。此身飲罷無歸處，獨立蒼茫自詠詩。結還醉中作詩意。

園自漢宣帝時，誠古矣。當此晦日，煙柔草蕤，長安士女都會於此，公子華筵遂設原上。下臨秦川，其平如掌。乃酌酒之具，不過長生木瓢，何真率也！未幾，鞍馬更調，窮極歡賞。顧此園，地近曲江，即朝廷芙蓉園所在。開元間，天子築夾城，自大明宮直達曲江芙蓉園。今日青春波浪，掩映芙蓉之園；白日雷霆，震動夾城之仗。夾城之仗移，而闖闔門開矣，蕩蕩然天體清堅，自在白日雷霆之上；芙蓉之園幸，而曲江幕列矣，爛爛然銀牓排列，若出青春波浪之間。於時拂水翻者，舞袖低回；綠雲上者，歌聲清切。樂遊園盛事如此。蓋年年有人來遊，年年有人醉此矣。我對華筵，撫歡賞，飲未及醉，悲從中來者，為此白髮難拋耳。白髮難拋，亦且深盃不辭矣。當此春和，一草一木皆荷皇天之慈，忻忻然有以自樂。獨我賤士，見醜聖朝。今幸三賦得叨宸賞，乃待命集賢，又復踰年。夫豈皇天閔覆，終遺賤士乎？回首園中，華筵已

徹。於朝於市，各有所歸。獨此老翁，終年待制，一身漂薄，進退兩妨，獨立蒼茫，有詩成吟罷轉淒其者，安在其為樂遊園也？

奉贈太常卿垍二十韻

方丈三韓外，崑崙萬國西。建標天地闊，詣絕古今迷。氣得神仙迥，恩承雨露低。六句諷其以神仙媚上。相門清議眾，儒術大名齊。二句規。軒冕羅天闕，琳琅識介珪。伶官詩必誦，夔樂典猶稽。健筆凌鸚鵡，銛鋒瑩鸊鵜。友於皆挺拔，公望各端倪。通籍蹈青瑣，亨衢照紫泥。靈虯傳夕箭，歸馬散霜蹄。能事聞重譯，嘉謨及遠黎。弼諧方一展，班序更何躋。以上敘張卿。適越空顛躓，遊梁竟慘悽。謬知終畫虎，微分是醢雞。萍泛無休日，桃陰想舊蹊。吹噓人所羨，騰躍事仍暌。碧海真難涉，青雲不可梯。顧深慚鍛鍊，才小辱提攜。檻束哀猿叫，枝驚夜鵲棲。以上自序。幾時陪羽獵，應指釣璜溪。結勉其薦賢事主。

　　方丈、崑崙皆神仙窟宅，一在三韓外，一在萬國西。東西建標，迥絕天地，雖秦皇漢武，一望而迷。今寶仙洞，猶方丈、崑崙也。張卿兄弟往求真符，而即獲其神仙之氣，得之獨迥，宜雨露偏垂，為天子寵眷耳。然張卿本係相門，相門豈無清議？張卿原有儒術，儒術自可成名。今乃以神仙事上乎？況一門軒冕，直羅天闕，張卿琳琅，尤為介珪，地望華矣。所賦之詩，伶官爭頌；所典之樂，后夔咸稽。筆力縱橫，凌禰衡之賦鸚鵡；詞鋒犀利，若寶劍之瑩鵜膏。才情健矣！而況兄弟之間，莫不挺拔；公輔之望，各有端倪。尚公主而內庭置宅，地蹈青瑣；兼學士而制誥天衢，光照紫泥。直至金壺傳箭之宵，纔是玉勒退朝之候。恩榮盛矣！文章至絕域皆傳，嘉謨即遠黎交誦。弼諧之職，今日方膺；班序之躋，他年難量。張卿宜何如報主哉！我始適越，繼遊梁，下第以來，應詔又退，畫虎不成，醢雞自分，已傷萍泛，忽想桃陰。昨者，大禮三賦，業動宸聰，似此吹噓，人所爭羨。乃獻賦以來，待制集賢，又經二載。邇者，止送有司，參列選序。騰躍之事，往往多暌。信哉！碧海茫茫，丹梯杳杳。主上眷顧雖深，不堪鍛鍊；當事提攜誠切，自愧迂疏。譬之在檻哀猿，無枝夜鵲。卿為大臣，有薦賢之職者。陪獵之暇，應指釣璜載此老翁而去，何必求神仙於方丈、崑崙外也。

敬贈鄭諫議十韻

諫官非不達，詩義早知名。破的由來事，先鋒孰敢爭。思飄雲物外，律中鬼神驚。毫髮無遺恨，波瀾獨老成。以上美諫官。野人寧得所，天

意薄浮生。多病休儒服，冥搜信客旌。築居仙縹緲，旅食歲崢嶸。使者求顏闔，諸公厭稱衡。以上自序。將期一諾重，歘使寸心傾。君見途窮哭，宜憂阮步兵。結出贈詩意。

諫官亦達矣，乃諫議不以諫官達，以詩名達，句無虛發。七札能穿，才不讓人；三舍爭避，思則出群。奚翅雲煙飄忽，律則入細；直使鬼物遁逃，毫髮精工。靡有遺義。波瀾結搆，不類小家也。若我宦達未能，詩窮日甚，野客依棲，終無得所，天心仁愛，故薄浮生。多病欲歸，覺儒服之可已；冥搜無地，任客旌之所如。乃仙居縹緲，絕島難攀；馬齒崢嶸，旅食有愧。雖見知天子，顏闔有使者之求；乃待詔集賢，禰衡取諸公之厭。殊不知野人所望，不在諸公，在諫議也。苟邀一諾，自傾寸心。蓋諫議以詩義早知名，似能憐才者，忍漠然於步兵之慟哭哉？

奉贈鮮于京兆二十韻

按：鮮于仲通，新政富民。其除京兆，在李林甫初薨。天寶十一載，楊〔註5〕國忠初拜右相，以天下為己任，謬收人望時。

王國稱多士，賢良復幾人。異才應間出，爽氣必殊倫。四句泛起。始見張京兆，宜居漢近臣。驊騮開道路，鵰鶚離風塵。侯伯知何等，文章實致身。奮飛超等級，容易失沉淪。脫略磻溪釣，操持郢匠斤。雲霄今已逼，臺袞更誰親。鳳穴雛皆好，龍門客又新。以上敘鮮于。義聲紛感激，敗績自逡巡。途遠欲何向，天高難重陳。學詩猶孺子，鄉賦念嘉賓。不得同晁錯，吁嗟後郤詵。計疏疑翰墨，時過憶松筠。獻納紆皇眷，中間謁紫宸。且隨諸彥集，方覬薄才伸。破膽遭前政，陰謀獨秉鈞。微生霑忌刻，萬事益酸辛。以上自敘。交合丹青地，恩傾雨露辰。有儒愁餓死，早晚報平津。結還奉贈意。

多士充庭，賢良絕少，蓋由異才間出。其英爽之氣，必殊倫絕類耳。今得鮮于京兆矣，誠然漢張敞，為朝廷近臣。所必需者，驊騮神駿，獨邁前途；鵰鶚騫騰，迥出塵表。屈指當今，侯伯誠然，更僕難數。若論文章致身，惟有京兆一人。起家採訪支使，忽節度，忽京兆，遷除之速，一若天家等級。奮飛可超，往日沉淪，容易便失。失沉淪，磻溪之釣立脫，郢匠之斤遂操矣；超等級，雲霄之地已逼，臺袞之位漸親矣。況有子七人，皆蜚令聞；且主稱元禮，座鮮雜賓。我今日亦慕義聲來耳。顧京兆義聲，誰不感激，乃腐儒敗績，輒復逡巡。自鄉貢下第以來，客途彌遠，阮轍多窮；天路愈

〔註5〕「楊」，底本、二十一年本作「揚」。

高，雲梯何處？年齒將老，依然孺子之學詩；鄉賦未忘，思作嘉賓於異日。又自愧不得如漢之晁錯，見徵賢良；晉之郤詵，與選高第。計疏則翰墨可疑，恐有未工也；時過則松筠堪憶，愛其晚節也。今日獻《三大禮賦》，雖仰投獻納，皇眷尚紆；乃召試文章，紫宸曾謁。於是追隨諸彥，冀申微才。所可歎者，效已見於前也。曩者破膽作威，已遭前政之媢嫉；陰謀叵測，久恨秉鈞之非人。顧此微生，偏遭忌刻；從茲萬事，祇益酸辛。今日待詔集賢，幸秉鈞者非復前政陰謀。況京兆於秉鈞丹青之地，尤稱交合。雨露之恩，必有獨傾。於此有人，窮年旅食。京兆有薦賢之職，尚其早達平津哉！○史稱仲通多讀書，故曰「文章實致身」。史稱仲通有才智，故曰「操持郢匠斤」。史稱仲通輕財好施，薦引國忠，為章仇兼瓊畫策，故曰「義聲紛感激」。史稱國忠德仲通，故曰「交合丹青地」。公卿者，神化之丹青。

送韋書記赴安西

　　　　時以封常清為安西節度使。韋書記安西，正赴其幕。

夫子歘通貴，雲泥相望懸。包下六句。白頭無藉在，朱紱有哀憐。書記奏三捷，公車留二年。四句分頂「雲泥」。欲浮江海去，此別意茫然。結還送別。

　　　　我滯京邸，夫子忽除書記，從此一雲一泥，相望懸絕。夫白頭之人，無有聊藉，我其泥矣！夫子為書記，哀憐有人，夫子其青雲哉！書記之職，參謀軍事。夫子此行，建功幕府，必一赴，主將即奏三捷，為雲寧有量耶？我待詔以來，已經二載，留滯既久，除授杳然，殆將泥塗老矣。一雲一泥，相懸如此。夫子赴安西，我亦浮東海，從此一別，東西茫然，相望不相見，豈但雲泥懸絕而已。

投簡咸作「成」字悮。華兩縣諸子

赤縣官曹擁才傑，軟裘快馬當冰雪。「兩縣諸子」。長安苦寒誰獨悲，杜陵野老骨欲折。南山豆苗早荒穢，青門瓜地新凍裂。鄉里兒童項領成，朝廷故舊禮數絕。自然棄擲與時異，況乃疎頑臨事拙。飢餓動即向一旬，弊裘何啻聯百結。君不見空牆日色晚，此老吞聲淚垂血。以上自述投贈意。

　　　　咸陽、華原皆為赤縣。「兩縣諸子」，赤縣官曹也。翩翩裘馬，若不知有冰雪者，何苦寒之有？長安中苦寒者，獨杜陵野老耳。況南山種豆，秋來已荒；青門種瓜，凍地又裂。人苦寒而骨折，物苦寒而不生，是人苦寒又苦饑矣。彼鄉里兒童，富貴驕人，

翩翩項領,誰知我苦者?朝廷上豈無故舊,禮數亦絕,蓋不合時宜,臨事迂拙,何怪苦饑經旬、苦寒百結耶?諸子裘馬之餘,亦見空牆日晚,時有人出涕無聲,但垂血淚,亦當動念也已。○「擁」字隱作「擁擠」之「擁」。才傑之路,此等官曹擁擠之也。前此李林甫擅權蔽主,妬賢嫉能,為「豆苗早荒穢」之象;今日楊國忠謬收人望,無論賢不肖,依資注官,是「瓜地新凍裂」之象。此赤縣官曹、鄉里兒童紛紛得志也。楊惲「田彼南山,蕪穢不治。種一頃豆,落而為萁」,語意正同。

奉留贈集賢院崔於二學士

昭代將頭白,途窮乃叫閽。氣衝星象表,詩感帝王尊。天老書題目,春官驗討論。倚風遺鶂路,隨水到龍門。以上集賢院召試文章。竟與蛟螭伍,寧無燕雀喧。青雲猶契闊,陵厲不飛翻。四句止送有司,參列選序。儒術誠難起,家風庶已存。故山多藥物,勝概憶桃源。欲整還鄉旆,長懷禁掖垣。謬稱三賦在,難述二公恩。以上留贈意。

　　我幸生昭代,一身將老,自歎貢舉不第,應詔又斥,途窮矣。適逢朝廷有享獻南郊三大禮,因而叫閽,一時意氣,遂干星象,偶然三作,便動至尊。於是召試文章,則宰相命題,宗伯討論,庶幾乘風而去,鶂路可遺;隨水而來,龍門直到。乃龍門雖到,跡混蛟螭;鶂路未遺,喧歸燕雀。今日「止送有司,參列選序」,是青雲絕望,翻飛興盡矣。因念儒術已非,進焉卻足;猶幸家聲未墜,退可傳經。況多病頻年,欲採鹿門之藥;冥搜有志,敢迷漁父之津。且整歸旌,猶懷眷戀者,往日三賦,謬荷噓吹;今日二公,實切瞻仰爾。

貧交行

翻手作雲覆手雨,紛紛輕薄何須數。君不見管鮑貧時交,點「貧交」。此道今人棄如土。應「輕薄」句。

　　雲雨聲勢,實則虛無,故反覆無常。似此輕薄,亦何足數。古有管、鮑,其感恩知我,比於父母;貧時交情,始終不易。奈何今人棄管、鮑交情如土,徒為雲雨反覆也。

白絲行

繰絲須長不須白,越羅蜀錦金粟尺。象床玉手亂殷紅,萬草千花動凝碧。以上言絲。已悲素質隨時染,裂下鳴機色相射。二句織。美人細意熨帖平,

裁縫滅盡針線跡。二句裁。春天衣著為君舞，蛺蝶飛來黃鸝語。落花游絲亦有情，隨風照日宜輕舉。四句著。香汗清塵污顏色，開新合故置何許。二句感歎。君不見才士汲引難，恐懼棄捐忍羈旅。以正意結。

　　絲貴白，今此繰絲，但須長，不須白，時好可知。只「須長」者，將來或為越羅，或為蜀錦，其長短但憑金粟尺也。「不須白」，故所染之色，登之象床，抒之玉手，但見紅碧相亂也。「素質」既改，授之鳴機，未幾裂下，眾色相射，織成矣。美人珍重前勞，加之細意，熨帖妥而裁縫施，裁縫施而針線化，細意至此，衣成矣。凡以為君也，乘此春光著之而舞，即蛺蝶、黃鸝、落花、游絲，亦飛亦語，若有情於此衣者。然則此衣隨春風，照春日，飄飄輕舉，亦甚愜君意哉！無何，汗內侵，塵外襲，顏色受污矣。未幾，新者登，故者棄，向時紅碧，置在何許？即白絲，可知才士矣；即白絲之開新合故，可知才士汲引難，棄捐易矣。時使然，誠不足怪。人情似此，能無恐懼？亦姑且忍而已。○「繰絲」六句，比才士不能自守其故，美醒妍姬，與時推移，蓋所望於汲引也。「美人」六句，比才士不忍自沒其長，呈身識面，冀投時，好蓋不知汲引之難其人也。「香汗」二句，比才士不能自保其終，取捨愛憎，委之時命，蓋自分必遭棄捐，且忍羈旅也。故直接「君不見」二句。公獻賦待制，見沮時相，棄捐矣。尚濡遲未去者，誠忍之也。

陪鄭廣文遊何將軍山林　　十首

　　公自留贈崔於後，還鄉施整，故山興濃，貧交之傷，白絲之歎，既有慨言之。彼何將軍於裘馬困頓時，獨有濠梁見招之舉。夫山林，幽人逸士所棲也。將軍內不在宿衛，外則在邊陲。將軍何以山林？意者非城東種瓜之客，即灞陵射虎之人。將軍而山林，可以知將軍之世矣。

不識南塘路，今知第五橋。名園依綠水，野竹上青霄。四句山林。谷口舊相得，濠梁同見招。平生為幽興，未惜馬蹄遙。四句陪遊。

　　我旅食京華，長安歲月，消磨塵俗中耳。南塘之路，不省何處，今知由第五橋去即是也。將軍山林，在長安城南墻坡處，即南塘第五橋之間與？有橋則有水，名園一帶，宛在中央。有園則有竹，野作幾竿，遙疑天半。因顧廣文，喜其舊好；因念將軍，幸其同招。吾由城南至此，馬力罷矣。但我平生最多幽興，今為幽興來遊，又何惜南塘路第五橋之遙也。○「幽興」二字，直貫數章。

百頃風潭上，千章夏木清。卑枝低結子，接葉暗巢鶯。承「夏木」。鮮鯽

銀絲鱠，香芹碧澗羹。承「風潭」。翻疑柂樓底，晚飯越中行。結出泛舟。

　　山林中有風潭，闊逾百頃；風潭上有夏木，清列千章。此千章木，有卑枝結子，低而可摘；有密葉巢鶯，暗而難窺。此百頃潭，網鯽為鱠，細若銀絲；采芹為羹，清如碧澗。於時泛舟風潭，嘗絲鱠，啜芹羹，何其似越中之鱸魚、蓴菜也。當此晚飯，得此二物，何異身在越中行哉！

萬里戎王子，何年別月支。異花開絕域，承首句。滋蔓匝清池。承次句。漢使徒空到，神農竟不知。申上「異花開絕域」。露翻兼雨打，開坼漸離披。申上「滋蔓匝清池」。

　　山林佳卉，莫如戎王子矣。種自月支，路遠萬里，誠不知何年別彼，遂至此處。既名戎王子，是為異花，應開絕域。既已別月支，難免滋蔓，紛匝清池。惟「開絕域」，故漢使到西域而未詳，神農有《本草》而不載。惟「匝清池」，故露翻而漸至開坼，雨打而直至離披。似此異物，遷地不良，亦可慨也。○「露翻」二句，亦是寄慨。公抱致主匡時之略，三上長安，扣閽天高，苦寒骨折。至鄭，道出羲皇，文過屈宋，乃一官獨冷，每飯不足。即如何將軍，不在朝，不在邊，棲遲丘壑，同於山林長往者，無非「露翻雨打」、「開坼離披」意。舊註云：「我讀此再四，感歎甚深。」

旁舍連高竹，疏籬帶晚花。碾深渦沒馬，藤蔓曲藏蛇。四句「山林」。詞賦工何益，山林跡未賒。盡撚書籍賣，來問爾東家。四句卜居。

　　有山林則有舍。由山林觀旁舍，盡連高竹。有旁舍則有疏籬，由旁舍看疏籬，總帶晚花。旁舍疏籬際，有碾焉。此處水勢漩渦，深堪沒馬。高竹晚花間，有藤焉。其下蔓延科結，曲類藏蛇。山林如此。我獻賦待詔，不能中選，詞賦雖工，其又何益！爾名園樂志，蕭然長往。其為跡也，誠然未賒。詞賦工無益，書籍焉用矣？山林跡未賒，東家可問矣。我將賣書買山，結茅於此，與爾為鄰，不亦可乎？○呼將軍曰「爾東家」，可知長安道上，東道不通。

剩水滄江破，殘山碣石開。二句「山林」。綠垂風坼筍，紅綻雨肥梅。銀甲彈箏用，金魚換酒來。興移無灑掃，隨意坐莓苔。六句宴。

　　有園林必有山水。山水非人工不奇。今引江作池，直破滄江之水；鑿石為洞，如開碣石之山。人工奪造化矣。於時宴舉，則蔬有筍，臨風初坼，其綠方垂；果有梅，著雨方肥，其紅欲綻。取諸園中，筍佐肴，梅薦豆，不患其乏也。狎客則指間銀甲，用以彈箏，觸於斯侑；主人則腰下銀魚，解之換酒，缸何憂罄。未幾，乘興移尊，無

須灑掃。席苔而坐，又何適與！○銀魚換酒，便有嬾朝參〔註6〕意。前飯柸樓，後移棘下，此飲莓苔，次第歷歷。

風磴吹陰雪，雲門吼瀑泉。酒醒思臥簟，衣冷欲裝綿。四句酒後。**野老來看客，河魚不取錢。只疑淳樸處，自有一山川。**四句「山林」。

　　莓苔移尊，避暑也，乃竟醉矣。忽焉，風磴上陰雪吹來，雲門間瀑泉為吼，暑氣散，酒醒矣，遂「思臥簟」；酒氣散，衣冷矣，隨「欲裝綿」。我去城市，入山林，頓忘炎暑，覺此時一枕在鬱攸中，沃以清涼。況野老不知世外有客，則聚族而觀。將軍性復疎財，河魚亦聽人網取。似此淳樸，信乎剩水殘山不在大地山河之數，而自有一山川也。

棘樹寒雲色，茵蔯春藕香。脆添生菜美，陰益食單涼。四句重宴。**野鶴清晨出，山精白日藏。石林蟠水府，百里獨蒼蒼。**四句「山林」。

　　酒醒矣，興未也，因將前席再移棘下。棘樹密則有「寒雲色」，猶是「風磴」、「雲門」也。因於棘下再設茵蔯，茵蔯設則有「春藕香」，不但綠筍紅梅也。生菜既美，加茵蔯而美愈添；食單未涼，蔭棘樹而涼乃益。我與將軍避暑飲此，但見野鶴乘涼，趁晨先出；山精畏熱，去日深藏。只因此間，開碣石，破滄江，石林之奇，蟠於水府。去城市以來，百里之內，獨此蒼蒼。坐是留連忘反云。○天寶間，貴戚競尚豪侈。水陸珍羞，動輒牙盤數千。明皇為祿山治具，淘盆飯甖，皆餙金銀。公於將軍，一菜一單，表其儉樸，良有以也。「單」即「簟」。

憶過楊柳渚，走焉定昆池。醉把青荷葉，狂遺白接羅。四句憶長安舊遊。**刺船思郢客，解水乞吳兒。**二句思吳越舊遊。**坐對秦山晚，**結長安。**江湖興頗隨。**結吳越。

　　我三上長安，一身將老。回首壯遊，真成隔世。即如長安行樂，亦曾過楊柳渚，走馬於定昆池上。此時醉矣，把杯不置；狂矣，倒帽不知。往事如此。今日者，無復走馬之興，惟思郢客，為我刺船；並許吳兒，愛其解水。所以然者，旅食多年，長安遊倦；扁舟東下，吳越興濃。庶幾郢客為我下楚，吳兒為我下姑蘇哉！

床上書連屋，堦前樹拂雲。將軍不好武，承「床上」句。**稚子總能文。**承「堦前」句。**醒酒微風入，聽詩靜夜分。絺衣掛蘿薜，涼月白紛紛。**四句下榻。

　　遊暮矣，還顧齋中，稠疊床上者，書連屋耳；出顧齋外，掩映堦前者，樹拂云

〔註6〕《杜詩闡》卷三《重過何氏五首》其四「頗怪朝參嬾」。

耳。床上攤書，知將軍嫻於武事；堦前挺秀，亮穉子亦必能文。將軍以好武為諱，子弟以能文為憂。所以山林與？於時醒酒，則憑微風聽詩，直至靜夜，風微夜靜，月亦白矣。絺衣蘿薜間，但見月影紛紛，與交亂雲。○唐自李林甫奏停折衝府上下魚書，應募皆市井無賴子弟，為武官父兄擯不齒，猛將精兵皆聚西北，中國無武備矣。公曰「將軍不好武，穉子總能文」，誠傷之哉！公自言，則曰「詞賦工何益」，盡撚書籍，賣於將軍。又曰「將軍不好武，穉子總能文」，世變至此，能文善武，總非致身之具。

幽意忽不愜，歸期無奈何。出門流水住，回首白雲多。四句賦別。**自笑燈前舞，誰憐醉後歌。**二句回憶。**祗應與朋好，風雨亦來過。**二句歸期。

我遊山林，本為幽興。乃忽然不愜者，蓋因歸期已迫耳。於是出門，人去，流水自在，人不如水也。於是回首，人去，白雲自留，人不如雲也。追思昨夜，燈前舞祗堪自笑，醉後歌更復誰憐。前期已矣。廣文我朋好，過此以往，庶幾風雨不辭，重尋舊遊哉！○首章曰「平生為幽興」，末章曰「幽意忽不愜」，首尾對照。大抵山林遊宴，非有幽興者不能窮其勝。公遊何將軍山林，發於幽興，先於首章點破，以下九章都寫幽興。次章幽興溢於百頃千章，寓於香芹碧澗，似矣。不知登臨發柂樓之想，山林動越中之思，為興真幽也。三章幽興託意於萬里奇花，寄傲於見聞不及，似矣。不知寓摧折於露翻雨打，感衰頹於開坼離披，為興更幽也。四章則旁舍疎籬，廣幽興於山林之左右；藏蛇沒馬，窮幽興於山林之險僻。似矣。賣書籍，問東家，將結茅而投老，其為興也，不幽之至乎！五章則綠筍紅梅，涉幽興於野蔬山果；金魚銀甲，躭幽興於酒肆歌場。似矣。無灑掃，坐莓苔，將忘形而肆志，其為興也，不又幽之極乎！至六章幽興，愴然有身世之感矣。人知酒醒於風磴之陰雪，衣冷於雲門之瀑泉，謂其興幽也，亦曾於世路之嶮巇，念山川之淳樸，一想其幽興否？七章幽興，浩然有鑿壞之思矣。人知鋪食單于棘樹之前，設生菜於寒雲之下，謂其興幽也，亦曾於入石林恐不密，蟠水府恐不深，一繹其幽興否？夫公之幽興，本發於今日之山林；乃公之幽興，忽移於向時之行樂。南塘之路，方在眼也；江湖之遊，正堪思也。幽興至八章而情深矣。抑公以將軍之有山林，幽興忽發於宴遊；乃公以將軍之在山林，幽興忽移於世變。武臣棄武，朝廷弛備矣；將門乏將，邊塞失防矣。幽興至九章而感深矣。至十章曰「幽意忽不愜，歸期無奈何」，來時幽興忽焉而盡，去時幽興無處可尋，但見流水尚縈幽興，白雲尚繞幽興，庶幾朋好無恙，風雨相期，訂幽興於異日云爾。《重過》五首，三用幽興，猶蒙此意。

陪諸貴公子丈八溝攜妓納涼晚際遇雨　二首

丈八溝，舊註〔註7〕謂是「韋堅所通之漕渠」，非也。韋堅引滻水，抵苑東望春樓為潭，名曰廣運，非丈八溝。又云：「大曆初，京兆尹奏開漕渠入苑，闊八尺，深一丈」，丈八之名始此。公大曆時不在長安。張禮《遊城南記》：「下杜城西別有丈八溝，近第五橋。」

落日放船好，輕風生浪遲。竹深留客處，荷淨納涼時。公子調冰水，佳人雪藕絲。六句「丈八溝納涼」。**片雲頭上黑，應是雨催詩。**結帶「遇雨」。

落日放船，風輕浪細，陪此遊者，蓋為丈八溝頭。竹蔭清涼，是留客處。荷光明淨，正納涼時耳。乃荷淨可納涼矣，公子更調冰而佐涼；竹深可留客矣，佳人又雪藕而薦客。當此落日輕風，盪舟於竹深荷淨處，調冰雪藕以為娛，公子佳人真有樂而忘返，不知雨之將作者。乃片雲之黑，已垂頭上，早為我而催詩，能無促駕早旋哉？

雨來霑席上，風急打船頭。越女紅裙濕，燕姬翠黛愁。二句承「雨來霑席上」。**纜侵堤柳繫，幔卷浪花浮。**二句承「風急打船頭」。**歸路翻蕭颯，陂塘五月秋。**結還「涼」字。

雲黑雨來，直霑席上；雨來風急，更打船頭。風雨暴怒，使人樂極悲生焉。雨霑席上，因而紅裙濕，翠黛愁；風打船頭，因而錦纜維，翠幬亂。陂塘蕭颯，五月疑秋。回首「攜妓納涼」，忽焉「晚際遇雨」，樂不可極。萬事皆然，何足怪哉！○次章有范臺輟觴〔註8〕、雍門鼓瑟〔註9〕之感。日月如秋，分明炎炎者無常。

〔註7〕黃希集注、黃鶴補注《補注杜詩》卷十八：鶴曰：「謂之『陪諸貴公子』，則是在長安丈八溝，意是天寶元年韋堅所通漕渠，當是天寶十三載。舊史：大曆元年九月，京兆尹奏開漕渠入苑，闊八尺，深一丈。渠成，上御安福門以觀之。豈素有是溝，至是又開歟？」

〔註8〕《戰國策·魏策》：梁王魏嬰觴諸侯於范臺。酒酣，請魯君舉觴。魯君興，避席擇言曰：「昔者，帝女令儀狄作酒而美，進之禹，禹飲而甘之，遂疏儀狄，絕旨酒，曰：『後世必有以酒亡其國者。』齊桓公夜半不嗛，易牙乃煎熬燔炙，和調五味而進之，桓公食之而飽，至旦不覺，曰：『後世必有以味亡其國者。』晉文公得南之威，三日不聽朝，遂推南之威而遠之，曰：『後世必有以色亡其國者。』楚王登強臺而望崩山，左江而右湖，以臨彷徨，其樂忘死，遂盟強臺而弗登，曰：『後世必有以高臺陂池亡其國者。』今主君之尊，儀狄之酒也；主君之味，易牙之調也；左白臺而右閭須，南威之美也；前夾林而後蘭臺，強臺之樂也。有一於此，足以亡其國。今主君兼此四者，可無戒與！」梁王稱善相屬。

〔註9〕《說苑》卷十一《善說》：雍門子周以琴見乎孟嘗君。孟嘗君曰：「先生鼓琴亦能令文悲乎？」雍門子周曰：「臣何獨能令足下悲哉？臣之所能令悲者，有先貴而後賤，先富而後貧者也。不若身材高妙，適遭暴亂，無道之主，妄加

送張二十參軍赴蜀州因呈楊五侍御

好去張公子，領至末。通家別恨添。兩行秦樹直，萬點蜀山尖。四句「送張赴蜀」。御史新驄馬，參軍舊紫髯。皇華我善處，於汝定無嫌。四句「因呈楊五」。

　　公子此行，莫傷蜀道難也，願汝好去。但我係通家，未免別恨為添耳。公子由長安而去，此間秦樹，兩行夾道；望蜀中而行，彼處青山，萬點攢天。對「兩行」而襟分，想「萬點」而心割，我謂公子「好去」者有故也。雖御史為新除桓典，驄馬行行；參軍係往日郤超，紫髯種種。不知皇華天使與我交情，善處有素。公子此行，推我之愛，必有相得甚歡者，何嫌之有？故曰「好去張公子」。

白水明府舊宅喜雨得過字

　　按：天寶十三載，霖雨六旬。《通鑑》云：「自去歲水旱相繼，關中大饑。」曰「去歲」，是連十二載言。十三載水災，則旱災必在十二載，故雨可喜。若十三載霖雨六旬，何喜之有？舊編誤。

我舅政如此，古人誰復過。碧山晴又濕，白水雨還多。精禱既不昧，歡娛將謂何。四句應「我舅政如此」。湯年旱頗甚，今日醉絃歌。二句應還「古人誰復過」。

不道之理焉；不若處勢隱絕，不及四鄰，詘折儐厭，襲於窮巷，無所告愬；不若交歡相愛無怨而生離，遠赴絕國，無復相見之時；不若少失二親，兄弟別離，家室不足，憂戚盈胷。當是之時也，固不可以聞飛鳥疾風之聲，窮窮焉固無樂已。凡若是者，臣一為之徽膠援琴而長太息，則流涕沾衿矣。今若足下千乘之君也，居則廣廈邃房，下羅帷，來清風，倡優侏儒處前選進而諂諛；燕則鬥象棋而舞鄭女，激楚之切風，練色以淫目，流聲以虞耳；水遊則連方舟，載羽旗，鼓吹乎不測之淵；野遊則馳騁弋獵乎平原廣囿，格猛獸；入則撞鐘擊鼓乎深宮之中。方此之時，視天地曾不若一指，忘死與生，雖有善琴者，固未能令足下悲也。」孟嘗君曰：「否！否！文固以為不然。」雍門子周曰：「然臣之所為足下悲者，一事也。夫聲敵帝而困秦者，君也；連五國之約，南面而伐楚者，又君也。天下未嘗無事，不從則橫，從成則楚王，橫成則秦帝。楚王秦帝，必報讎於薛矣。夫以秦、楚之強而報讎於弱薛，譬之猶摩蕭斧而伐朝菌也，必不留行矣。天下有識之士無不為足下寒心酸鼻者。千秋萬歲後，廟堂必不血食矣。高臺既以壞，曲池既以漸，墳墓既以下而青廷矣。嬰兒豎子樵採薪薐者，躊躇其足而歌其上，眾人見之，無不愀焉，為足下悲之曰：『夫以孟嘗君尊貴乃可使若此乎？』」於是孟嘗君沄然泣涕，承睫而未殞，雍門子周引琴而鼓之，徐動宮徵，微揮羽角，切終而成曲，孟嘗君涕浪汗增，歊而就之曰：「先生之鼓琴，令文立若破國亡邑之人也。」

　　喜雨不於雨日，先有致雨之政。舅政如此，雨可必矣。稽之古人，誰復過者？碧山已晴而又濕，更見雨徵；白水有雨而偏多，異於他郡。良由一人精禱，既昭明而不昧，所以萬姓歡聲。不謂公而謂誰？古人如成湯，桑林有七年之旱；今日如明府，白水來喜雨之歌。信矣，古人誰復過也！

九日楊奉先會白水崔明府

　　時公由白水至奉先，必挈妻孥寄奉先，旋歸長安，侯官定也。十三載十一月，《自京赴奉先》詩有「誰能久不顧」句〔註10〕。室家之別，至於隔年，亦可云久。不然，奉先妻子何年安頓？《橋陵》詩〔註11〕後段可證。

今日潘懷縣，同時陸濬儀。點楊、崔。**坐開桑落酒，來把菊花枝。**九日會。**天宇清霜淨，公堂宿霧披。**九日時景。**晚酣留客舞，鳧鷖共差池。**結還會意。

　　今日奉先，固懷縣潘岳也；同時白水，亦濬儀陸雲也。奉先坐中，正開劉墮桑落之酒；白水適至，來把陶潛菊花之枝。宴樂矣。九秋天宇，霜淨無塵；奉先公堂，霧開見日。兩公把菊酌酒，直至晚酣，還留我作客者而共舞。一時鳧鷖，相與差池，風流亦可見云。

〔註10〕《杜詩闡》卷四。
〔註11〕《杜詩闡》卷八。

卷　三

之奉先復歸長安詩_{天寶十三載}

橋陵詩三十韻因呈縣內諸官

先帝昔晏駕，茲山朝百靈。崇岡擁象設，沃野開天庭。即事壯重險，
論功超五丁。坡陁因厚地，卻略羅峻屏。雲闕虛冉冉，風杉肅泠泠。
石門霜露白，玉殿莓苔青。宮女曉知曙，祠官朝見星。空梁簇畫戟，
陰井敲銅瓶。中使日夜繼，惟王心不寧。豈徒卹備享，尚謂求無形。
孝理敦國政，神凝推道經。瑞芝產廟柱，好鳥鳴巖局。高岳前崒嵂，
洪河左瀅濙。金城蓄峻址，沙苑交回汀。永與奧區固，川原紛渺冥。
居然赤縣立，臺榭爭岧嶤。<small>以上「橋陵」。</small>官屬固稱是，聲華真可聽。王
劉美竹潤，裴李春蘭馨。鄭氏才振古，啖侯筆不停。遣詞必中律，利
物常發硎。綺繡相展轉，琳琅愈青瑩。側聞魯恭化，秉德崔瑗銘。太
史候鳧影，王喬隨鶴翎。<small>以上「縣內諸官」。</small>朝儀限霄漢，客思回林坰。
輾軻辭下杜，飄颻隨濁涇。諸生舊短褐，旅泛一浮萍。荒歲兒女瘦，
暮途涕泗零。主人念老馬，廨宇容秋螢。流寓理豈愜，窮愁醉不醒。
何當擺俗累，浩蕩乘滄溟。<small>以上自序。</small>

　　先帝睿宗賓天而後葬於橋陵，百靈拱衛矣。「崇岡」上，如「象設」之威儀；「沃
野」間，闢「天庭」之戶牖。固就形勢，以「壯重險」；實由開鑿，而「超五丁」。「厚
地」在前，以為坡陁；「遠山」卻後，以為屏障。大勢如此。有陵則有宮殿，仰瞻雲

-59-

闕，縹緲凌虛；俯瞰風杉，陰森如蕭。石門幾春秋，而霜露白也；玉殿無往來，而莓苔青也。有陵則有寢園，宮女待旦奉盥，敲陰井之銅瓶；祠官戴星來朝，簇空梁之畫戟。況天子孝享，又何如哉！已見中使，宵旦不遑；豈知王心，怵惕未定。蓋以中使所至，衹修薦享之儀；王心所求，乃在形聲之外。所以孝治敦，國政舉，精神一，王道孚。遂使芝草呈祥，好鳥鳴異，乃橋陵儼皇居也。高岳聳其前，洪河帶於後。不獨高岳，下蓄金城之峻址；不獨洪河，細交沙苑之回汀。是與地同因也。川原之渺冥何足數，殆與京偕壯也。臺衛之岧嶢若並爭，橋陵如此，縣內諸官亦稱是。聲華有斐，遠邇著問。奉陵者，若王若劉，姿潤如竹；若裴若李，德馨比蘭。有鄭氏具振古才，有啖侯秉倚馬筆，遣詞中律，利物如碙。綺繡紛披，琳琅照映。而治縣者，則有魯恭馴良，崔瑗秉德。飛鳧集闕，控鶴來朝。若我此生朝儀，既隔霄漢；無端客思，又滯林坰。今日自長安來奉先，轆轤辭下杜之鄉，飄零隨濁涇之水。官定無期，依然短褐；生涯靡托，有類浮萍。旱災歲饑，兒女胥瘦；日暮路遠，涕泗交零。縣內諸公皆主人也，念我老馬，假廱為居。譬彼秋螢，得依為幸。但流寓非策，中心如醉，凡為室家俗累耳。何時擺俗累，泛滄溟，所願斯遂哉？○按：天寶十二載，秋旱，饑。公挈妻子赴奉先。無疑也。時自長安至奉先，故曰「轆轤辭下杜」，下杜即長安杜陵。官尚未定，故曰「諸生舊短褐」。關中饑，挈家至此，故曰「荒歲兒女瘦」，又曰「廱宇容秋螢」。奉先亦非久居，故曰「流寓理豈愜」。啖侯疑即啖庭瑤。庭瑤，中使，守陵或用之。

奉先劉少府新畫山水障歌

堂上不合生楓樹，怪底江山起煙霧。聞君掃卻赤縣圖，乘興遣畫滄洲趣。四句冒。畫師亦無數，好手不可遇。對此融心神，知君重毫素。豈但祁嶽與鄭虔，筆跡遠過楊契丹。以上畫手。得非玄圃裂，無乃瀟湘翻。悄然坐我天姥下，耳中已似聞清猿。反思前夜風雨急，乃是蒲城鬼神入。元氣淋漓障猶濕，真宰上訴天應泣。野亭春還雜花遠，漁翁暝踏孤舟立。滄浪水深青溟闊，欹岸側島秋毫末。不見湘妃鼓瑟時，至今斑竹臨江活。以上都寫「滄洲趣」。劉侯天機精，愛畫入骨髓。自有兩兒郎，揮灑亦莫比。大兒聰明到，能添老樹顛崖裏。小兒心孔開，貌得山僧及童子。數語與「畫師」六句對照。若耶溪，雲門寺，我獨胡為在泥滓，青鞋布襪從此始。結出看畫意。

堂上非江山，楓樹何生？怪此何等江山，忽起煙霧於堂上，察之則畫。赤縣圖未

必有此，必滄洲趣聞。君掃卻赤縣圖之暇，又乘興新畫此耳。然豈畫師可及！畫須畫手，畫手神妙，跡化意融，使我心神亦入毫素。所由超出祁嶽、鄭虔，並名畫中之楊參軍都不足數也。畫手高，故畫中布勢，疑於玄圃裂，瀟湘翻；恍然坐天姥，聞清猿。昔者倉頡作字，洩造化之秘，至「天雨粟，鬼夜哭」。今此畫其元氣淋漓，亦奪真宰精髓，而天為泣。其布勢入神如此。畫手高，故畫中布景，雜花之生，彷彿疑春也；漁舟之泛，彷彿疑暝也；遠望之，見青溟之闊；近察之，在秋毫之末。湘妃之鼓瑟雖不見，臨江之斑竹則疑活。其布景入妙如此。是真滄洲趣，宜堂上有江山生煙霧哉！此雖人工，有天機焉。非天機精而嗜畫入髓者不能。使元氣流，真宰訴，鬼神入，天應泣也。所缺陷者，或少巔崖之老樹，或少山僧及童子。今大兒能添，小兒能貌，蓋由聰明心孔，合於少府天機，故無纖毫不到又如此。由前言之，悄然坐我天姥下，我因畫忽動越遊想。由後言之，不見湘妃鼓瑟時，我因畫忽動楚遊想。今石耶溪、雲門寺恍然在目，胡為久在泥滓不去耶？青鞋布襪，將從此始。始於越之石耶、雲門，漸及於楚之滄浪、瀟湘云爾。

戲簡鄭廣文虔兼呈蘇司業源明

廣文到官舍，繫馬堂階下。醉即騎馬歸，頗遭官長罵。才名三十年，坐客寒無氈。六句「簡鄭」。賴有蘇司業，時時乞酒錢。二句「兼呈蘇」。

　　廣文官冷矣，無所事事。到官舍，何為繫馬堂階？示不久居也。其到官舍，不過一醉。醉外無事，騎馬即歸。彼官長焉知醉中趣，宜遭其罵耳。所惜廣文三十年才名，如何坐客？一氈難得，又焉得酒錢？時時大醉，賴有蘇司業憐而與之耳。有與酒錢者，廣文得醉；有罵廣文者，廣文益醉矣。○「乞」訓與。

天育驃騎歌

我聞天子之馬走千里，今之畫圖無乃是。是何意態雄且傑，駿尾蕭梢朔風起。毛為綠驃兩耳黃，眼有紫燄雙瞳方。矯矯龍性合變化，卓立天骨森開張。以上驃騎圖。伊昔太僕張景順，考牧攻駒閱清峻。遂令大奴字天育，別養驥子憐神駿。四句畫馬之由。當時四十萬匹馬，張公歎其才盡下。故獨寫真傳世人，三句畫馬之意。見之座右久更新。年多物化空形影，嗚呼健步無由騁。如今豈無騕褭與驊騮，時無王良伯樂死即休。結意自況。

　　馬不同矣，聞有天子馬日走千里，此圖所傳，無乃近似。一何意態雄傑，纔搖尾，朔風為起耶？意態為主，皮毛附之。乃其毛則綠，耳又黃也；眼有燄，瞳又方也。

即意態，知其龍性變化；即皮毛，知其天骨開張。千里馬不過如是。此圖已傳之，傳之自何人？開元初，有太僕張景順，考牧政，掌攻駒，閱此清峻之馬，遂令牧馬大奴專字天育，別養此驥子，誠憐其神駿耳。當時張公牧馬，至四十萬匹。張公一得神駿，遂歎此四十萬匹，其材無一足取。又恐後世皮相者但知此四十萬匹，神駿不傳，遂寫真圖，使天下後世盡知此四十萬匹不足取，惟似此神駿者為足貴。置諸座右，久宜更新。惜乎歲月既多，此馬物化，雖留形影，馳騁末由。但張公寫真傳世，原不過謂後世有馬似此圖者，即神駿也。見今豈無似此圖者，不遇王良、伯樂如張公，亦死轅下即休耳。士不遇知己，徒為四十萬匹所嗤笑，可勝道哉！

醉歌行公自注：「從侄勤落第歸，作此以慰之。」

陸機二十作《文賦》，汝更小年能綴文。總角草書又神速，世上兒子徒紛紛。驊騮作駒已汗血，鷙鳥舉翮連青雲。詞源倒流三峽水，筆陣獨掃千人軍。以上美侄。只今年纔十六七，射策君門期第一。舊穿楊葉真自知，暫蹶霜蹄未為失。偶然擢秀非難事，會是排風有毛質。以上慰侄。汝身已見唾成珠，汝伯何由髮如漆。春光澹沱秦東亭，渚蒲牙白水荇青。風吹客衣日杲杲，樹覺離思花冥冥。酒盡沙頭雙玉缾，眾賓已醉我獨此。乃知貧賤別更苦，吞聲躑躅涕泣零。以上送別。

　　陸機二十能賦，世已奇之，汝小陸機，文字雙美。前無陸機，今空世上兒矣。譬彼驊騮，不待老成，即稱汗血；譬彼鷙鳥，纔當習擊，便已連雲。既能綴文，詞源何難倒三峽；既工草書，筆陣定當掃千人。以此應試，即冠軍亦易耳。蓋由穿楊之技，自信有素。縱使霜蹄暫蹶，汗血自在也。而況擢秀一事，原屬偶然。似汝鷙鳥六翮，排風指日也。惟是汝才吐珠，不患終落；我髮添白，欲漆無由。今日送汝，置酒東亭。春光淡蕩，蒲白荇青。風吹客衣，去日無色；樹知別意，落花銷魂。況貧賤之人，作別更苦，所由對酒不醉，出涕無聲。汝歸矣，亦知汝伯苦衷否？○按：天寶十二載冬，達奚珣掌試。楊國忠子瑄學業荒陋，不及格，珣畏國忠，遣子撝先白之，國忠怒。撝歸，語其父，曰：「彼恃權，安可復論曲直？」仍置瑄高第。時事如此，宜勤落第也。「綴文」兼「草書」，唐取士，身、言、書、判，書亦其一。

沙苑行

　　唐有四十八監。以牧馬，有苑總監。時安祿山知總監事，公作《沙苑行》，疑諷之。

君不見左輔白沙如白水，繚以周牆百餘里。龍媒昔是渥窪生，汗血今

稱獻於此。苑中牝騍三千匹，豐草青青寒不死。食之豪健西域無，每歲攻駒冠邊鄙。以上敘沙苑驌驦所由生。王有虎臣司苑門，入門天廐皆云屯。驌驦一骨獨當御，春秋二時歸至尊。四句一章之主。至尊內外馬盈億，伏櫪在坰空大存。逸群絕足信殊傑，倜儻權奇難具論。纍纍塠阜藏奔突，往往坡陁縱超越。角壯翻同麋鹿遊，浮深簸蕩黿鼉窟。八句贊驌驦。泉出巨魚長比人，丹砂作尾黃金鱗。豈知異物同精氣，雖未成龍亦有神。結到「泉出」魚為龍種，應到「渥窪」出馬為龍媒。

　　馮翊左輔，為神京肩髀。一望白沙繚垣，延袤百里。所以龍媒之種，出自渥津；汗血之駒，今在沙苑。蓋苑中有牝騍三千，白沙一帶，豐草青青，寒冬亦茂，足供三千之食。馬力豪健，過於西域，汗血生焉。然此沙苑，伊誰司之？司苑門者，我王自有虎臣耳。惟虎臣司苑，天廐雲屯，其中驌驦如汗血者，凡春執駒，秋臧僕。得此一骨，獨歸至尊。彼內外群牧馬盈億萬，伏櫪者、在坰者空然肥大，徒存其名。逸群絕足，獨此一骨為殊傑，倜儻權奇，難與凡馬並論也。此沙苑中，塠阜之處，奔突可藏；坡坻之間，超越而過。且相與角壯，如麋鹿捷足；有時浮深，與黿鼉並遊。非此沙苑，安有此馬？非我虎臣，疇司此苑？非虎臣司苑，安得驌驦一骨，常歸至尊？彼沙苑有泉，泉中出魚，其長比人。厥尾丹砂，厥鱗黃金，與馬原異類。然精氣則同，馬為龍媒，魚為龍種。似此砂尾金鱗，其跂屬亦有神矣，可以未成龍忽之哉？○《留花門》〔註1〕，諷朝廷不宜留回紇於沙苑。《沙苑行》，諷朝廷不宜使祿山兼知苑總監事。天寶十三載正月，祿山入朝，求兼領閑廐群牧，又求兼總監，隨知總監事。祿山選健馬堪戰者，驅歸范陽。篇中曰「王有虎臣司苑門」，以見不須祿山也；曰「春秋二時歸至尊」，以見非祿山所得私畜也。結處「巨魚」正指祿山。祿山羯奴，尾大已見。巨魚雖不成龍，砂尾金鱗似有神彩。祿山以豬龍僭擬真龍。《靈湫》〔註2〕詩云：「復歸虛無底，化作長黃虯。」京房亦云：「泉出巨魚倭人至。」

醉時歌 公自注：「贈廣文館學士鄭虔。」

諸公袞袞登臺省，廣文先生官獨冷。甲第紛紛厭粱肉，廣文先生飯不足。先生有道出羲皇，先生有文過屈宋。德尊一代常轗軻，名垂萬古知何用。以上敘廣文。杜陵野客人更嗤，被褐短窄鬢如絲。日糴太倉五升米，時赴鄭老同襟期。得錢即相覓，沽酒不復疑。忘形到爾汝，痛

〔註1〕《杜詩闡》卷七。
〔註2〕《杜詩闡》卷三《奉同郭給事湯東靈湫作》。

飲真我師。以上自序。清夜沉沉動春酌，燈前細雨簷花落。但覺高歌有鬼神，焉知餓死填溝壑。相如逸才親滌器，子雲識字終投閣。先生早賦歸去來，石田茅屋荒蒼苔。儒術於我何有哉？孔丘盜跖俱塵埃。不須聞此意慘愴，生前相遇且銜杯。以上寫醉歌意。

　　登臺省者，諸公多矣，官不冷也。官冷者，獨廣文耳。饜粱肉者，甲弟多矣，飽欲死也。飯不足者，獨廣文耳。何以官獨冷？道出羲皇故。何以飯不足？文過屈宋故。道出羲皇，則德尊一代，然官獨冷而轗軻矣。文過屈宋，則名垂萬古，然飯不足而何用耶！先生如此，我也更甚。被褐短窄，寒矣，猶之先生官獨冷。日糶太倉，饑矣，猶之先生飯不足。夫人亦顧襟期何如耳。同襟期者，惟鄭老。無錢則已，有即相覓。不覓則已，覓即沽酒。忘形之極，至呼爾汝。雖則爾汝，實為我師。先生道可師，然官獨冷。先生文可師，然飯不足。師先生道，無救於寒。師先生文，無救於饑。先生何師？先生痛飲，真我師耳。清夜春燈，痛飲候也；細雨簷花，痛飲助也。此時諸公袞袞安在？此時甲第紛紛安在？高歌之餘，但有鬼神耳。此時先生之官，何妨獨冷；此時先生之飯，何妨不足。焉知餓死，且填溝壑耳。彼相如、子雲不能痛飲，滌器、投閣，豈為我師？先生今日，且賦淵明歸去，莫遣田園荒蕪。廣文一官，於我何有？莫聖孔丘，莫頑盜跖，千秋萬歲，同歸壞土。安在道出羲皇、文過屈宋也？聞我此歌，不須悽愴。幸今相遇，且復銜杯。不然，生前有限，沒齒徒然，不反為甲第諸公所笑哉！

麗人行

三月三日天氣新，長安水邊多麗人。態濃意遠淑且真，肌理細膩骨肉勻。繡羅衣裳照暮春，蹙金孔雀銀麒麟。頭上何所有？翠為匐葉垂鬢唇。背後何所見？珠壓腰衱穩稱身。以上泛言「麗人」。就中雲幕椒房親，賜名大國虢與秦。紫駝之峰出翠釜，水精之盤行素鱗。犀箸厭飫久未下，鸞刀縷切空紛綸。黃門飛鞚不動塵，御廚絲絡送八珍。簫鼓哀吟動鬼神，賓從雜沓實要津。以上寫秦、虢。後來鞍馬何逡巡，當軒下馬入錦茵。楊花雪落覆白蘋，青鳥飛去銜紅巾。炙手可熱勢絕倫，慎莫近前丞相嗔。以上寫國忠。

　　曲江遊賞，盛於上巳。蓋天氣清朗，為修禊時，水邊因多麗人。麗人何如？其態濃，意更遠也。蓋淑且真者，是麗在豐神，其肌理細而更膩；真骨肉停勻者，是麗在肌骨。衣裳之麗，則金銀蹙刺也；首餙之麗，則翠葉垂鬢也；腰帶之麗，則珠衱稱

身也。水邊麗人可得見者，有如此。就其中有不可得見者，則雲幕垂垂，天子賜名大國，所稱號與秦者是。於時窮極珍錯，水陸具陳。翠釜之內，酡峰突兀；晶盤之中，素鱗掩映。未見犀箸少施，已惜鸞刀空切。而乃黃門奉勅，飛騎還來；御廚移珍，繹絡不斷。佐以簫鼓，能感幽眇之神；雜以賓從，無非要津之客。皆來會於丞相私第也。後來鞍馬，更覺從容，當軒而來，入茵便坐，其即丞相耶？當此暮春三月，楊花如雪，亦覆白蘋之間；青鳥低飛，爭銜紅巾而去。獨此雲幕中人，誰得近前者？蓋丞相之炙手可畏。丞相一嗔，罪何可逭！此水邊麗人雖多，幕中麗人不見也。○時諸貴競以進食相尚，明皇命宦官姚思藝為檢校進食使。水陸珍羞，動輒牙盤數千。「黃門飛鞚」，正指姚思藝進食明皇，還賜諸貴者。通篇眼目，前段在「賜名大國虢與秦」一句，後段在「慎莫近前丞相嗔」一句。君臣驕淫，失倫亂禮，顯然言下。

重過何氏　五首

問訊東橋竹，將軍有報書。二句「重過」之由。**倒衣還命駕，高枕乃吾廬。花妥鶯梢蝶，溪喧獺趁魚。重來休沐地，真作野人居。**六句「重過」。

　　問訊以來，報書適至。吾喜極倒衣，命駕思往，但必得高枕於彼，纔為吾廬耳。在今日重過矣，因見園中春花欲妥。何妥爾？鶯梢蝶而去也。又聞林下溪聲為喧。何喧爾？獺趁魚而來也。且夫蝶迷於花，自為無患，殊不知鶯忽梢，而蝶不安於花焉；魚躍於溪，自為得所，殊不知獺忽趁，而魚不安於溪焉。然則將軍休矣。與其把戈荷戟，碎首疆場，不如束馬懸車，息機巖壑。今將軍已賜休沐，吾重來入林，誠得高枕，不真作吾廬為野人居與！○天寶間，五家競開第舍。一堂之費，動踰千萬。至撤韋氏宅為虢國居，於親仁坊起祿山第，莫不窮極壯麗。公於將軍，特表曰「野人居」，有以也。

山雨樽仍在，沙沉榻未移。犬迎曾宿客，鴉護落巢兒。四句「重過」。**雲薄翠微寺，天清皇子陂。向來幽興極，步屧到東籬。**四句寫遊。

　　平原之飲，雖曰十日，尚有期也。山曾雨，尊仍在，則無期矣。陳蕃之榻，雖為徐穉，去則懸之。沙已沉，榻未移，是永設也。尊仍在，榻未移，可知客曾宿此。故犬亦識客而來迎。夫以將軍之犬，不獵上蔡，而候衡門竹籬茅舍間，信有野人風矣。「鶯梢蝶」，不同族也。「獺趁魚」，亦異類也。「鴉護兒」，豈非老馬顧子，天性使然與？於時遙矚山林外，浮雲薄處為終南翠微寺，天光清處為秦皇葬元陂。我向來幽興，已盡園中。今步屧東籬，一望此翠微寺、皇子陂而已矣。○覆巢之下，豈有完卵？鴉護，愚矣。將軍休沐恬退，角巾私第，擁連床之詩書，課能文之穉子，使朝廷不復以

將種為疑,是真先幾,能善保其家者。「鴉護落巢兒」,語意有味。

落日平臺上,春風啜茗時。石欄斜點筆,桐葉坐題詩。敘臺上之遊。**翡翠鳴衣桁,蜻蜓立釣絲。**臺上所見。**自今幽興熟,來往亦無期。**結綰「重過」。

　　東籬步後,遂陟平臺。當此云薄天清,高春在望,正春風瀲蕩,主客啜茗時。平臺有石欄,石欄有桐葉。倚石欄,藉桐葉,點筆題詩,適見翡翠珍禽,來鳴衣桁;蜻蜓小物,偶立釣絲。二蟲何知,鳴者鳴,立者立,一似與人習熟者。我自今幽興漸熟,時往時來,亦何用問訊報書,相為期約也。

頗怪朝參嬾,應躭野趣長。雨拋金鎖甲,苔臥綠沉槍。承「朝參」。**手自移蒲柳,家繞足稻粱。**承「躭野趣」。**看君用幽意,白日到羲皇。**總結。

　　將軍休沐,投老山林,「朝參嬾」矣。以將軍「嬾朝參」,我「頗怪」焉。由今思之,應「躭野趣」悠長耳。彼金絲連鎖甲,朝參時衣以侍衛者,今拋疎雨;彼綠色深沉槍,朝參時執以扈從者,今臥蒼苔。將軍「嬾朝參」如此。當此邊陲多故,將軍手握戈矛,是其事也。今乃養拙,但移蒲柳。當此爵賞無筭,將軍坐享鍾鼎,亦無愧也。今乃食貧,繞足稻粱。將軍「躭野趣」如此。似此幽意,白日一臥,可到羲皇,我宜思高枕於此哉!○拋甲、臥槍,申足前章「將軍不好武」〔註3〕意。公有幽興日,「高枕乃吾廬」;將軍有幽意日,「白日到羲皇」。似此主客,懷、葛遺民。

到此應常宿,相留可判年。蹉跎暮容色,悵望好林泉。含下四句。**何日霑微祿,歸山買薄田。**承「蹉跎」意。**斯遊恐不遂,把酒意茫然。**承「悵望」意。

　　山林勝地,固應嘗宿。一若相留,竟可判年。蓋由暮年容色,自分蹉跎;勝絕林泉,不無悵望耳。然非有薄田,安能歸隱?非有微祿,焉得薄田?似此暮年容色,日就衰老,恐蹉跎者終蹉跎也。既已蹉跎,將林泉之遊,終不得遂所由。把酒作別,意緒茫然,是悵望者不終悵望耶?○阮籍為酒,乞步兵廚;陶潛為秫,求彭澤令。公為買山歸田,思霑微祿。時公雖參列選序,官尚未定也。「判」作「判定」之「判」,非半年。

贈獻納起居田舍人澄

　　天寶十三載二月,楊國忠受職,公進《封西嶽賦》投匭,正舍人所收。唐置匭使,凡獻賦頌者皆投之。後玄宗改為獻納使。

獻納司存雨露邊,地分清切任才賢。冒下。**舍人退食收封事,宮女開函**

〔註3〕《杜詩闡》卷二《陪鄭廣文遊何將軍山林十首》之九。

近御筵。曉漏追趨青瑣闥，晴窻點檢白雲篇。四句正見「清切任才賢」。楊雄更有《河東賦》，惟待吹噓送上天。結到「司存雨露邊」句。

　　舍人兼獻納，其所司存在九霄雨露邊也。蓋以其地清，別無冗雜；其地切，得近至尊。所任只薦舉一事，清切何如！外廷之封事多矣，舍人職收封事，進達宮女；內省之獻替遙矣，宮女職開匭函，上呈御筵。曉漏初傳，追趨瑣闥，隨宰相上殿奏事，而盡舍人之職；晴窻少暇，檢點雲篇，恐詞賦以忽略有遺，而殫獻納之忠。凡以任賢才也。今有賢才似楊雄者，向曾獻大禮三賦。今因朝廷封嶽，更有賦似楊雄之《河東》者。所望吹噓，惟獻納司耳。舍人能有意否？

贈陳二補闕

世儒多汩沒，夫子獨聲名。獻納司東觀，君王問長卿。四句頌揚。皁鵰寒始急，天馬老能行。自到青冥裏，休看白髮生。四句勉勵。

　　世儒汩沒，不求聲名。即白髮生、甘心自棄者，因不蒙東觀之開，不荷君王之問。既非皁鵰、天馬，能自致於青冥故也。補闕獨有聲名，既司獻納，充東觀之選，不汩沒矣。復荷君王，勤長卿之問，不汩沒矣。況既為補闕，何嫌於老？彼皁鵰遇寒，搏擊愈健；天馬到老，識途更明。誠能如此，青冥自到，何得以白髮種種自阻？皁鵰之氣、天馬之力，並虛東觀妙選，君王敬求哉！補闕勉旃。

投贈哥舒開府翰二十韻

　　按：翰召見華清宮，在天寶六載，未授隴西節度使。與安祿山同入朝，在十一載冬，未投河西節度使，未封西平郡王。此詩定是十三載春，翰為部將論功，奏高適為書記時贈。

今代麒麟閣，何人第一功。君王自神武，駕馭必英雄。開府當朝傑，論功邁古風。六句冒。先鋒百戰在，略地兩隅空。青海無傳箭，天山早掛弓。廉頗仍走敵，魏絳已和戎。以上隴右節度時事。每惜河湟棄，新兼節制通。智謀垂睿慮，出入冠諸公。日月低秦樹，乾坤繞漢宮。胡人愁逐北，宛馬又從東。以上兼河西節度時事。受命邊沙遠，歸來御榻同。軒墀曾寵鶴，田獵舊非熊。茅土加名數，山河誓始終。策行遺戰伐，契合動昭融。以上進封西平郡王。勳業青冥上，交親氣概中。未為珠履客，已見白頭翁。壯節初題柱，生涯獨轉蓬。幾年春草歇，今日暮途窮。軍事留孫楚，行間識呂蒙。防身一長劍，將欲倚崆峒。以上自述。

　　漢畫功臣於麒麟閣，第一功為足貴。今代功臣，誰為第一？以神武君馭英雄士，

必有副之者。開府為當朝傑,第一人也。開府論功,遠邁古人,宜有第一功也。當開府節度隴右時,先鋒則百戰百勝,奇功猶在;略地則吐蕃、突厥,兩隅頓空。吐蕃服,青海之箭休傳矣;突厥平,天山之弓休掛矣。勇如廉頗,既能卻敵;智如魏絳,兼克和戎。開府為隴右節度時,功已如此。今日又加河西節度者,朝廷以羌屬散處河湟江岷間,往日之棄,原非得已。今欲收復,惟開府能,故節制新兼,雄鎮羌服。當開府召見華清,智謀已協宸慮。至今日新兼節度,出入遂冠諸公。於時秦樹低日月之光,照臨無外;漢宮繞乾坤之大,覆載靡遺。所由掃王庭,使胡人北歸;開漢苑,使宛馬東至。開府節度河西時功又如此。往年受命邊陲,誠然遼遠;此日歸同御榻,更有何人。豈無悻臣,不過乘軒寵鶴;必如開府,乃為後車飛熊。因而茅土加焉,等其輕重,以昭異數;山河誓焉,愛及苗裔,以志永存。策命之行,但及安邊鎮國,無取略地攻城。契券之合,動見坦白光明,非出私恩倖寵。開府今日進封西平郡王,其受眷又如此。如此勳業,真在青冥上,不可及也。然而交親則在氣概中,何靄然也!我於春申上客,白髮非倫;司馬題橋,飄蓬徒愧。年年春草,處處窮途。所望石苞留孫楚於幕中,孫策拔呂蒙於行伍,則三尺長劍,可倚崆峒,豈無老謀堪為開府前箸哉?○全章大指,美翰有功邊陲,正諷翰無事窮兵黷武。先是王忠嗣為隴右節度,玄宗欲使攻吐蕃石堡城,忠嗣極言不可。八載,翰攻石堡,士卒死者數萬。又於赤嶺西開屯田,以卒二千戍龍駒島、冰合。吐蕃大集,戍者盡沒。公曰「魏絳已和戎」,謂王忠嗣,諷翰不能也。又曰「策行遣戰伐」,以見節度之職,鎮撫為重,戰伐為輕。故次章送高適赴翰幕,有「請公問主將,焉用窮荒為」句。大曆三年,公《喜聞蕃退口號》尚曰「朝廷忽用哥舒將,殺伐虛悲公主親」〔註4〕。「寵鶴」指祿山。

送高三十五書記十五韻

崆峒小麥熟,且願休王師。請公問主將,焉用窮荒為。四句即前章意,發之於高。饑鷹未飽肉,側翅隨人飛。高生跨鞍馬,有似并州兒。脫身簿尉中,始與捋楚辭。借問今何官,觸熱向武威。答云一書記,所愧國士知。此段諷高生。人實不易知,更須慎其儀。二句規。十年出幕府,自可持旌麾。此行既特達,足以慰所思。男兒功名遂,亦在老大時。六句慰。常恨結驩淺,各在天一涯。又如參與商,慘慘中腸悲。驚風吹鴻鵠,不得相追隨。黃塵翳沙漠,念子何當歸。邊城有餘力,早寄從軍詩。以上送別。

〔註4〕《杜詩闡》卷二十九《喜聞盜賊蕃寇總退口號》五首其二。

　　崆峒山，舊為吐蕃出沒處。往當侵掠，麥熟僅矣。今崆峒一帶，小麥熟時，幸不貽吐蕃麥莊之誚，焉用王師處此，徒妨邊人刈麥為？況近者，主將石堡之戰，喪師數萬；赤嶺之戍，屯兵盡沒。窮荒何利焉？彼饑鷹側翅，往往隨人，即窮荒亦任之。高生跨鞍馬，似并州兒，夫豈鬱鬱久居人下者而側翅隨人也？高生初調封丘尉，曾司〔註5〕捶楚。今脫簿尉，往武威，我為高生幸而問。乃高生似有不慊於心者，答云：「今日此役，不過書記，於國士之知甚為有愧。」高生毋愧。人不易知，知人亦不易。高生但須自慎其儀，敬以守身，恪以事主，即功名自至。推高生意，慚書記者，必持旌麾為快。詎知書記之掌，苟歷十年，一出幕府，旌麾唾手。今日觸而往，未必非特達所由。國士之知，終當有日。乃高生似汲汲於功名者，得毋以老大之故？豈知大器原晚成，老謀有壯事。男兒功名，老大始遂。十年轉眄，高生何汲汲之有？高生行矣。我與高生結驩日淺，參商各天，鴻鵠分飛，追隨無日。此去武威，黃塵萬里。高生志我言以入幕，行見崆峒熟，王師休，主將不必窮荒，邊城自有餘力，優游書記之暇，早寄從軍之詩，以慰故人，是可望於高生云爾。○「慎儀」二字，不但居官守職。翰好大喜功，適雖落魄，史稱其有伯王略，將來入幕，必有說主將以開疆拓土者，故起手便以「焉用窮荒」說入，以饑鷹之側翅隨人諷之。又曰「跨鞍馬」、「似并州兒」，都是不能慎儀樣子。慎儀者，欲其不好大，不喜功養威鎮靜，以安邊也。○〔註6〕唐

〔註5〕「司」，二十一年本作「遭」。
〔註6〕「○」及以下文字，據二十一年本補。
　　按：（宋）吳曾《能改齋漫錄》卷四《辯誤・唐參軍簿尉不免杖》：
陳正敏《遯齋閑覽》言杜子美「脫身簿尉中，始與捶楚辭」；韓退之「判司卑官不堪說，未免捶楚塵埃間」；杜牧之「參軍與簿尉，塵土驚劻勷。一語不中治，鞭笞身滿瘡」；謂唐時參軍簿尉有過，不免受杖。鮑彪謂詳考杜、韓所言，捶有罪者也。牧之亦言驚見有罪者。如此，非身受杖也。退之《江陵途中》云：「棲身法曹掾，何處事卑陬。何況親犴獄，敲捕發奸偷。」此豈身受杖者耶？然《太平廣記》載「李遜決包尉，臀杖十下」及《舊唐書・於頔傳》「頔為湖州刺史，改蘇州，追憾湖州舊尉，封杖以計強決之」，則鮑論亦未當。
　　（清）趙翼《陔餘叢考》卷十七《唐時簿尉受杖》：
《遯齋閑覽》引杜甫贈高適詩「脫身簿尉中，始與捶楚辭」；韓退之贈張功曹詩「判司卑官不堪說，未免捶楚塵埃間」；杜牧寄姪阿宜詩「參軍與簿尉，塵土驚皇皇。一語不中治，鞭捶身滿瘡」；以為唐之簿尉有過，即受笞杖，猶今之胥吏也。不知唐制更不止此。
《新唐書・劉晏傳》，晏為轉運使，代宗嘗令考所部官，五品以上輒繫劾，六品以下杖然後奏。則不特簿尉矣。又張鎬杖殺刺史閻邱曉，嚴武杖殺梓州刺史章彝，則節度使並可杖殺刺史矣。楊炎為河西節度使掌書記，以縣令李太簡嘗醉辱之，炎令左右反接榜二百，幾死，則節度書記並可杖縣令矣。《舊唐書》本紀，元和元年，觀察使韓臯杖安吉令孫澥致死，罰一月俸料。《新唐書》，

簿尉有過，刺史撻之，故云「捶楚」。見《通鑑》。

夏日李公見訪 公自注：「李時為太子家令。」

遠林暑氣薄，公子過我遊。貧居類村塢，僻在城南樓。傍舍頗淳樸，所願亦易求。隔屋喚西家，借問有酒不。牆頭過濁醪，展席俯長流。以上「李公見訪」。清風左右至，客意已驚秋。巢多眾鳥喧，葉密鳴蟬稠。苦遭此物聒，孰謂吾廬幽。以上寫「夏日」。水花晚色靜，庶足充淹留。預恐尊中盡，更起為君謀。以餘意收。

　　遠林暑退，公子欵扉，計何以待公子？顧我居杜曲，貧如村塢，況兼地僻，遠在城南。幸而鄰俗頗淳，往求輒有。就酒言之，隔屋而喚，未知有無。忽見廧頭濁醪已過，因而展席樓頭，臨流快飲。未幾，清風蕭颯，忽起座隅。我方謂「暑氣薄」也，乃客意則「已驚秋」矣。夫君子見幾，達人洞微，葉落知秋，為知己晚。彼眾鳥爭巢於夏木，玄蟬亂噪於樹間，不知秋將至耳。所以吾廬之幽，苦受其聒。夫吾廬本幽，之蟲聒而幽為失。然之蟲雖聒，水花靜而晚色多。聒者自聒，靜者自靜，亦何害為村塢之僻，公子且淹留焉。所慮牆頭濁醪，尊中已盡。然旁舍淳樸，所願易求，不妨起而更為君謀也。

送裴二虯永嘉

孤嶼亭何處，天涯水氣中。故人官就此，絕境與誰同。四句尉永嘉。隱吏逢梅福，遊山憶謝公。扁舟我已就，把釣待秋風。四句總蒙「絕境與誰同」句。

　　永嘉亂流趨孤嶼，有孤嶼則有亭。平生遙想，誠不知在何處。約略思之，多半在天涯水氣中耳。僻處天涯，是為絕境。故人裴二遠尉於茲，誰與同耶？計古人惟梅福曾為此間隱吏，故人今同梅福隱耳；古人惟謝公曾遊此地名山，故人今同謝公遊耳。雖然，梅福往矣，謝公逝矣，獨有我在，故人往孤嶼，我亦有扁舟。願泛扁舟，趨孤

穆寧為轉運使，杖死汧州別駕，坐貶平集尉。是雖有降罰處分，然以杖之至死故稍示罰，而長官得杖僚屬之制自在也。《裴耀卿傳》，刺史楊濬犯贓，詔杖六十，流古州。耀卿言刺史、縣令異諸吏，今使稞躬受笞，事太遍辱。又御史蔣挺坐法，詔決杖朝堂，張廷珪奏曰：「士可殺，不可辱。廷臣有罪當殺之，其餘或奪俸，或收贖可也。」廣州都督裴伷先抵罪，張嘉貞請杖之，張說曰：「刑不上大夫。若罪應死，即斬，不宜廷辱，以卒伍待。」是其時朝臣皆以為言，然卒不聞停此制也。而邅齋但據杜、韓詩謂唐時簿尉受杖，此猶未詳考耳。

嶼，與故人同把釣於江上，然必待秋風起也，故人先往矣。

示從孫濟

平明跨驢出，未知適誰門。權門多噂沓，且復尋諸孫。四句伏末段。諸孫貧無事，宅舍如荒村。堂前自生竹，堂後自生萱。萱草秋已死，竹枝霜不蕃。淘米少汲水，汲多井水渾。刈葵莫放手，放手傷葵根。十句諷。阿翁嬾惰久，覺兒行步奔。所來為宗族，亦不為盤餐。小人利口實，薄俗難具論。勿受外嫌猜，同姓古所敦。八句箴。

我平明跨驢，伥伥何之。豈無權門？奈多讒口，故仍舍，來訪諸孫耳。顧諸孫家亦貧，宅如荒村。草堂前後，不過萱竹。乃當秋萱死，經霜竹凋。而況井多汲則水渾。「淘米」者戒之，養其源，使清可也。刈葵一放手則根傷。「刈葵」者戒之，培其根，使永存可也。阿翁嬾步，曉兒故奔，此來亦不過為宗族之誼，勿宜疏遠。若為盤餐，故而僕僕，夫豈無權門可往，而尋此荒村為？彼專工噂沓，小人則然，從孫戒之。外人猜嫌，切勿可受。同姓骨肉，古所敦。願從孫為古人，毋聽小人言，此我今日平明造爾意也。○萱死竹凋，微寓本支零落意。「少汲水」，欲其勿淆於讒間。「莫放手」，勉其勿自相殘賊。按史，大曆七年，元載黨徐浩，屬杜濟以知驛奏優，貶杭州刺史。據此，濟交必多比匪，宜此詩有「權門噂沓」、「小人利口」等語。「覺兒」，「覺」字用法即《孟子》「覺後覺」〔註7〕、《左傳》「覺報宴」〔註8〕之「覺」，明達曉諭之意。他日於孟倉曹，又曰「訓子覺先門」〔註9〕。

秋雨歎　三首

天寶十三載秋，霖雨六旬，楊國忠取禾之善者以獻，曰：「雨雖多，不害稼。」公有感而作。

雨中百草秋爛死，比小人。堦下決明顏色鮮。著葉滿枝翠羽蓋，開蒼無數黃金錢。比君子。涼風蕭蕭吹汝急，恐汝後時難獨立。堂上書生空白頭，臨風三嗅馨香泣。四句「歎」意。

秋雨既久，百草同盡，獨有決明，顏色何鮮。著葉滿枝，有如翠蓋；開花無數，

〔註7〕　《孟子・萬章上》：「天之生此民也，使先知覺後知，使先覺覺後覺也。」

〔註8〕　《左傳・文公四年》：「諸侯敵王所愾，而獻其功，王於是乎賜之彤弓一，彤矢百，玈弓矢千，以覺報宴。」杜預《注》：「覺，明也。謂諸侯有四夷之功，王賜之弓矢，又為歌彤弓，以明報功宴樂。」

〔註9〕　《杜詩闡》卷二十七《孟氏》。

不啻金錢。亦由本實不撥，勉強自支也。但苦節難貞，窮秋不保，縱不先時與百草同腐，豈能後時使花葉常存？彼堂上書生，猶塒下決明，惟有垂白臨風，啜香雪涕也已。

闌風伏雨秋紛紛，四海八荒同一雲。去馬來牛不復辨，濁涇清渭何當分。四句「秋雨」。**禾頭生耳黍穗黑，農夫田父無消息。城中斗米換衾裯，相許寧論兩相直。**四句「歎」意。

風為闌風，闌珊不定；雨為伏雨，沉伏不測。此時四海八荒，同在雲氣中，愁慘幾滿天地。八荒之內，人無論也。去馬來牛，昏亦難辨。四海之水，遠無論也。濁涇清渭，混且難分。當事者但曰「雨雖多，不害稼」，豈知禾頭生耳，黍穗改色。遙想村中，農夫哭，田父悲，勢所必至。但秋雨日久，行人絕而無消息耳。若城中，則米直騰踊，一衾斗米，相許為幸，何暇較直！療饑急，救寒緩也。○自國忠入相，宋昱知選事，而銓法混雜。南詔之役，李宓敗，反以捷聞，則功罪不明。三夫人會於丞相宅，晝夜往來，無復期度，則人道亂而四維不張。達奚珣掌試，無論曲直，置楊國忠子瑄於高第，則賢否不別而貢舉混。詩曰「去馬來牛不復辨，濁涇清渭何常分」，厥象有如此者。時房琯言所部水災，國忠使御史推之，天下遂無敢言，宜乎「農夫田父無消息」。是秋，玄宗令出太倉米，減價糶與貧人。豈知上雖減價，下不論直，皆時事之可傷者。

長安布衣誰比數，反鎖衡門守環堵。老夫不出長蓬蒿，稚子無憂走風雨。四句自「歎」。**雨聲颼颼催早寒，胡雁濕翅高飛難。秋來未嘗見白日，泥污后土何時乾。**四句結還「秋雨」。

當此秋雨，長安中布衣賤士何足比數，有反鎖衡門、自安環堵耳。夫冬祁寒，小民怨諮；夏暑雨，小民怨諮。思其艱者，伊誰之責？老夫雖不出，豈無杞憂？彼稚子反「無憂走風雨」而自得耶？況雨聲颼颼，不獨秋饑，又催早寒；不獨民艱，物亦困頓。胡雁且濕翅，不能高飛也。亟望白日照之，乃一秋以來，何嘗有日？茫茫后土，盡被泥污，未卜何時得雨止也。○先是，公在長安作《秋述》〔註10〕。此「反鎖衡門」，正《秋述》中「舊雨來，今雨不來」之故。「老夫不出長蓬蒿」，即《孟子》「閉戶可也」〔註11〕意。「稚子無憂走風雨」，寫盡不知民艱，方蹶泄泄〔註12〕之狀。曰「老夫」，曰「稚子」，分明老夫灌灌，小子譆譆也。天寶十三載秋，玄宗倦勤，謂高力士曰：「朕今朝事付宰相，邊事侍諸將，夫復何憂？」乾綱下移，太陽失照。「秋來

〔註10〕《杜詩詳注》卷二十五。
〔註11〕《孟子‧離婁下》。
〔註12〕《詩經‧大雅‧板》：「天之方蹶，無然泄泄。」

未嘗見白日」，語意有謂。

苦雨寄隴西公兼呈王徵士公自注：「隴西郡公即漢中王瑀。王徵士即瑯琊王徵。」○「漢中王瑀」是追書。

今秋乃淫雨，仲月來寒風。群木水光下，萬家雲氣中。所思礙行潦，
九里信不通。悄悄素滻路，迢迢天漢東。願騰六尺馬，背若孤征鴻。
劃見公子面，超然歡笑同。奮飛既胡越，局促傷樊籠。一飯四五起，
憑軒心力窮。以上「苦雨寄隴西公」。嘉蔬沒溷濁，時菊碎榛叢。鷹隼亦
屈猛，烏鳶何所蒙。式瞻北鄰居，取適南巷翁。掛席釣川漲，焉知清
興終。以上「兼呈王徵士。」

　　六旬苦雨，仲秋遂寒。於時群木澄湛，總是水光；萬家朦朧，無非雲氣。豈無所
思？行潦莫達。不過九里，音問罕通。我所思者何處？素滻路是也。素滻豈非九里？
天漢東無異也。庶騰駿馬，背我而馳；如飛孤鴻，迅息可到。此時公子見，言笑同。
乃六尺之馬，終不可駕；將九里之路，卒難以通。奮飛之遠，奚止天漢，直胡越然。
局促之苦，譬彼征鴻在樊籠。然停餐末由，憑軒遙望，無非為此苦雨。故當此苦雨，
嘉蔬沒，時菊荒，賢者失志不遇有如此。然當此苦雨，鷹隼屈，烏鳶困，小人亦遭顛
躓有如此。我更何適，幸北鄰居有王徵士者，式瞻伊邇。我為「南巷翁」，取適彼居，
咫居可通，騰馬不必，川水正漲，掛席何難。則不得申笑言於公子者，庶獲遂清興於
徵士。窮於陸，思濟以川，無非此苦雨故耳。○公《偪側行》〔註13〕云：「我居巷南
子巷北」，故知公為「南巷翁」。

承沈八東美除膳部員外郎阻雨未遂馳賀奉寄此詩公自注：「府掾〔註14〕四人，同日拜郎。」

今日西京掾〔註15〕，多除南省郎。通家惟沈氏，謁帝似馮唐。詩律群
公問，儒門舊史長。清秋便寓直，列宿頓輝光。以上「東美除郎」。未暇
申安慰，含情空激揚。司存何所比，膳部嘿悽傷。貧賤人事略，經過
霖潦妨。以上「阻雨未遂馳賀」。禮同諸父長，恩豈布衣忘。天路牽騏驥，
雲臺列棟梁。徒懷貢公喜，颯颯鬢毛蒼。以上寄詩之意。

〔註13〕《杜詩闡》卷六。
〔註14〕「掾」，底本、二十一年本均作「椽」，誤。通行本作「掾」，據改。
〔註15〕「掾」，底本、二十一年本均作「椽」，誤。通行本作「掾」，據改。

以掾〔註16〕除郎，常也。況四人胥拜，通家沈氏有不同者，蓋以其年是馮唐；其詩律，沈約四聲之遺；其史學，沈佺期詹事後也。夫中郎寓直騎省，郎官上應列宿公。今日置身霄漢，我豈敢缺於馳賀，乃含情空有激揚者，蓋由我祖於天后朝，曾除膳部。今日司存，誰與比列。自歎通家，莫繩祖武耳。且夫富貴則禮數亦繁，貧賤則人事自略。馳賀之缺，不獨雨阻。惟是公為父行，世誼難忘，身雖布衣，通家有素，所以快看天路，駿足騰驤。竊喜雲霄，大材勝任。公既結綬，我應彈冠。自歎選序蹉跎，一官未定。強仕既過，二毛種種。悼祖澤之既湮，憫儒術之難起。興言及此，誠有含情不禁者。聊寄此詩，以當馳賀云。○舊註儒門史學，謂是沈既濟，東美係既濟冑。〔註17〕按史，協律郎沈既濟於德宗朝工選舉議，〔註18〕是既濟乃東美後人。東美係佺期子。

上韋左相二十韻

鳳歷軒轅代，龍飛四十春。八荒開壽域，一氣轉洪鈞。四句頌玄宗。霖雨思賢佐，丹青憶老臣。公自注：「相公之先人，遺風餘烈，至今稱之。」應圖求駿馬，驚代得麒麟。沙汰江河濁，調和鼎鼐新。韋賢初相漢，范叔已歸秦。盛業今如此，傳經固絕倫。豫樟深出地，滄海闊無津。北斗司喉舌，東方領搢紳。持衡留藻鑑，聽履上星辰。獨步才超古，餘波德照鄰。聰明過管輅，尺牘倒陳遵。豈是池中物，由來席上珍。廟堂知至理，風俗盡還淳。以上頌韋左相。才傑俱登用，愚蒙但隱淪。長卿多病久，子夏索居貧。回首驅流俗，生涯似眾人。巫咸不可問，鄒魯莫容身。感激時將晚，蒼茫興有神。為公歌此曲，涕淚滿衣巾。以上自序。

吾考軒轅鳳歷，今上龍飛以來，四十春矣。御極既久，故能與世偕亨，體元並運，壽域開，洪鈞轉，而君道成也。乃猶念邇者，宰輔不稱職，致霖雨六旬，災禾害稼，亟思賢佐，以資燮理。顧舉朝無當睿慮者，爰披圖畫，注意老臣如我公者。先相公遺風餘烈，至今稱之，固老臣之後，宜有充國畫圖之思也。夫欲求駿者，方按圖而索。有丹青之憶，乃應圖至者，便已得麒麟，慰霖雨之思。往者朝廷用人，

〔註16〕「掾」，底本、二十一年本均作「椽」，誤。通行本作「掾」，據改。
〔註17〕（宋）郭知達編《九家集注杜詩》卷十八：「趙云：『上句公自言其能詩，下句以言沈東美。謂之舊史，則東美者，史官沈既濟之冑也。』」
〔註18〕《杜詩詳註》卷三：「舊說沈丈俱作沈既濟之冑，大謬。既濟，德宗時人，《唐書》可考。」

似江河之濁；宰臣輔政，失鼎鼐之和。公起而汰者汰，調者調，事業一新矣。如韋賢代蔡義，相漢方新；比范叔傾穰侯，歸秦此日。范叔歸，今日之盛業既如此；韋賢相，之子之傳經固絕倫。其傳經，真豫樟之深出地，非無本者；其盛業，信滄海之闊無津，豈有量哉！於是職司喉舌，猶乾元之有北斗；躬領搢紳，等畢公之率東方。領搢神，則銓部持衡，獨留藻鑑；司喉舌，則尚書履聲，直上星辰。似此獨步，相才既已超古；況有餘波，小德更覆照鄰。蓋由淹通藝術，遠邁管輅之聰明；壓倒才人，不數陳遵之尺牘。今日蛟龍得雨，已陟臺衡；大儒席珍，久推國寶。當此一氣洪鈞，廟堂登理；八荒壽域，風俗還淳。固聖主之猷也，亦賢相之力焉。有相如此，凡為才傑，靡不登進；獨授愚蒙，尚滯隱淪。蓋由頻年多病，跡類長卿；離群索居，貧如子夏。豈甘流俗，回首思驅；竊比眾人，生涯半似。茫茫出處，休問季咸；纍纍東西，莫容尼父。平生感激，老矣何為；身世蒼茫，偶然發興。高歌涕淚之際，公能無憐我愚蒙，拔我隱淪哉？○天寶間，玄宗嘗謂宰相曰：「朕比以甲子日，於宮中築壇，為百姓祈福。聞空中語曰：『聖壽延長。』又朕於嵩山鍊藥，藥成，空中語曰：『藥未須收，種種誕妄。』」公曰「八荒間壽域，一氣轉洪鈞」，自是正論。十三載秋，霖雨不止。玄宗以宰相未稱職，故罷希烈，用見素。曰「霖雨思賢佐」，非傅說之謂。玄宗命楊國忠精求端士，見素以方雅用，故曰「應圖」。自國忠入相，文部選人，無論賢不肖，依資注宮，銓政如江河之濁。自林甫、國忠相繼執政，陰陽乖舛，積為恒陰，正鼎鼐失調之故。「沙汰」、「調和」，非無謂也。韋賢父子相漢，見素與父湊皆相玄宗，故引例云。范叔相秦，去外戚穰侯。國忠猶穰侯。公以范叔期見素，故有「范叔歸秦」句。漢順帝立貴人梁氏，一時梁氏子弟布滿於朝。李固應詔，對曰：「北斗為天喉舌，尚書為陛下喉舌，當審擇其人，以毗聖政。」玄宗冊立貴妃，國忠入相，錡銛五家，競攬權要，猶漢梁氏。公曰「北斗司喉舌」，謂見素相北斗之地，方得其人。周康王時，畢公率東方諸侯入應門右，皆奉圭兼幣，曰：「一二臣衛，敢執壤奠。」當時府縣承迎趨國忠及五家者，峻於制勑，四方賂遺，輻輳其門。「東方領搢紳」，公以畢公望見素，欲其率臣僚歸至尊。見素精天文，後於肅宗朝有星犯昴，謂祿山必死而驗，可見其「聰明過管輅」。「倒陳遵」，壓倒之也。

九日寄岑參

出門復入門，雨腳但仍舊。所向泥活活，思君令人瘦。沉吟坐西軒，飯食錯昏晝。寸步曲江頭，難為一相就。以上寄詩之由。吁嗟乎蒼生，

稼穡不可救。安得誅雲師，疇能補天漏。大明韜日月，曠野號禽獸。君子強逶迤，小人困馳驟。維南有崇山，恐與川浸溜。以上借雨寫時事。是節東籬菊，紛披為誰秀。岑生多新語，性亦嗜醇酎。采採黃金花，何由滿衣袖。以上「九日寄岑參」。

　　霖雨六句，出門都礙。泥污后土，到處皆然。因而見君末由，獨坐軒下。至於每飯，昏晝愆旬。計君居止，不過曲江。一經苦雨，難就如此。況蒼生稼穡，尚忍言哉？彼雨雖自天，行雨實雲師。雲師失職，天為之漏，是雲師在所當誅也。天何容漏？漏則當補，乃補天竟有何人也。二儀受蔽，萬物失所。以至君子與小人胥困。最高者山，遙想此時，亦應與川溜同浸耳。雲師不誅，天漏不補，必至此所。惜者今日是九日，遙憐籬下，黃菊誰看？料想陶潛，無由採掇。岑生雖躭詩酒，似此苦雨，豈能登高把菊，酬此佳節？亮與我情同鬱陶也。○旱潦自天，致之者人。當時玄宗謂高力士曰：「淫雨不已，卿可盡言。」力士曰：「自陛下以權假宰相，賞罰無章，陰陽失度，臣何敢言？」是天之雨暘不若，雲師雨伯之失職也；人主之五事不修，弄權宰相之尸位也。「安得誅雲師」，分明烹弘羊意。誅雲師則天漏補。誰能補天漏？庶幾望之姚崇、宋璟其人，今不可得。「誅雲師」二句，斷非無謂。

歎庭前甘菊花

庭前甘菊移時晚，青蕊重陽不堪摘。明日蕭條盡醉醒，殘花爛熳開何益。四句君子過時。籬邊野外多眾芳，採掇細瑣升中堂。二句小人得志。念茲空長大枝葉，結根失所纏風霜。結還「庭前甘菊」。

　　甘菊佳卉，幸在庭前。及時早開，可供採掇。無奈時移而晚矣。夫重陽正采花泛酒時，乃青蕊尚含，不堪摘取泛酒者，豈過問哉？直至明日，時過矣，酒醒矣，意興蕭條矣。此際殘花，開亦何益。甘菊既遲，眾芳得志。因於野外，忽升中堂。顧此中堂，夫豈細瑣者堪處？何眾芳之僥倖耶！還念甘菊，枝葉雖大，風霜早摧。君子將為升堂眾芳，細瑣不堪；寧為失所甘菊，保此大枝葉可也。○甘菊曰「大枝葉」，眾芳曰「細瑣」。君子小人，分明劃出。

驄馬行 公自注：「太常梁卿勅賜馬也。李鄧公愛而有之，命甫製詩。」

鄧公馬僻〔註19〕人共知，初得花驄大宛種。提出「鄧公愛而有之」。夙昔傳聞思一見，牽來左右神皆竦。雄姿逸態以下都寫「雄姿逸態」四字。何

〔註19〕「僻」，通行本作「癖」。

嶕崒，顧影驕嘶自矜寵。隅目青熒夾鏡懸，肉駿魄〔註20〕礌連錢動。朝來少試華軒下，未覺千金滿高價。赤汗微生白雪毛，銀鞍卻覆香羅帕。卿家舊物君能取，天廄真龍此其亞。晝洗須騰涇渭深，夕趨可刷幽并夜。以上都寫「驄馬」。「鄧公愛而有之」之故。我聞良驥老始成，此馬數年人更驚。豈有四蹄疾於鳥，不與八駿俱先鳴。時俗造次那得致，雲霧晦冥方降精。近聞下詔喧都邑，肯使麒麟地上行。以上言此馬終歸天廄。

　　鄧公有王濟馬癖。〔註21〕雖則馬癖，乃花驄為大宛種，今初得之耳。得則初得，傳聞已久，故鄧公渴思一見，牽來便已神竦。神竦何為？蓋以此馬，其姿雄，其態逸，嶕崒特出也。時顧影，時驕嘶，矜寵堪憐，其逸態有如此者。目夾鏡，肉連錢，晶熒磊落，其雄姿有如此者。既已牽來，因而親試。千金重價，未覺為高。親試之餘，汗生白雪。汗生之際，覆以香羅，不益見其逸態耶？顧此馬，雖則初得，乃朝廷勅賜梁卿，本是舊物。鄧公馬癖，愛而有之，馬為知己用矣。彼天廄之內，原有真龍。細看此馬，分明相若。所以涇渭之深，晝洗須騰；幽并之地，夕趨可刷。不益見其雄姿耶？牽來神竦，所見真不負所聞矣。顧公聞花驄，我聞良驥，良驥必老而始成。今此花驄，計其歷齒，不過數年，比之良驥，人更驚者。蓋由此馬四蹄疾於飛鳥，應與八駿先時俱鳴。亮時俗偶然，豈能有此？必雲霧晦冥，方誕龍精。我意終歸天廄，夫豈碌碌風塵，騰踏地上者？今朝廷下詔，方求麒麟，捨此花驄，誰為真龍而應詔也？○李鄧公必宗室之英，壯年未獲大用者。此詩前云「卿家舊物君能取，天廄真龍此其亞」，以比鄧公為龍種；後云「近聞下詔喧都邑，肯使麒麟地上行」，以比鄧公不久為朝廷用。「花驄」，比鄧公少年致主。「良驥」，公自喻老而無成。

奉同郭給事湯東靈湫作

　　湯即湯泉，溫泉是也。玄宗於驪山改溫泉為華清宮。宮中湯井、池臺環列山谷，御湯而外，又有長湯一十六所。每歲十月，同貴妃遊幸其處。靈湫在驪山湯泉之東。東山氣鴻濛，宮殿居上頭。君來必十月，樹羽臨九州。四句幸驪山。陰

〔註20〕「魄」，通行本作「碨」。
〔註21〕《晉書》卷四十二《王濟傳》：「濟善解馬性，嘗乘一馬，著連乾鄣泥，前有水，終不肯渡。濟云：『此必是惜鄣泥。』使人解去，便渡。故杜預謂濟有馬癖。」
　　　　又，卷三十四《杜預列傳》：「時王濟解相馬，又甚愛之，而和嶠頗聚歛，預常稱『濟有馬癖，嶠有錢癖』。」

火煮玉泉，噴薄漲巖幽。有時浴赤日，光抱空中樓。四句浴湯泉。閶風入轍跡，廣莫延冥搜。拂天萬乘動，觀水百丈湫。幽靈斯可怪，王命官屬休。六句觀湫。初聞龍用壯，擘石摧林丘。中夜窟宅改，移因風雨秋。四句湫龍。倒懸瑤池影，屈注滄江流。味如甘露漿，揮弄滑且柔。四句湫水。翠旗澹偃蹇，雲車紛少留。簫鼓蕩四溟，異香泱漭浮。鮫人獻微綃，曾祝沉豪牛。百祥奔盛明，古先莫能儔。八句祭湫。坡陁金蝦蟆，出見蓋有由。至尊顧之笑，王母不肯收。復歸虛無底，化作長黃虯。六句湫異。飄飄青瑣郎，文采珊瑚鉤。浩歌綠水曲，清絕聽者愁。四句點同郭給事作。

　　山氣鴻濛，湯泉宜出其下，而華清宮殿則冠山而居。君王自天寶年來，每幸華清，必於十月，來則五采葆蓋，俯臨九州。何以必十月哉？取此山有陰火，煮為溫泉，噴薄而出。此時君王來浴，一若太陽在咸池。空中樓閣，光氣環繞。因而窮轍跡，縱冥搜。萬乘拂天，將觀水於百丈湫。觀湫者，為此湫有幽靈也，遂命官屬且休於此。蓋自未有湫以前，先有龍焉。龍能用壯，當其擘石而出，林丘破碎，因風雨，移窟宅，遂成此湫。此湫成，而山頭宮殿，倒影瑤池；山外滄江，曲折奔注。而湫水之美，則味既甘和，性復柔滑。既觀而祭，翠旗停，雲輦駐。簫鼓之聲，蕩於湫上；異香之氣，滿於湫間。湫中鮫人，獻綃呈瑞；湫前曾祝，沉牛輸誠。庶幾一祭，百祥奔集，事軼古昔。忽見坡陁之上，蝦蟆現形。意者湫龍所化。為我皇出，必非無故，收之可也。乃至尊怡然，王母故縱，復歸湫底，化為長虯，亦奈之何。郭公身為夕郎，文采妙絕，共感湫異，聽我浩歌，能不怵焉愁思矣？○「必十月」，譏非時。「浴赤日」，諷褻尊。「閶風」、「廣漠」，刺荒遊。改移窟宅，志變異。獻幣、沉牛，明誣妄。蝦蟆出，指祿山也。至尊笑，寵蝦蟆也。王母不收，縱蝦蟆也。蝦蟆即湫龍所變。始而擘石摧林，便有鼎沸中原之象；繼而復歸深淵，終成跋扈難制之形。考月中有金蝦蟆，乃蝕月者。月為陰精，貴妃似之。祿山通宵禁中，是為蝦蟆蝕月。玄宗以蝦蟆忽之，竟為長虯難制。《靈湫》一篇，真曲突之諷。〔註22〕《易‧大壯》：「九三：小人用壯。」湫龍例祿山無疑。

〔註22〕浦起龍注：「明皇每與妃子行幸湯泉，因而駐蹕靈湫，褒舉祀禮，詩乃紀其事以為諷也。」

卷　四

赴奉先復還長安詩 天寶十三載至十五載

自京赴奉先縣詠懷五百字

此章據呂、蔡《譜》，皆云：「天寶十四載十一月初，公越奉先作。」黃鶴謂是十三載。公《夔府書懷》詩〔註1〕：「昔罷河西尉，初興薊北師」，是祿山之反，在罷尉官定後；奉先之赴，又在兵曹未授前。故詩曰「杜陵有布衣」。按史：十四載八月，免今載百姓租庸。若赴奉先在其年，詩中不得極言鞭撻聚歛。十三載秋七月，霖雨六旬不止，關中大饑。公妻子在奉先，必罹艱食，故曰「無食」，曰「秋未登」。黃鶴是。

杜陵有布衣，老大意轉拙。許身一何愚，竊比稷與契。居然成濩落，白首甘契闊。蓋棺事則已，此志常覬豁。八句冒，以下發明。窮年憂黎元，歎息腸內熱。取笑同學翁，浩歌彌激烈。非無江海志，瀟灑送日月。生逢堯舜君，不忍便永訣。當今廊廟具，搆廈豈云缺。葵性〔註2〕傾太陽，物性固莫奪。顧惟螻蟻輩，但自求其穴。胡為慕大鯨，輒擬偃溟渤。以茲悟生理，獨恥事干謁。兀兀遂至今，忍為塵埃沒。終媿巢與由，未能易其節。沉飲聊自適，放歌頗愁絕。以上詠懷。大指一篇都蒙此發。歲暮百草零，疾風高岡裂。天衢陰崢嶸，客子中夜發。霜嚴衣

〔註1〕《杜詩闈》卷二十四。
〔註2〕「性」，通行本作「藿」。

—79—

帶斷,指直不得結。凌晨過驪山,御榻在嶔崟。蚩尤塞寒空,蹴踏崖
谷滑。瑤池氣鬱律,羽林相摩戛。君臣留驩娛,樂動殷膠葛。賜浴皆
長纓,與宴非裋褐。彤庭所分帛,本自寒女出。鞭撻其夫家,聚斂貢
城闕。聖人筐篚恩,實欲邦國活。臣如忽至理,君豈棄此物。多士盈
朝廷,仁者宜戰慄。況聞內金盤,盡在衛霍室。中堂有神仙,煙霧散
玉質。煖蒙貂鼠裘,悲管逐清瑟。勸客駝蹄羹,霜橙壓香橘。朱門酒
肉臭,路有凍死骨。榮枯咫尺異,惆悵難再述。以上自京以來所經之感。
北轅就涇渭,官渡又改轍。群水從西下,極目高崒兀。疑自崆峒來,
恐觸天柱折。河梁幸未坼,枝撐聲窸窣。行旅相攀援,川廣不可越。
以上赴奉先道途之苦。老妻既〔註3〕異縣,十口隔風雪。誰能久不顧,庶
往共饑渴。入門聞號咷,幼子饑已卒。我寧捨一哀,里巷亦嗚咽。所
愧為人父,無食致夭折。豈知秋未登,貧窶有倉卒。以上至奉先室家之
感。生常免租稅,名不隸征伐。撫跡有酸辛,平人固騷屑。默思失業
徒,因念遠戍卒。憂端齊終南,澒洞不可掇。挽「詠懷」意結。

　　凡人老大則工於世故,杜陵布衣獨不然,至老彌拙。蓋由許身愚,動以稷、契自
命耳。從此濩落,一身將老,至於室家契闊,都不可問。猶念丈夫事業,蓋棺則已。一
息尚存,此志不容自小也。此志惟比稷與契,則思澤民。窮年懷抱,常在黎元。歎息民
艱,腸內徒熱。豈顧同學之取笑,祇有激烈而浩歌。此志惟比稷與契,則思致君。江海
固大,亦足憂悠。堯、舜在上,何忍便訣。雖朝廷不乏廊廟之具,乃葵性獨傾太陽之
前,此其志誠覬豁矣。若欲事干謁以求達,則又不然。彼螻蟻之徒,求穴為幸。妄擬大
鯨,思偃溟渤。我悟斯理,恥而不為。兀兀至今,且甘埋沒。雖於巢、由之高節有愧,
乃於稷、契之素守常堅。今日惟有頹然沉飲,放歌自遣而已。我詠懷大指如此。乃家室
之顧,有不能恝然者。歲暮而草枯矣,風疾而山摧矣。天氣陰而夜發慘,寒威篤而結帶
難。我此行,將自京赴奉先。於焉道經驪山,仰瞻御榻,旗塞寒空,冰滿崖谷。溫泉曉
澆,瑤池上鬱律之氣;周盧夜宿,羽林有摩戛之多。此時君臣,歡娛方始,因而樂作,
聲動太清。樂動而賜浴,盡是長纓之人;浴罷而張宴,不及短褐之子。於是頒賞,於是
裂帛。寒女之機絲皆血也,取之鞭撻者,用之醉飽。聖人之筐篚皆恩也,昔以活邦國之
民者,今以縱彤庭之欲。此或臣子之過,豈至尊而忽諸?抑亦佞倖之尤,寧仁者而出
此?彼彤庭之上,恩已濫矣。況衛、霍之室,侈更甚焉。高堂煙霧之內,宛若神仙;貂
裘笙瑟之餘,無非狎客。舉一駝蹄,果物稱是。廚有臭肉,道殣可知。咫尺有榮枯之

止，惆悵非語言可盡也。我平生欲堯、舜其君者，君臣乃如此；我平生所憂在黎元者，黎元乃至是。已矣！君民固可懷，室家亦可念也。爰望奉先而趨，此去北轅，必循涇渭而行邁，涇渭道梗；又向官渡而改轍，官渡紆矣。乃群水滔滔，又從西下，奔流交會，疑自崆峒。天柱之折堪憂，河梁之坼幸未。然而枝撐之聲，窸窣不安也；攀援之餘，川廣難涉也。行路之難如此。凡我跋涉至此者，亦以老妻有異縣之隔，十口在風雪之中。縱然飽煖無期，庶幾饑渴與共。奈何入門聞哭，幼子已殤。撫膺一慟，遂感鄰里。自歎既為人父，不能育子。秋饑而死，倍覺傷心。然非爾父之故。秋禾未登，有此倉卒，亦不幸致此耳。我平生自命稷、契，欲堯舜其君民者，今並室家不保。誠哉！許身愚，意轉拙也。猶幸生免租庸，名遺調遣，然且酸辛騷屑如此，況失業之徒，租稅無供；遠戍之卒，征伐不免。我一念及，真有憂從中來，如山之積，荒荒瀇洞，不能撥去者。然則我之詠懷，豈止為家室計哉？○「膠葛」，太清之氣也。河梁未坼，或曰祿山反書至，封常清詣東京募兵，議斷河陽橋為守禦。此時未坼故云。〔註4〕既聞反書，不得云「幸未坼」。秋未登，不必作「秋禾登」。

贈田九判官梁丘

天寶十四載正月，蘇毗王納欵。二月，哥舒翰入朝。道得風疾，遂留京師。田梁丘隨翰入朝，時為判官。

崆峒使節上青霄，河隴降王欵聖朝。宛馬總肥春苜蓿，將軍只數漢嫖姚。四句美哥舒翰。陳留阮瑀誰爭長，京兆田郎早見招。二句判官。麾下賴君才併入，獨能無意向漁樵。二句贈詩意。

爾主將哥舒公自河隴入朝，使節直上青霄矣。哥舒公一鎮河西隴右，使吐蕃強部，如蘇毗王子、悉諾羅等，來王納欵。今日入朝，為此故耳。降王既欵，邊境得安。宛馬東來，皆飼春草。哥舒公立功河隴如此。今日邊將，更有何人？在漢惟嫖姚，在今惟哥舒公耳。即主將可知判官矣。判官為陳留阮瑀。一時幕下，誰與判官爭長者，亦京兆田郎。昔年主將，判官尤先受知者，所以麾下賢才皆賴先容。今有人於此，久混漁樵，有志入幕，判官有同升之雅，豈能無意汲引哉？○按：是年十二月，玄宗拜翰元帥，討安祿山。翰悉以軍事委梁丘。一時幕中，可知無爭長者。翰麾下無才不收，高適、嚴武、曲環、蔡希魯，其著者，亦賴良丘不忌才，得以併入。觀後翰以軍事委

〔註4〕《杜詩詳注》卷四：
　　【朱注】祿山反書至，帝雖未信，一時人情恇擾，議斷河橋為奔竄地，所以行李攀援而急渡也。觀「河梁幸未坼」句可見。

梁丘，梁丘不敢專決，分任於王思禮、李承光，其能推讓可知。「麾下賴君才併入」，語非漫然。

寄高三十五書記

歎息高生老，伏末句。**新詩日又多。美名人不及，佳句法如何。**三句美其詩。**主將收才子，崆峒足凱歌。聞君已朱紱，差得慰蹉跎。**四句「書記」。

　　高生老矣，功名遲暮。然年雖老，詩則新也。自赴武威，書記之暇，新詩必多。高生以新詩得美名，固非他人所可及。高生以暮年工佳句，未知其法定何如。高生既有美名，豈非才子？幸主將收之幕中。高生既有佳句，宜制凱歌，今崆峒自足奏捷。往時，高生常苦落魄。自掌書記，聞已賜緋，向日蹉跎，從此且慰哉！○高五十學詩，以氣質自高，為人稱頌。翰常開九曲地，高為作《九曲詞》〔註5〕。「凱歌」正指此類。

陪李金吾花下飲

　　李金吾即李嗣業。先是為高仙芝陌刀手，連雲堡一戰，大破勃律。後大食之役，又前驅奮擊，仙芝得免。此時嗣業已為右威衛將軍，是金吾也。十四載，嗣業在京，休沐於家，公得與花下之飲。

勝地初相引，徐行得自娛。見輕吹鳥毳，隨意數花鬚。細草稱偏坐，香醪嬾再沽。六句「陪飲」。**醉歸應犯夜，可怕李金吾。**點明「金吾」。

　　花下勝地，金吾相引，我適陪此，乃徐行之暇，亦祇自娛耳。於時見鳥毳之輕者，從風而吹；見花鬚之細者，隨意而數。自娛如此，而飲則藉草於花下。我於金吾，彼此偏生細草之處，適相稱焉。夫酒以合歡，興盡斯止。今日香醪，何必再沽。再沽則醉，醉而歸則犯夜。金吾司夜者，犯夜則金吾有法，豈能為醉翁寬？我怕金吾，並怕香醪也。○古乘語趙簡子曰〔註6〕：「鴻鵠高飛，所恃者六翮耳。腹背毳

〔註5〕《高常侍集》卷八《九曲詞三首》：
　　　許國從來徹廟堂，連年不為在壇場。將軍天上封侯印，御史臺中異姓王。
　　　萬騎爭歌楊柳春，千場對舞繡騏驎。到處盡逢歡洽事，相看總是太平人。
　　　鐵騎橫行鐵嶺頭，西看邏逤取封侯。青海只今將飲馬，黃河不用更防秋。
〔註6〕漢・劉向《說苑》卷八《尊賢》：
　　　趙簡子游於河而樂之，歎曰：「安得賢士而與處焉！」舟人古乘跪而對曰：「夫
　　　珠玉無足，去此數千里而所以能來者，人好之也；今士有足而不來者，此是
　　　吾君不好之乎！」趙簡子曰：「吾門左右客千人，朝食不足，暮收市徵，暮食

毛，增損一把，不為高下。君之食客，腹背麤毛也。」「見輕吹鳥麤」，語意有諷。
王羲之閒居山陰，嘿數花鬚。公自況閒退意。唐金吾將軍掌宮禁，晝夜巡警，惟上
元勅許弛禁。醉歸犯夜，可怕金吾，正見金吾職掌宮禁，能詰奸御暴，不媿為天子
侍衛。

城西陂泛舟

青蛾皓齒在樓船，橫笛短簫悲遠天。春風自信牙檣動，斜日徐看錦纜
牽。魚吹細浪搖歌扇，燕蹴飛花落舞筵。六句寫泛陂者。不有小舟能蕩
槳，百壺那送酒如泉。二句諷辭。

　　泛渼陂者有樓船，在樓船中者有青蛾皓齒，或弄笛，或吹簫，其聲散長空，徹霄
漢，直悲遠天也。顧樓船大矣，亮非蕩槳能濟，所憑者牙檣錦纜耳。乃牙檣之動，非
關人力，一任春風自舉；錦纜之牽，全不經心。若隨斜日所如。何其適也！陂下有魚，
魚聽歌，亦吹細浪而搖扇，若助橫笛短簫然；陂上有燕，燕窺舞，亦疏飛花而墜筵，
若助青蛾皓齒然。樓船中人，樂則樂矣。佐爾樂者，賴此如泉之酒。樓船焉能自致，
亦賴此小舟耳。設使不有小舟，既無蕩槳之便，此百壺酒焉得飛送如泉，源源不竭，
以佐爾青娥皓齒、橫笛短簫之樂？彼泛樓船者，但知牙檣錦纜，容與自如。小舟送酒，
幾忘之矣。甚哉！大者非小者不濟，斟酌者不可忘所自來也。

渼陂行

岑參兄弟皆好奇，攜我遠來遊渼陂。天地黯慘忽異色，波濤曷頃雍琉
璃。四句冒。琉璃汗漫泛舟人，事殊興極憂思集。鼉作鯨吞不復知，惡
風白浪嗟何及。四句語意直領至末。主人錦帆相為開，舟子喜甚無塵埃。
鳧鷖散亂掉謳發，絲管啁啾空翠來。沉竿續蔓深莫測，菱葉荷花淨如
拭。宛在中流渤澥清，下歸無極終南黑。半陂以南純浸山，動影裊窕
沖融間。船舷暝戛雲際寺，月出水面藍田關。此時驪龍亦吐珠，馮夷
擊鼓群龍趨。湘犯漢女出歌舞，金支翠旗光有無。以上游陂之景。隱承「事
殊興極」意。咫尺但愁雷雨至，蒼茫不曉神靈意。少壯幾時奈老何，向
來哀樂何其多。結出憂思集意。

<hr/>

　　不足，朝收市徵，吾尚可謂不好士乎？」舟人古乘對曰：「鴻鵠高飛遠翔，其
　　所恃者六翮也。背上之毛，腹下之麤，無尺寸之數，去之滿把，飛不能為之
　　益卑；益之滿把，飛不能為之益高。不知門下左右客千人者，有六翮之用乎？
　　將盡毛麤也。」

　　凡事何須好奇，岑參兄弟性獨好奇，攜我遠來遨遊陂上。彼渼陂無奇，岑生好奇，因而天地黷慘，便有奇狀。遙望陂間，琉璃萬頃，岑生休矣。岑生好奇，於琉璃中汗漫泛舟，其事殊，其興極，只恐憂思亦集耳。蓋此中鯨吞鼉作，都不可知。倘遇惡風白浪，嗟何能及。主人殊不顧焉。俄而錦帆開矣，舟子亦喜甚焉，以為無塵埃也。於時鳧鷖散棹謳之前，絲管雜空翠之內。雖沉竿續蔓，莫測深波；乃菱葉荷花，宛如揩拭。一到中流，陂也，恍疑渤澥；下歸無極，陂也，倒出南山。但見半陂以南，純是山影；山影所入，與水俱融。雲際寺在上，忽船舷底矣；藍田關尚遠，忽水面開矣。蓋由月出陂上，其光使然。少焉，月在水中，若吐驪珠；水湧月上，恍擊河鼓。湘妃漢女，歌舞來遊；金支翠旗，有無變幻。事信殊，興真極，亦足供主人之好奇矣。事殊興極，憂思亦集。咫尺之間，雷雨忽作；神靈之意，蒼茫難曉。天地黷慘，呈象已久，岑生特好奇不覺耳。大抵少與老俱，樂與哀並。少不可恃，樂不常有，豈獨此渼陂遊哉？○「好奇」二字，一章眼目。「事殊興極憂思集」，一章結構。全為岑生下砭。

渼陂西南臺

高檻面蒼陂，六月風日冷。蒹葭離披去，天水相與永。懷新目似擊，接要心已領。語領全指。彷彿識鮫人，空濛辨魚艇。錯磨終南翠，顛倒白閣影。嶵嵬增光輝，乘凌惜俄頃。以上「渼陂西南臺」。勞生愧嚴鄭。外物慕張邴。世復輕驊騮，我甘雜蚩蚩。知歸俗可忽，取適事莫並。身退豈待官，老來苦便靜。況資菱芡足，庶結茅茨迥。從此具扁舟，彌年逐清景。以上自敘。

　　昨遊渼陂，今日登臺一望，陂平暑退。蒹葭則離披，無復菱葉荷花矣；水天則一色，非復惡風白浪矣。目擊之際，其新可懷；心領之餘，其要已接。夫人當境，不在覽物，在觀化。懷新不過覽物耳，接要則已觀化矣。於時陂中鮫人，彷彿識之；陂中魚艇，空濛辨之。且終南之翠，錯磨陂中；白閣之影，顛倒陂中。兩山竦峙，光輝如此。惜也，登臨臺上，不過斯須。是懷新不如接要也。乃因目擊，已心領矣。蓋凡事何常之有。生無須勞，我愧君平與子真；物俱可外，我慕子房與曼容。蓋驊騮為世所輕，蚩蚩且從我好。人恐不知歸耳。誠知歸也，世俗可忽，人亦在取適耳，但取適者出處難兼。今日惟有身退，身退何待宦成，已覺漸老。老來諸苦便靜，即就此間。菱芡盡足，茅茨可結，泛扁舟，逐清景，優哉悠哉，聊以卒歲。此則我心領之要指云爾。

與鄠縣源大少府宴渼陂得寒字

時公與岑參同宴源少府舟，岑得「人」字〔註7〕，公得「寒」字。

應為西陂好，金錢罄一餐。飯抄雲子白，瓜嚼水精寒。無計回船下，空愁避酒難。六句宴。主人情爛熳，持答翠琅玕。結還賦詩意。

少府官卑俸廉，誰營此宴，止因渼陂勝遊，故不惜罄金錢，謀一餐。主之者，有雲子飯；佐之者，有水精瓜。他物稱是矣。我也思回船而無計可下，欲避酒而空愁其難。似此主情，持答無具，亦但有此詩，是翠琅玕耳，其如難酬萬一何？○主人所設者雲子飯、水精瓜，客所答者翠琅玕，物色雅稱。漢武煉丹，白者為雲子，飯白似之。〔註8〕

送蔡希魯都尉還隴右寄高三十五書記公自注：「時引舒翰入奏，勒蔡先歸。」

蔡子勇成癖，彎弓西射胡。健兒寧鬥死，壯士恥為儒。官是先鋒得，材緣挑戰須。身輕一鳥過，搶急萬人過〔註9〕。八句總承「勇成癖」。雲幕隨開府，春城赴上都。馬頭金匼匝，駝背錦模糊。四句隨哥舒入奏。咫尺雪山路，歸飛西海隅。上公猶寵錫，突將且前驅。漢水黃河遠，涼州白麥枯。六句勒蔡先歸。因君問消息，好在阮元瑜。「寄高三十五」。

吾觀蔡子，勇真成癖，時時彎弓，思射吐蕃。其意若曰：「我為健兒，寧赴鬥死，肯老作書生，竇志牖下哉？」今日之官，得自先鋒，原非倖致。似子之才，實堪挑戰，夫豈漫然！其身輕，出為先鋒，疾如一鳥；其搶急，往而挑戰，披靡萬人。「勇成癖」如此。邇者雲幕追隨，常依開府；春城奏事，同赴上都。猶記來時，馬銜金絡，駝覆

〔註7〕（唐）岑參《岑嘉州詩》卷三《與鄠縣郡官泛渼陂》：
　　萬頃浸天色，千尋窮地根。舟移城入樹，岸闊水浮村。閒鷺驚簫管，潛虯傍酒罇。暝來喧小吏，列火儼歸軒。
　　又，《與鄠縣源少府泛渼陂〔得人字〕》：
　　載酒入天色，水涼難醉人。清搖縣郭動，碧洗雲山新。吹笛驚白鷺，垂竿跳紫鱗。憐君公事後，陂上日娛賓。
〔註8〕（清）方以智《通雅》卷三十九《飲食》：
　　「雲子飯」言其白也。《漢武內傳》：「煉丹以赤者為風實，白者為雲子。」杜詩「飯抄雲子白」，宋許顗《彥周詩話》曰：「雲子，雨也，言如雨點耳。出荀子《雲篇》。」智按：荀子《賦篇》「託地而遊宇，友風而子雨」，可以餂釘解雲子乎？葛洪丹經用雲子，碎雲母也。今蜀中有碎礫，狀如米粒圓白，雲子石也。可證稱雲子者，方言耳，杜偶用之。
〔註9〕此句，《錢注杜詩》卷九、《杜詩詳注》卷三、《杜詩鏡銓》卷三作「搶急萬人呼」。

錦韉，行色壯矣。今主將勒之先歸，此去雪山，不過咫尺；言旋西海，指日如飛。所以然者，上公膺眷留京，突將遄歸保塞。此時漢水一帶，黃河正遠，涼州高秋，白麥早枯。蔡子急歸，防隴右充斥哉？計蔡子同主將入奏以來，邊陲無人，但有高生在耳。蔡子歸，為我問訊故人，近來安穩否也。○是年，哥舒翰以疾留京，故勒蔡先歸。史言〔註10〕翰每遣人奏事，常乘白橐駝，故有「駝背」句。

崔駙馬山亭宴集

　　玄宗晉國公主下嫁崔惠童，其山亭在京城東，非崔嵩。〔註11〕

蕭史幽棲地，林間踏鳳毛。沇流何處入，亂石閉門高。四句「駙馬山亭」。
客醉揮金椀，詩成得繡袍。清秋多宴會，終日困香醪。四句「宴集」。

　　鳳毛非林間物色，駙馬為蕭史，則吹簫隨鳳，宜幽棲之地，如踏鳳毛。幽棲何如？地遠洪河，洞波不入；境如巖壑，石勢自高。而況所好者客，客醉而金椀從揮；所愛者詩，詩成而繡袍爭得。我清秋多宴，頓困香醪。今日駙馬山亭，益使人盡醉云爾。○唐自永徽、開、寶以來，駙馬多不法。如尚高陽公主之房遺愛，以浮屠事覺獲誅；尚安榮公主之武崇訓，以謀廢太子被僇；尚宜陽公主之楊洄，則又與武惠妃為黨，至令玄宗推刃光鄂。皆由身為貴戚，不知恬退，倚勢既豪，取禍亦烈。求如鄭駙馬留客洞中，崔駙馬宴賓林下，落落高風，不可多得。故公樂取其幽棲歎美之。曰「沇流何處入，亂石閉門高」，可知意外風波、人間禍患斷不及也。飲酒振去餘瀝曰揮。《禮》：「執玉器者不揮」〔註12〕，恐失墜也。〔註13〕金椀則從揮。崔融「酒至玉杯揮」〔註14〕，便非。

〔註10〕（宋）司馬光《資治通鑒》卷第二百一十六《唐紀三十二》：「翰每遣使入奏，常乘白橐駝，日馳五百里。」
　　　　按：《杜詩詳注》卷三曰：「《唐書》：『哥舒翰在隴右，每遣使入奏，常乘白橐駝，日馳五百里。』」《唐書》當作《通鑒》。
〔註11〕《杜詩詳注》卷三：
　　　　【鶴注】玄宗女晉國公主下嫁崔惠童，咸宜公主下嫁崔嵩，此駙馬乃惠童。惠童京城東有山池。
　　　　按：《補注杜詩》卷十八：
　　　　鶴曰：「玄宗二十九女，唯晉國公主下嫁崔惠童，咸宜公主下嫁崔嵩。而《會要》云高都公主下降裴惠童。雖晉國始封高都，貞元元年徙封晉國，而崔與裴為異，此詩未辨與誰。」
〔註12〕《禮記·曲禮上》：「飲玉爵者弗揮。」
〔註13〕《杜詩詳注》卷三：「《禮記》：『執玉爵者勿揮。』注：『不可振去餘瀝，恐失墜也。』」
〔註14〕（清）彭定求《全唐詩》卷六十八崔融《和梁王眾傳張光祿是王子晉後身》：「丹成金鼎獻，酒至玉杯揮。」

九日曲江

綴席茱萸好，浮舟菡萏衰。百年秋已半，九日意兼悲。四句「九日」。江
水清源曲，荊門此路疑。二句「曲江」。晚來高興盡，搖盪菊花期。二句
總結。

　　茱萸及時，綴席宜好；菡萏過時，浮舟已衰。我屈指百年，所歷之秋，已經半
百；今逢九日，感時之意，更有兼悲。兼悲何也？蓋悠悠江水，曲自清源，本長安之
客地；乃渺渺荊門，恍疑此路，若襄陽之故鄉。荊門既不得歸，曲江徒然自泛，為此
兼悲耳。此曲江高興，晚來頓盡。況年華搖落，菡萏俱衰；辜負菊花，茱萸同慨。人
壽幾何，得長有九日哉？○長安有荊山，荊州有荊門山。此地之疑荊門，一也。長安
曰雍州，襄陽亦曰雍州。此地之疑荊門，二也。公家世襄陽，故有此語，非龍山之謂。

官定後戲贈公自注：「時免河西尉，為右衛率府兵曹。」

不作河西尉，淒涼為折腰。老夫怕趨走，以上免河西尉。率府且逍遙。
躭酒須微祿，狂歌托聖朝。故山歸興盡，回首向風飈。以上為率府兵曹。

　　我參列選序，非薄河西尉而不為，特年老陶潛，不能為上官折腰，劾趨走之
職。今改率府，聊復逍遙耳。我平生躭酒，必資薄俸。率府雖微，彭澤酒錢不乏也。
況我素志，常戀聖朝。若尉河西，身違魏闕。今居率府，庶不負我始願耳。前此頻
欲歸山，今已回首興盡，惟有向風慷慨，常依聖朝而已。○官未定時，公曰「欲整
還鄉旆」〔註15〕。官定，便曰「故山歸興盡」。蓋官守職羈，君父念重，治亂安危，
此身以之。薊北反書未聞，便已逸身畿甸〔註16〕，誣公甚矣。

自長安攜家鄜州及陷賊詩天寶十五載至德元二載

蘇端薛復筵簡薛華醉歌

文章有神交有道，領至末。端復得之名譽早。愛客滿堂盡豪傑，開筵上
日思芳草。安得健步移遠梅，亂插繁花向晴昊。千里猶殘舊冰雪，百

〔註15〕《杜詩闡》卷二《奉留贈集賢院崔於二學士》。
〔註16〕（宋）魯訔《杜工部詩年譜》：
　　　　十四載乙未公年四十四
　　　　十一月，祿山反，陷河北諸郡。公有《自京赴奉先》作。《注》云：「此年十
　　　　一月作。」《集注》云：「公在率府欲辭職，遂作《去矣行》，而家屬先在奉先。」
　　　　《詩史》云：「薊北反書未聞，公已逸身畿甸。」

壺且試開懷抱。垂老惡聞戰鼓悲，急觴為緩憂心擣。少季努力縱談笑，看我形容已枯槁。以上敘「蘇端薛復筵」。座中薛華善醉歌，歌辭自作風格老。近來海內為長句，汝與山東李白好。何劉沈謝力未工，才兼鮑照愁絕倒。以上「簡薛華」。諸生頗盡新知樂，萬事終傷不自保。氣酣日落西風來，願吹野水添金杯。如澠之酒常快意，亦知窮愁安在哉。忽憶往時秋井塌，古人白骨生青苔，如何不飲令心哀。以上收，足「醉歌」意。

　　天下之人眾矣，有數人者，無葭莩之因，亦非有勢分相攝，忽然邂逅，如膠漆之不可解，其文章有神，其交又有道也。蘇端、薛復得之，故名譽為最早。而況愛客，今日滿堂，無非豪傑。惟是元日開筵，芳草繫思耳。既思芳草，能忘遠悔？惜無健步，移花插此。蓋梅在江南，遠於千里，雖當元日，冰雪猶餘。幸而開筵，且嘗春酒。蓋我之懷抱多為戰鼓所亂，戰鼓急則觴難緩，況我年垂老，血氣已衰。爾輩談笑，相看正復逴庭也。既開筵矣，因而醉歌。座中有薛華者，獨長於此，其風格可匹李白，兼鮑照，覺何、劉、沈、謝猶未工。今與端、復諸生盡新知之樂者，人生萬事，往往難保耳。庶幾酒酣以往，風吹野水，盡化為酒，快意當前，窮愁頓盡。回首往年，霖雨六旬不止，秋井為塌，不知幾人白骨，幾人青苔。當此元日，不開懷痛飲，亦何貴「文章有神交有道」哉？○是年正月朔，祿山稱帝改元。玄宗命郭子儀罷雲中，還朔方，益發兵進取東京，分兵守井陘，定河北，戰鼓悲矣。公曰「惡聞」者，速殲祿山為快也。

晦日尋崔戢李封

　　此詩若編乾元元年春，公在諫垣，此時兩京復，祿山殲，詩中不得作「長鯨吞」、「地軸翻」等語。若編至德二載陷賊時，此時長安中，何等人物以公侯目之？斷是天寶十五載，與《蘇端薛復筵》為一時作。

朝光入甕牖，尸寢驚弊裘。起行視天宇，春氣漸和柔。四句「晦日」。興來不暇嬾，今晨梳我頭。山門何所待，徒步覺自由。杖藜復恣意，免值公與侯。晚定崔李交，會心真罕儔。每過得酒傾，二宅可淹留。喜結仁里歡，況因令節求。李生園欲荒，舊竹頗修修。引客看埽除，隨時成獻酬。崔侯初筵色，已畏空尊愁。未知天下士，有此至性否。以上尋崔、李。草芽既青出，蜂聲亦暖遊。思見農器陳，何當甲兵休。上古葛天民，不貽黃屋憂。至今阮籍輩，熟醉為身謀。威鳳高其翔，長鯨吞九州。地軸為之翻，百川皆倒流。當歌欲一放，淚下不能收。以上寫時事。濁醪有妙理，庶用慰沉浮。將飲酒結。

　　晦日甕牖，已漏晨曦，豈尸寝時？況春氣和柔，弊裘可置矣。向來嬾暇，今晨出門，豈無公侯幸免值者？公侯非會心人，並非至性人。惟崔、李能會我心，罕有儔匹。所由每過傾倒，淹留不捨耳。地屬比鄰，時逢晦日。李生則園竹蕭疎，埽逕遲客；崔侯則肆筵初秩，先憂餅罄。兩人誠至性人，天下士所少也。惟是良辰足賞，世亂堪憂。當此草芽青，蜂聲暖，中原農器盡化甲兵，我與爾仰愧葛天之民，貽憂黃屋，徒為阮籍之輩，謀醉一身，亦足矣。然亦威鳳遠翔，賢人高蹈，故長鯨肆虐，地軸都翻，能勿當歌淚下哉？猶賴濁醪，最多妙理。與會心有至性者相與領略，聊慰浮沉云爾。

送率府程錄事還鄉公自注：「程攜酒饌，相就取別。」

鄙夫行衰謝，抱病昏忘集。常時往還人，記一不識十。四句泛起。程侯晚相遇，與語才傑立。薰然耳目開，頗覺聰明入。千載得鮑叔，末契有所及。意鍾老栢青，義動修蛇蟄。若人可數見，慰我垂自泣。數句美錄事。告別無淹晷，百憂復相襲。內媿突不黔，庶羞以膈給。素絲挈長魚，碧酒隨玉粒。以上攜酒饌。途窮見交態，世路悲梗澀。東風吹春冰，泱莽后土濕。念君惜羽翮，既飽更思戢。莫作翻雲鶻，聞呼向禽急。以上送別兼勉之。

　　我行衰謝，昏忘交集，往還之人，失憶者多。獨於程侯不然。程侯卓然傑出，偶一與語，耳聰目明，不知昏忘之何在。良由程侯是鮑叔，末契可托耳。當意有所鍾，如老栢之青，歲寒不凋。及見義而動，如修蛇之蟄，一往不顧。庶幾數見，慰我垂白，若之何告別匆匆耶！客廚寂寞，奉饌缺如。程侯乃自攜酒饌，誠知我貧，為相膈給也。夫途窮方見交態，但世梗又悲路澀。程侯還鄉，春冰尚凍，后土未乾，行路難矣。程侯羽翮既具，又非饑鷹，此行弢藏，善自愛惜。倘如翻雲之鶻，聞人呼而即向禽，則喪其所守矣。程侯戒之哉！

白水縣崔少府十九翁高齋三十韻

　　時公從奉先挈妻子避亂鄜州，道經白水，依舅氏高齋作。

客從南縣來，浩蕩無與適。旅食白日長，況當朱炎赫。高齋坐林杪，信宿遊衍闃。清晨陪躋攀，傲睨俯絕壁。崇岡相枕帶，曠野懷咫尺。始知賢主人，贈此遣愁寂。以上借寓高齋。危楷根青冥，曾冰生淅瀝。上有無心雲，下有欲落石。泉聲聞復息，動靜隨所激。鳥呼藏其身，有似懼彈射。吏隱適情性，茲焉其窟宅。以上敘高齋。白水見舅氏，諸翁乃仙伯。杖藜長松陰，作尉窮谷僻。為我炊雕胡，逍遙展良覿。以

上敘崔翁。坐久風頗怒，晚來山更碧。相對十丈蛟，欻翻盤渦坼。何得空裏雷，殷殷尋地脈。煙氛靄嶗崒，魍魎森慘戚。崑崙崆峒巔，回首如不隔。前軒頹返照，巉絕華嶽赤。以上高齋雨後。兵氣漲林巒，川光雜鋒鏑。知是相公軍，鐵馬雲霧積。玉觴淡無味，胡羯豈強敵。長歌激屋梁，淚下流衽席。人生半哀樂，天地有順逆。慨彼萬國夫，休明備徵狄。猛將紛填委，廟謀畜長策。東郊何時開，帶甲且未釋。以上敘時事。欲告清晏罷，難拒幽明迫。三歎酒食傍，何由似平昔。以感時結。

我今避地，自南縣奉先來，所如浩蕩。況旅食不飽，炎赫侵人，幸有高齋可托耳。齋在林杪，信宿以來，時攀巖，時俯壁，崇岡在眼，曠野入懷，藉非主人贈我，何由破此岑寂？高齋之景，其危堁若無地，根於青冥也；其層冰當盛夏，亦生淅瀝也。高齋上，雲出無心；高齋下，石臨欲落。泉聞矣，聲仍息，動靜因所激也。鳥呼矣，身還藏，彈射恐不免也。此豈俗吏所處？惟吏隱者託身青冥，勵節層冰也。心若閒雲，又凜崩石也；卻動守靜，又懼彈射也。故於此適情性，為窟宅，舅氏真仙伯哉！步松陰，軌窮谷，雕胡作飯，旅食以充，何幸得此良覯耶！俄而雨至，風聲號，山容碧。十丈之蛟，盤渦翻出；空裏之雷，地脈暗尋。未幾雨歇，煙氛布，魍魎愁，崑崙直接乎崆峒，返照凝暉於華嶽。蛟翻為跳梁之象，雷出為震疊之兆。煙氛凝而魍魎戚，祿山將滅之勢也；返照生而華嶽紅，王威有赫之時也。因而兵氣交林，川光雜鏑，此華嶽落照間，潼關在焉，是哥舒相公屯兵之處。遙見鐵騎，如積雲霧。此時至尊，肝食臨軒；蠢茲祿山，何強足畏。我慷慨長歌，速期滅敵，主憂臣辱，涕泗橫流。今在高齋，忽焉樂，忽焉哀，人生所不免也。因歎時事，順者昌，逆者亡，天地有常理也。不獨哥舒相公，萬國征夫皆精白一心，思備戎狄，而況哥舒相公兵扼潼關，猛將如雲，仰贊廟謨，已得勝筭。方守潼關而閉門，東郊無須開也；且帥將士而隄防，帶甲幸未釋也。興言及此，至尊玉觴，尚爾無味；我在高齋，何堪終宴。蓋晝夜逼迫，方寸已亂耳。所由酒食之傍，三歎而起，欲如平日逍遙，何可得哉？○高齋旅食時，正哥舒翰守潼關，與楊國忠交搆之日。是夏五月事。當時守潼關，祿山亦苦之。李、郭兩人皆請固關而守，國忠恐翰圖己，以守潼關為不足恃。將相不和，潼關危矣。公曰「知是相公軍，鐵馬雲霧積」，謂翰守潼關之足恃也；「玉觴淡無味，胡羯豈強敵」，謂至尊宵旰，有翰守潼關，賊自斃也；「猛將紛填委，廟謀畜長策」，謂翰守潼關，非乏戰將，但當將相協謀，此在廟筭得策也；「東郊何時開，帶甲且未釋」，謂朝廷於陝洛且緩圖，但當固守潼關，枕戈袵甲，勿懈於防也。終曰「三歎酒食旁，何由似平昔」，已知閫任不專，廟謀失策，潼關必潰也。

三川觀水漲二十三韻

此章正《彭衙行》中所述者。

我經華原來，不復見平陸。北上惟土山，連天走窮谷。火雲無時出，飛電常在目。自多窮岫雨，行潦相豗蹙。八句水漲由雨。翕匎川氣黃，群流會空曲。清晨望高浪，忽謂陰崖踣。恐泥竄蛟龍，登危聚麋鹿。枯查卷拔樹，魂礨共充塞。聲吹鬼神下，勢閱人代速。不有萬穴歸，何以尊四瀆。及觀泉源漲，反懼江海覆。漂沙坼岸去，漱壑松栢禿。乘陵破山門，廻幹裂地軸。交洛赴洪河，及關豈信宿。應沉數州沒，如聽萬室哭。穢濁殊未清，風濤怒猶蓄。何時通舟車，陰氣不黲黷。以上極言「水漲」。浮生有蕩汩，我道正羈束。人寰難容身，石壁滑側足。雲雷屯不已，艱險路更蹎。普天無川梁，欲濟願水縮。因悲中林士，未脫眾魚腹。舉頭向蒼天，安得騎鴻鵠。以上觀漲之情。

我自白水經華原郡來，舉足無乎陸矣。上土山，走窮谷，赫赫之雲，不時而出；燁燁之電，常目在茲。雲飛電走，無非雨徵。因而窮岫雨多，行潦日積，行者相迫促也。雨積而水漲。川上之氣，翕鬱皆黃；空曲之中，群流奔會。俄而高浪起，崖勢傾。蛟龍畏泥濘而逃，麋鹿登高崗而避。惟枯查之木，聽其所拔；即魂礨之石，不免平倒。而木石交充塞焉。此時水漲之聲，鬼神號嘯；水漲之勢，滄桑頃刻。顧此萬穴，必有所歸。其惟四瀆，可以包攝。及觀泉漲，如此洶湧，反懼江海，忽亦傾翻。果然沙為漂，岸亦坼矣；壑為漱，樹皆禿矣。不但魂礨流，山門交破矣。不但陰崖踣，地軸胥裂矣。不但空曲會，直合洪流，及潼關矣。不但鬼神下，人代速，直沉數州，哭萬室矣。流惡未清，怒濤還蓄。水陸皆斷，陰氣終霾。我觀漲於此，自歎浮生漂蕩。我道局促，乾坤雖大，不能容身，有側足而已。雲雷方屯，危難正多，任窮途而已。欲濟無梁，焉免魚腹之葬？問天不語，難為鴻鵠之飛。時事如此，奈之何哉！〇時祿山作亂，神州有板蕩之象。篇中云「聲吹鬼神下」，陰長陽消也；「勢閱人代速」，世事滄桑也；「何以尊四瀆」，無復朝宗也；「反懼江海覆」，中原陸沉也；「雲雷屯未已」，建侯不寧也；「普天川無梁」，拯挽無人也。語意顯然。

贈高式顏

昔別是何處，相逢皆老夫。故人還寂寞，削跡其艱虞。二句「相逢皆老夫」之故。自失論文友，空知賣酒壚。二句「昔別是何處」之意。平生飛動意，見爾不能無。總結。

壯年分手，時地茫然，衰顏都不識矣。以爾高才，同我寂寞；以我避地，共爾艱虞。別後如此，所以皆成老夫耳。我與爾本論文舊友，自昔別而論文之處不堪回首。我與爾嘗買酒壚頭，自昔別而賣酒之壚邈若河山。昔別何處，猶憶論文賣酒處耳。曩年飛動之意，不過文酒。今日相逢，豈遂甘於老夫，不復飛動哉！○式顏為高適姪。適在宋中，有送式顏詩〔註17〕。公遇式顏，亦必在與適同遊宋中時。讀公《遣懷》〔註18〕詩曰「昔我遊宋中，惟梁孝王都」、「憶與高李輩，論交入酒壚」，正賦詩痛飲，意氣飛動時也。

得舍弟消息

近有平陰信，遙憐舍弟存。側身千里道，寄食一家村。四句「得消息」。
烽舉新酣戰，啼垂舊血痕。不知臨老日，招得幾時魂。四句「得消息」之感。

　　東都被陷，骨肉飄零。幸而有信，舍弟尚在。平陰之信曰：「此間避亂，展轉無之，今方側身遠道。此地被傷，人煙斷絕，今方寄食孤村。」近信如此，弟雖存，可憐也。而況烽火方新，啼痕依舊。年復一年，一身將老，故鄉之魂不知幾時招得，是可痛耳。○平陰屬河南郡。時祿山所有者，止汴、鄭數州。河南一帶，正其充斥處。此弟存，為幸也。「烽舉」者，唐鎮戍每日初夜，放煙一炬，謂平安火。潼關破，平安火不至。此時烽猶舉，潼關尚未破也。時必哥舒翰師初出潼關，與賊將崔乾祐戰於靈寶西原，故曰「新酣戰」。

汝懦歸無計，我衰往未期。浪傳烏鵲喜，深負鶺鴒詩。生理何顏面，憂傷且歲時。二聯從首二句相承說下。**兩京三十口，雖在命如絲。**直挽首章招魂意。

　　臨老招魂，晚矣。庶今日者，非弟歸鄜州，即我往平陰，奈汝則懦也。似此干戈載道，歸應無計，我亦衰矣。似此烽火連天，往未有期，是平陰之信雖可喜也，汝不得歸而見我。烏鵲之喜，亦浪傳耳。平陰之難亦云急矣，我不得往而救汝。鶺鴒之詩，不深負乎！我不得往而救汝，今日生理，顏面何存？汝不得歸而見我，將來憂傷，與時俱積。我與爾兩京家口，約略三十，處此喪亂，存亡難保。然則「招得幾時魂」，豈獨我臨老之人為然哉！

〔註17〕高適《高常侍集》卷二《宋中送族姪式顏時張大夫貶括州使人召式顏遂有此作》。
〔註18〕《杜詩闇》卷二十二。

曲江三章章五句

是年六月八日，哥舒翰敗賊，克潼關。公寄家鄜州，於七月即自鄜羸服奔行在，為賊所得。《曲江三章》，自傷陷賊也。

曲江蕭條秋氣高，菱荷枯折隨風濤。二句感興。遊子空嗟垂二毛。白石素沙亦相蕩，哀鴻獨叫求其曹。三句自歎。

曲江為長安勝遊地。今日秋色蕭條，菱荷敗折，往時千門萬戶，搖落於秋氣風濤中者，何可勝道！遊子覊此，二毛已垂，惟有形影獨弔，搔首空嗟耳。不見白石素沙，尚爾相蕩；哀鴻獨叫，偏失其曹。身陷賊中，舉目言笑，誰與為歡？有如此者。○當時置身賊庭，如陳希烈、達奚珣、張均、張垍輩，非公曹也。叫曰「獨叫」，曹曰「其曹」，公自求其曹為公曹者。甄濟、蘇源明外，原無幾人。

即事非今亦非古，暗指時事。長歌激越梢林莽。比屋豪華固難數。吾人甘作心似灰，弟姪何傷淚如雨。三句正「長歌」之意。

事亦不同，有今事，有古事。茲也即事，以為古，目前已非疇昔；以為今，疇昔猶在目前。蓋非今亦非古。俯仰之餘，惟有慷慨長歌，激越林莽間耳。處此喪亂，豈難豪華，棄名節，甘從逆？不過此心不肯灰，而豪華如故。如此豪華，比戶皆然，有何足數？我心死如灰，久置富貴功名於不道。弟姪聞我悲歌，且相排遣，亦何傷而淚下如雨哉？○從來志士立節，只爭心灰二字。心灰則薇可採，雪可咽，身可烹，首可授。不義之富貴，必不復貪心。不灰則膝可屈，顏可靦，頌可歔，詔可草。不義之富貴，必不肯貧。公身陷賊中，灰心自命，此其志真與日月爭光。

自斷此生休問天，承灰心來。杜曲幸有桑麻田。故將移住南山邊。短衣匹馬隨李廣，看射猛虎終殘年。四句正「自斷」意。

我今出處進退，何必問天，有自斷耳。蓋我杜曲之間，桑麻尚在；南山之南，故廬還存。今縱未能脫賊而走，此處杜曲可耕，南山可隱。當年李廣屏居此藍田山中，我今短衣匹馬，尚可追隨，看其射虎以老。我將從此逝矣。○結二句，公謂我雖不得張弓挾矢，手格猛虎，猶能看人張弓挾矢，手格猛虎。世有李廣，我將追隨其後，目擊其射殺猛虎，差足快意。「猛虎」謂誰？祿山是也。「李廣」何人？郭子儀、李光弼足以當之。

月夜

今夜鄜州月，閨中只獨看。二句「閨中」。遙憐小兒女，未解憶長安。香霧雲鬟濕，清輝玉臂寒。四句「兒女」。何時倚虛幌，雙照淚痕乾。挽起意結。

今夜長安之月，不忍看矣。想見者，鄜州月耳。無奈閨中寂寂只獨看。何獨看？則憶我於長安矣。若小兒女何知，殊覺可憐耳。遙憐小女，此時月下，雲鬟冒霧；遙憐小兒，此時月中，玉臂添寒。何知憶長安哉？惟其然，故彌念閨中人，只獨看耳。何時脫賊，歸家同倚虛幌，縱使淚痕尚在，得雙照而乾，不猶愈於今夜獨看。○時鄜州百姓遙應官軍，往往殺賊，賊兵尚未到鄜，故公憶之如此。「香霧」二句指兒女。或曰雲鬟非女餙。公《北征》〔註19〕詩：「學母無不為，曉妝隨手抹。移時施朱鉛，狼籍畫眉闊。」屈髮作髻為雲鬟，所謂「學母無不為」也。

哀王孫

安祿山破潼關，玄宗夜半從延秋門走。諸嗣王及公主在外者不及從，其後皆為祿山所屠。公記而哀之。

長安城頭頭白烏，夜飛延秋門上呼。又向人家啄大屋，屋底達官走避胡。金鞭斷折九馬死，骨肉不待同馳驅。以上述王孫流落之由。腰下寶玦青珊瑚，可憐王孫泣路隅。問之不肯道姓名，但道困苦乞為奴。已經百日竄荊棘，身上無有完肌膚。六句寫「哀」。高帝子孫盡隆準，龍種自與常人殊。豺狼在邑龍在野，王孫善保千金軀。不敢長語臨交衢，且為王孫立斯須。六句慰王孫。昨夜春風吹血腥，東來橐駝滿舊都。朔方健兒好身手，昔何勇銳今何愚。四句應起處。竊聞太子已傳位，聖德北服南單于。花門剺面請雪恥，慎勿出口他人狙。哀哉王孫慎勿疏，五陵佳氣無時無。以上述中興。

昔年侯景篡位，有白頭烏集朱雀門樓。近日延秋門上，夜呼不已。不獨呼門，直啄大屋。一時屋底達官，鼠竄爭避。使至尊倉皇，金鞭斷，九馬死，遂拋骨肉，出延秋門而西去。於時王孫之存者，寶玦在腰，路衢掩袂，畏禍之極，姓名都諱。流落之甚，為奴亦甘。自六月中，長安被陷，經今百日，形傷貌毀，身無完膚，其苦如此。王孫是高帝子孫，隆準，龍種，形貌雖毀，骨相原殊。今日祿山豺狼，偶然在邑；王孫龍種，偶然在野。王孫此千金軀，但須善保待時耳。王孫既諱姓名，我又何敢長語。而為王孫少立斯須者，蓋有故也。始焉白烏夜呼，不過延秋門上。今日橐駝東來，竟滿長安舊都。所以然者，潼關先破之故。往日哥舒翰領朔方兵守潼關者，只因驍勇素著，曾卻吐蕃。不意潼關一戰，輒復輿尸。昔銳今愚，事出意外。所幸七月以來，太子即位；八月以來，回紇助兵。恢復有機，中興在即。我聞如是，但賊中間諜甚多，

王孫慎勿出口。一出口，禍隨之矣。哀哉！王孫保身慎言，亮高帝子孫，無非龍種，決不久竄荊棘。況五陵佳氣，鬱鬱蔥蔥，王孫豈終流落也！○當時玄宗集百官於朝堂，問以策略，皆唯唯不對，惟楊國忠倡幸蜀之議。夫宰相不能禦寇，百官不能偕至尊，死社稷，倉皇宵遁，委國虎狼。公曰「屋底達官走避胡」，寫出庸臣當國。一走避外，更無他策。玄宗臨行，諭太子曰：「西北諸胡，我撫之素厚，汝必得其用。」「聖德服單于」，指玄宗言。

避地

避地歲時晚，竄身筋骨勞。詩書遂牆壁，奴僕且旌旄。行在僅聞信，此生隨所遭。應首二句。**神堯舊天下，會見出腥臊。**應次二句。

　　歲聿云暮，避地偷生者，只因戎馬載塗，詩書廢棄，衣冠掃地，奴隸顯榮之故耳。今日至尊蒙塵，即位靈武，或曰發靈武，或曰至彭原，或曰至順化，靡有定蹤，僅聞其信，況此生乎！且隨所遭而已。所屬望者，神堯天下，亟出腥臊，使舊物重光，神器再煥，庶詩書不終牆壁，奴隸不復旌旄，會須有日也。○祿山之亂，猶始皇坑焚詩書。「牆壁」即藏書屋壁意。「奴僕旌旄」何謂？至德二載五月，朝廷自清渠之敗，以官爵收散卒。凡應募入官者，皆衣金紫。今疑不然。不特清渠之役，是二載五月事，即公陷賊時，方冀朝廷將士反正不暇，不得以奴僕旌旄輒為譏彈，當是指賊黨，如田乾真、蔡希德、崔乾祐之徒。目前雖擁旌旄，不久自當撲滅，故下一「且」字。

悲陳陶

　　是年十月，房琯及祿山戰於陳陶斜，敗績。公在賊中，聞而痛之。

孟冬十郡良家子，血作陳陶澤中水。野曠天清無戰聲，四萬義軍同日死。四句陳陶之敗。**群胡歸來血洗箭，仍唱胡歌飲都市。都人回面向北啼，日夜更望官軍至。**二句「悲」之意。

　　房公所統義軍，皆良家子。陳陶之役，血流成渠，夫亦戰鬥使然。乃聞其出兵時，天空野闊，車戰未交，四萬義軍肝腦塗地。義軍敗績，祿山得志，取血洗箭，飲酒唱歌。長安都人坐此益憤，今雖敗績，猶望官軍再舉，勿使祿山終得志也。

悲青阪

　　房琯臨敗，自將南軍，猶欲持重，以有所伺。肅宗使中人邢延恩促戰，遂又敗。青阪，地名。

我軍青阪在東門，天寒飲馬太白窟。黃頭奚兒日向西，數騎彎弓敢馳

突。**山雪河冰晚蕭瑟，青是烽煙白人骨。**六句青阪之敗。**焉得附書與我軍，忍待明年莫倉卒。**二句「悲」之意。

　　陳陶雖敗，房公猶軍青阪，去太白山五里。飲馬於此，欲持重以有所伺。無奈祿山部落有黃頭奚兒者，不過數騎，輒來挑戰，青阪之師又潰矣。奚兒以馳突為長，我軍以持重取利。既失持重，何怪其然。遙想青阪一帶，山寒雪深，河寒冰合，晚來蕭瑟，一望煙青骨白，誰使我軍不得持重至此。焉得有人附書官軍，堅守以待明年。大軍畢集，一戰取勝可也。○結二句，見祿山之滅，原可刻期。我軍萬全，尚須有待。當時乘輿未定，大兵未集，倉卒舉事，原非勝籌。至德二載春，上曰：「大眾已集，庸調已至，當乘兵鋒，搗其腹心。」李泌尚以兩京未可取，當先取范陽。琯於此時，遂欲恢復兩京，亦志大慮疏矣。其後，香積寺師一戰而克，兩京之復，果在明年。

對雪

戰哭多新鬼，悲吟獨老翁。以「對雪」意起。**亂雲低薄暮，急雪舞回風。**二句「雪」。**瓢棄尊無綠，爐存火似紅。數州消息斷，愁坐正書空。**四句「對雪」之情。

　　陳陶之敗，四萬義軍同日而死，戰哭應多新鬼。此時怒房公者有之，快房公者有之，痛其敗而悲吟者，獨老翁耳。悲吟時，雲低天暗，雪急風回。庶酒猶綠，乃瓢已棄而酒全無；庶火尚紅，乃爐雖存而火僅似。此時對雪，冀得數州消息，以遣愁懷。似此雪深，消息應斷，惟有愁從中來，咄咄書空而已。○房琯負大略，陳陶之敗，竟同殷浩北伐〔註20〕，亦怪事也。「書空」二字借用。

〔註20〕《晉書》卷七十七《殷浩傳》：
　　時桓溫既滅蜀，威勢轉振，朝廷憚之。簡文以浩有盛名，朝野推伏，故引為心膂，以抗於溫，於是與溫頗相疑貳。會遭父憂，去職，時以蔡謨攝揚州，以俟浩，服闋，徵為尚書僕射，不拜。復為建武將軍、揚州刺史，遂參綜朝權。潁川荀羨少有令聞，浩擢為義興、吳郡，以為羽翼。王羲之密說浩、羨，令與桓溫和同，不宜內構嫌隙，浩不從。及石季龍死，胡中大亂，朝過欲遂蕩平關河，於是以浩為中軍將軍、假節、都督揚豫徐兗青五州軍事。浩既受命，以中原為己任，上疏北徵許洛。將發，墜馬，時咸惡之。既而以淮南太守陳逵、兗州刺史蔡裔為前鋒，安西將軍謝尚、北中郎將荀羨為督統，開江西田千餘頃，以為軍儲。師次壽陽，潛誘苻健大臣梁安、雷弱兒等，使殺健，許以關右之任。初，降人魏脫卒，其弟憬代領部曲。姚襄殺憬，以并其眾，浩大惡之，使龍驤將軍劉啟守譙，遷襄於梁。既而魏氏子弟往來壽陽，襄益猜懼。俄而襄部曲有欲歸浩者，襄殺之，浩於是謀誅襄。會苻健殺其大臣，健兄子眉自洛陽西奔，浩以為梁安事捷，意苻健已死，請進屯洛陽，修復園陵，使襄為前驅，冠軍將軍劉洽鎮鹿臺，建武將軍劉遁據倉垣，又求解揚州，

元日寄韋氏妹

近聞韋氏妹，迎在漢鍾離。二句「韋氏妹」。郎伯殊方鎮，京華舊國移。
秦城回北斗，郢樹發南枝。不見朝正使，啼痕滿面垂。六句元日寄懷之
故。

　　南國鍾離，妹氏在焉。蓋由妹歸韋郎，韋郎作宦鍾離，為殊方之鎮，故迎妹氏於
彼。亦由京華今遭喪亂，痛舊國之移，故韋郎亦移家南去也。今日元日，言念舊國。
秦城上直北斗，我羈長安，見北斗，至元日自回也。殊方郢樹，亦發南枝。妹迎鍾離，
想南枝，至元日自發也。往年至尊在長安，京華道上，朝正之使繹絡而來。即郎伯為
殊方遠鎮，亦必以時而赴。今至尊蒙塵，朝正乏使，郎伯消息，妹氏平安，無從可訪，
惟有啼痕點點，滿面交垂而已。○此時元日，兩京從逆諸臣，誰復有舊國朝正之想。
公身陷賊中，不忘此義。「春王正月」，有耿然獨切者。

春望

國破山河在，城春草木深。感時花濺淚，恨別鳥驚心。四句「春望」。烽
火連三月，承「感時」。家書抵萬金，承「恨別」。白頭搔更短，渾欲不勝
簪。挽望字意結。

　　國破矣，所存只山河耳。城春矣，所見只草木耳。此時豈無花，感時則花開，止
工濺淚；亦非無鳥，恨別則鳥語，止足驚心。蓋由烽火之警，已連三月；家書之難，
直抵萬金也。自歎白髮愈短，冠簪不勝。夫至簪亦不勝，又何心於功名，惟有引領望
家鄉矣。○按史：至德二載正月，史思明寇太原，李光弼掘濠自固。蔡希德又圍。二
月，安守忠寇武功，郭英乂戰不利。郭子儀遣子旰濟河，攻潼關。安慶緒救潼關，僕
固懷恩退保河東。三月，尹子奇攻睢陽，賊關不輟。安守忠將騎二萬，復寇河東。「烽
火連三月」，的是實錄。當時兩京從逆，簪紱賊庭者何限。白頭不勝，公意正微。

憶幼子

驥子春猶隔，鶯歌暖正繁。別離驚節換，聰慧與誰論。四句「幼子」。澗
水空山道，柴門老樹村。憶渠愁只睡，炙背俯晴軒。四句「憶」。

　　我自去秋陷賊，極不忘者驥子。誰料至春猶隔，側耳鶯聲，驚節序之已換也。況

　　專鎮洛陽，詔不許。浩既至許昌，會張遇反，謝尚又敗績，浩還壽陽。後復
進軍，次山桑，而襄反，浩懼，棄輜重退保譙城，器械軍儲皆為襄所掠，士
卒多亡叛。浩遣劉啟、王彬之擊襄於山桑，並為襄所殺。桓溫素忌浩，及聞
其敗，上疏罪浩曰：（略）竟坐廢為庶人，徙於東陽之信安縣。

驥子聰慧，今日堪與誰論哉？遙想鄜州，澗水潺潺，此處空山之道，柴門寂寂，我家老樹之村，驥子在焉。愛而不見，不見則憶，憶則愁，愁而終不得見則睡。憶驥子而愁只睡，庶幾澗水空山處，憑夢以通。此時情緒，惟有炙背春光，憑軒栩栩已耳。○「炙背」，註家指驥子，非。

遣興

驥子好男兒，前年學語時。問知人客姓，誦得老夫詩。世亂憐渠小，家貧仰母慈。六句總寫「驥子」。鹿門攜不遠，雁足繫難期。天地軍麾滿，山河鼓角悲。倘歸免相失，見日敢辭遲。六句「遣興」。

　　驥子學語，曾幾何時，乃人客之姓，一問便知；老夫之詩，輒能成誦。真好男兒哉！遭此世亂，非不念熊兒，憐渠小也；處此家貧，所愧為人父，仰母慈耳。惟是鹿門攜隱，路亦無多；雁足傳書，今不可必。天地之內，到處軍麾；山河之間，無非鼓角。我身陷賊中，歸期未卜。倘有其期，不至與驥子相失。見日雖遲，亦云厚幸。其如歸期難定何！○「見日敢辭遲」，此北徵省家，必俟墨勅後。

一百五日夜對月

無家對寒食，「無家」意貫至末。有淚如金波。斫卻月中桂，清光應更多。仳離放紅蕊，想像嚬青蛾。牛女漫愁思，秋期猶渡河。

　　冬至後一百五日為寒食。寒食不可無家。無家對此，能無淚下，如有光之為金波哉？我因淚如金波，還想夫月。彼月監亦有光，夫豈不監我隱，乃使我無家至是？或者有桂以蔽其中，庶幾斫卻清光較多耳。當此家室仳離時，娟娟紅蕊，若偏放焉，使清光不多。因而想像怨曠者，脈脈青蛾，應亦嚬焉。恨清光不徹，月桂可斫者，為此故耶？無家之情如此。至若牛、女，何愁之有？雖曰闊別，秋猶渡河，豈若人間寒食無家也。○此亦比體。明月中有物蔽之，則仳離誰燭？宮闈中有人蔽之，則怨曠誰知？當時肅宗寵張良娣，又李輔國陰附之。是年正月，譖殺建寧王倓。骨肉如此，民間父南子北，安能退曠？此正有物以蔽之之故。「斫卻月中桂，清光應更多」二語有謂。

卷　五

陷賊詩_{至德二載}

陷賊詩至德二載

哀江頭

　　長安朱雀街東有流水屈曲，謂之曲江。此地在秦為宜春苑，在漢為樂遊園。開元疏鑿，遂為勝境。其南有紫雲樓、芙蓉苑，其西有杏園、慈恩寺。江側菰滿蔥翠，柳陰四合，碧波紅葉，依映可愛。公《樂遊園》詩故有「青春波浪芙蓉園」〔註1〕，此章有「細柳新蒲為誰綠」等句。一廢於祿山，再毀於章敬寺，曲江之勝蕩然矣。

少陵野老吞聲哭，春日潛行曲江曲。江頭宮殿鎖千門，細柳新蒲為誰綠。_{四句總。}憶昔霓旌下南苑，苑中萬物生顏色。昭陽殿里第一人，同輦隨君侍君側。輦前才人帶弓箭，白馬嚼齧黃金勒。翻身向天仰射雲，一箭正墜雙飛翼。_{以上追惜。}明眸皓齒今何在，血污遊魂歸不得。清渭東流劍閣深，去住彼此無消息。_{以上傷今。}人生有情淚沾臆，江水江花豈終極。黃昏胡騎塵滿城，欲往城南忘城北。_{結挽「吞聲」、「潛行」意。}

　　我少陵野老欲哭不敢者，蓋由當春日過曲江舊遊也。吞聲而哭，則潛蹤而行。我潛行曲江者，為念曲江。宮殿千門萬戶，喪亂以來，寂寥空鎖。雖蒲柳依然，竟不知為誰點綴耳。憶昔開、寶盛時，江頭遊幸，羽旄蔽空，草木霑恩，皆生顏色。此時昭陽第一人為貴妃者，與上止同室，行同輦。一到曲江，射生宮女各帶弓箭，走馬弋禽，以供貴妃之一笑。往日之樂如此，今第一人安在？蓋自馬嵬賜死，遊魂血污，無復歸

〔註1〕《杜詩闡》卷二《樂遊園歌》。

期矣。當上幸蜀,出延秋門,過便橋,渡清渭,別太子而西行。清渭東流,劍閣西去,關山翠蓋,悠悠日遠,去者果無消息。靈武旌旗,靡有定蹤,住者亦無消息。遂使曲江宮殿今日可哀又如此。我不幸為有情之人,潛行至此,吞聲飲淚。當此春日,江水空流,江花自落,此情綿邈,有何終窮?日落塵飛,欲往城南而歸,還望城北而去,中心瞀亂,不自知其皇皇何之也。○「一箭止墜雙飛翼」,此句已帶出祿山稱叛,馬嵬賜死,明皇與貴妃不能終為比翼意。

送孔巢父謝病歸遊江東兼呈李白

舊註〔註2〕:至德元載,永王璘節度東南,以從事闢孔巢父。巢父察其必敗,側身潛遁,謝病遊江東。公作詩送之。或謂此詩天寶年間,公在長安作。按:李白天寶年間亦曾送孔巢父還山〔註3〕不得。此詩中有「南尋禹穴」句。公《雜述》〔註4〕云:「巢父執雌守常,我無所贈若矣。太山冥冥崒以高,泗水濔濔瀰以清。悠悠友生,復何時會於王鎬之京。」此則公天寶年間在長安贈巢父者,姑從舊註。

巢父掉頭不肯住,東將入海隨煙霧。詩卷長留天地閒,釣竿欲拂珊瑚樹。深山大澤龍蛇遠,春寒野陰風景暮。蓬萊織女回雲車,指點虛無引歸路。以上「巢父歸遊江東」。自是君身有仙骨,世人那得知其故。惜君只欲苦死留,富貴何如草頭露。蔡侯靜者意有餘,清夜置酒臨前除。罷琴惆悵月照席,幾歲寄我空中書。以上「送」。南尋禹穴見李白,道甫問訊今何如。二句「兼呈李白」。

卓哉巢父!今日側身潛遁,窺其意,一似掉頭不肯住者。謝病東歸,將入海,置身煙島中。天地間尚有巢父耶?惟有詩卷長留耳。此行入海,獨把釣竿,海底珊瑚不難拾取。但東海之處,山深澤大,龍蛇出沒,春寒野陰,風景荒涼,巢父不憂也。東海有蓬萊山,巢父此行,浮槎而去,自有織女引其歸路於虛無中。蓋因身有仙骨,其往來有非世人揣度者。乃惜巢父者,欲苦留而富貴之,豈知巢父胷中視富貴如朝露,掉頭不肯住也。蔡侯知巢父者,意與俱靜,今夜置酒,送歸江東,琴鳴別恨,月照離情。巢父歸路既在虛無,巢父音書必於空中,但仙蹤縹緲,不知何日得寄耳。巢父之

〔註2〕《補注杜詩》卷二:
【洙曰】孔巢父,冀州人,字弱翁。早勤文史,少與韓準、李白、張叔明、陶沔隱於徂徠山,時號竹溪六逸。永王璘赴江淮,聞其賢,以從事闢之。巢父察其必敗,側身潛遁,由是知名。
〔註3〕《李太白詩集注》卷十六《送韓準裴政孔巢父還山》。
〔註4〕《杜詩詳注》卷二十五。

書，未知何時；李白之信，有煩先寄。君有仙骨，白亦學仙。今得丹成與否，亮入海之路，必經禹穴也。○古今人品出處去就，只爭肯住不肯住。楊雄為莽大夫，肯住也；逢萌掛冠浮海，不肯住也。蔡邕三日三臺，肯住也；申屠蟠笑而不起，不肯住也。褚淵奉璽勸進，肯住也；王琨攀車慟哭，不肯住也。即如祿山之叛，陳希烈、張均兄弟甘受偽秩，豈非肯住？甄濟自稱風疾，蘇源明不為賊用，豈非不肯住？大抵有肯住一念，則富貴利祿得以動其心，而名節不顧。有不肯住一念，則雖三公在前，招之不來；萬鍾在後，卻之不就。如松栢不凋，如百鍊剛不折。故公於巢父，特表出「不肯住」三字。後巢父於德宗朝使河中，宣慰李懷光而死。

大雲寺贊公房四首

　　時賊將張通儒收錄衣冠，污以偽命，不從者殺。公以晦跡免，《大雲寺四首》可見也。

燈影照無睡，心清聞妙香。夜深殿突兀，風動金琅璫。天黑閉春院，地清棲暗芳。以上大雲寺夜。玉繩回斷絕，鐵鳳森翱翔。梵放時出寺，鍾殘仍殷牀。明朝在沃野，苦見塵沙黃。以上大雲寺曉。

　　我今晦跡，投至大雲寺，燈影淒清，照人無寐，塵心不起，妙香以聞。未幾，夜色將沉，仰見殿體突兀，風聲微逗，忽傳鈴鐸琅璫。猶幸春院尚局，暗芳無恙。俄而玉繩之星，回光已絕；鐵鳳之影，翱翔於空。夜闌矣。梵唱初放，徹於林表；曉鐘一聲，隱於牀間。天曉矣。回首燈影妙香，不可復得。明日黃塵，沃野又復紛，奈之何哉！

兒童汲井華，慣捷餅在手。霑灑不濡地，掃除似無帚。明霞爛復閣，霽霧塞高牖。側塞被徑花，飄颻委墀柳。以上曉後情景。艱難世事迫，隱遯佳期後。晤語契深心，那能總箝口。奉辭還杖策，暫別終回首。泱泱泥污人，狺狺國多狗。既未免羈絆，時來憩奔走。近公如白雪，執熱煩何有。以上寫出寺之情。

　　天曉矣，寺中見童，潛起汲井。蓋取平旦第一汲者為井華耳。此事習慣，自然敏捷，所以水不霑地，手若無帚。於時霞光透閣，霧色浸牖。被徑之花，似我晦跡；委堤之柳，似我潛蹤。所以然者，祗因世事多艱，隱遯已晚。猶幸贊公晤語，深契夙緣。今雖嘿足以容，焉能一概鉗口，機鋒駿利處，亦樂與贊公酬酢耳。天曉奉辭，更復回首者。蓋以一出大雲寺，泥污泱泱也；一別贊公房，國狗狺狺也。羈絆之悲，勢所不免；清淨之地，從此頻來。處此困苦，何異執熱，冀得白雪沃之。贊公是白雪，又焉往耶？○「羈絆」正指張通儒收錄衣冠一事。

心在水精域，衣霑春雨時。洞門盡徐步，深院果幽期。到扉開復閉，撞鐘齋及茲。醍醐長發性，飲食過扶衰。八句留齋。把臂有多日，開懷無愧辭。黃鶯度結構，紫鴿下罘罳。愚意會所適，花邊行自遲。湯休起我病，微笑索題詩。八句齋後情事。

　　我近公白雪，此心如在水精域中，況復衣霑春雨也！因於洞門，更盡徐步；從此深院，果遂幽期。而僧僚復闐焉，適當鳴鐘，正逢齋候。齋有醍醐，既足發性，以為飲食，亦勝扶衰。蓋因我與贊公交深，疇昔語達心胷，故去復留，留復齋耳。不見結構之間，黃鶯未去；罘罳之處，紫鴿常依。我亦黃鶯、紫鴿之徒。忽焉，愚意有會，花下踟躕者，蓋由發性扶衰。我病果起，拈花微笑，更索題詩，真有把臂開懷，不能自己者。

細軟青絲履，光明白氈巾。深藏供老宿，取用及吾身。四句贈。自顧轉無趣，交情何尚新。道林才不世，惠遠德過人。四句謝。雨瀉暮簷竹，風吹青井芹。天陰對圖畫，最覺潤龍鱗。四句暮雨。

　　贊公齋我，又衣我矣。彼青絲制履，何其細軟；白繭為巾，何其光明。二物深藏，以供老宿。取而贈我，自頂至足，皆贊公賜我。自顧無趣，徒愧細軟、光明之物，乃交情尚新，有此青絲白氈之遺。是贊公才如道林，德過惠遠也。時暮矣，雨敲竹響，風動芹香。回首圖畫上，龍鱗躍躍，得雲雨而潤澤。偶然觸目，有覺於心，詎無謂哉？○「龍鱗」句應比肅宗飛龍在天，行雲施雨，故曰「最覺」。或引張彥遠《名畫記》，謂寺中有鄭法輪、田僧亮諸名蹟，故云。畫蹟不乏，獨舉龍鱗，必有說也。

夜聽許十一誦詩愛而有作

許生五臺賓，業白出石壁。余亦師粲可，身猶縛禪寂。何階子方便，謬引為匹敵。離索晚相遇，包蒙欣有擊。八句禪理。誦詩渾遊衍，四座皆辟易。應手看捶鉤，清心聽鳴鏑。精微穿溟涬，飛動摧霹靂。陶謝不枝梧，風騷互推激。八句「誦詩」。紫燕自超詣，翠駁誰翦剔。君意人莫知，人閒夜寥闃。以上是「愛而有作」，結還「夜聽」。

　　五臺有石壁寺，禪家有黑白業。今許生為五臺賓，學白業於其處。余亦嘗師粲、可兩師，未能解脫。有何階以及子，子獨引我為匹敵耶？當此離群索居，相逢於此，以我蒙求，欣生有擊，況生詩更有過人者。生詩不為他人誦，獨為余誦，渾渾遊衍，一氣呼成，落落多奇，四座辟易。由其律度應手，如《莊子》所云：「大焉之捶鉤者，年八十而不失毫芒。」〔註5〕其音調清心，使聽者如在秋風邊塞時，忽然鳴鏑入耳，

〔註5〕《莊子‧知北遊》。

不獨渾遊衍耳。精微之旨，直穿混茫，不獨驚四座耳。飛動之氣，直摧霹靂。此與陶潛、謝朓無所枝梧，《國風》《離騷》其相推激。聽生誦詩，其卓塋處，直馬中紫燕，人間翠駁，乃其詣亦自超絕耳，誰剾拂之、洗剔之？惟我聽而愛之。蓋由君意透闢，人莫能知，故夜誦之餘，聲聞寥聞。是生詩與禪理俱遠也。○公論詩，於許十一曰「精微穿溟涬，飛動摧霹靂」；於高、岑曰「意愜關飛動，篇終接混茫」〔註6〕；於劉伯華曰「神融躍飛動，戰勝洗凌兢」〔註7〕；而於己則曰「下筆如有神」〔註8〕、「詩成覺有神」〔註9〕、「詩應有神助」〔註10〕；可以想公之超詣矣。

雨過蘇端公自注：「端置酒。」

雞鳴風雨交，久旱雨亦好。杖藜入春泥，無食起我早。諸家憶所歷，一飯跡便掃。蘇侯得數過，歡喜每傾倒。以上「雨過蘇端」。也復可憐人，呼兒具梨棗。濁醪必在眼，盡醉攄懷抱。紅稠屋角花，碧委牆隅草。親賓縱談謔，喧鬧慰衰老。以上「端置酒」。況蒙霈澤垂，糧粒或自保。繳雨亦好意。妻孥隔軍壘，撥棄不擬道。以時事結。

　　雞初鳴時，風雨交作，雖久旱喜雨，出門殊礙。乃不憚杖藜踏泥者，饑驅故耳。諸家所歷，一飯之後，跡便如掃。可數過者，惟蘇侯，蓋每往必歡喜傾倒也。可憐蘇侯家亦貧，家貧而梨棗必供，酒醪必具，具必飲，飲必醉，醉必攄懷抱而後已。當此喪亂，長安中無復花草。今蘇侯家，風雨之後，紅花稠屋，碧草棲牆。我輩苟全性命，亦猶是耳。且與親朋，共縱談謔，藉喧鬧慰。衰年歡喜，傾倒如此。況久旱得雨，庶幾有秋。我妻孥雖在鄜州，遠隔軍壘，秋成有望，可免斯饑，又何關心之有！

喜晴

皇天久不雨，既雨晴亦佳。出郭眺西郊，蕭蕭春增華。青熒陵陂麥，窈窕桃李花。春夏各有實，我饑豈無涯。八句「喜晴」。干戈雖橫放，慘澹鬥龍蛇。甘澤不猶愈，且耕今未賒。丈夫則帶甲，婦女終在家。力難及黍稷，得種菜與麻。八句對時事，說完「喜晴」意。千載商山芝，往者東門瓜。其人骨已朽，此道無疵瑕。英賢遇轗軻，遠引蟠泥沙。顧慚

〔註6〕《杜詩闡》卷九《寄彭州高三十五使君適虢州岑二十七長史參三十韻》。
〔註7〕《杜詩闡》卷二十七《寄劉峽州伯華使君四十韻》。
〔註8〕《杜詩闡》卷一《奉贈韋左丞丈二十二韻》。
〔註9〕《杜詩闡》卷五《獨酌成詩》。
〔註10〕《杜詩闡》卷十一《遊修覺寺》。

昧所適,回首白日斜。漢陰有鹿門,滄海有靈槎。焉能學眾口,咄咄空諉嗟。以上自感,寓陷賊意。

久旱須雨,既雨須晴,故晴亦佳也。於時出郭遠眺,春光晴麗,物華自若。陵陂之麥,得晴青燊;桃李之花,向晴窈窕。亮春夏皆有實矣,庶我饑亦有涯也。此晴為可喜耳。或者干戈橫放,撲滅為難,慘澹龍蛇,玄黃方戰。農事妨矣,何喜之有?雖則云然,乃既雨而晴,日澤已憂,力耕未晚,而況丁男雖出,戍婦尚存,禾黍力有不勝,菜麻則可種植。此晴為終可喜耳。但世亂未夷,我志高蹈。往者採芝種瓜,其人皆不免窮饑而死。然無瑕可摘,故知英賢遇難,見幾遠引,如龍蟠泥,不為人得。今罹禍患,至於陷賊,此亦自昧所適,回首殊晚。已矣,商山芝,東門瓜,甘讓古人矣。若夫漢陰我故鄉,滄海我素志,庶抱甕泛楂,以終餘生。至若眾口咄嗟,書空志怪,我既長往,焉用學彼為哉!

鄭駙馬池臺喜遇鄭廣文同飲

時祿山為子慶緒弒,公與鄭虔將脫賊歸。廣文為鄭虔原秩。虔陷賊中,偽授水部,詐稱風,緩以密章達靈武。書曰「鄭廣文」,舉其爵,原其心也。

不謂生戎馬,何知共酒杯。二句領至末。燃臍郿塢敗,握節漢臣回。白髮千莖雪,丹心一寸灰。別離經死地,披寫忽登臺。重對秦簫發,俱過阮宅來。醉留春夜舞,淚落強徘徊。

誰料生戎馬,今日戎馬,出意外也。焉得共酒杯,今日酒杯,更出意外也。得其酒杯者,由祿山已死,為董卓燃臍;吾輩得歸,同蘇卿握節。雖則云回,乃我與廣文年皆老矣,髮有千莖之雪;宦亦淡矣,心餘一寸之灰。回首別離,俱經死地。一朝披寫,忽復登臺。此臺為駙馬吹簫處,今得重對;此臺又廣文小阮宅,今與偕來。醉阮宅,舞秦臺,其樂何極!但死別之餘,忽焉聚首,雖則徘徊,亦強自排遣而已。○祿山築城,有同郿塢。祿山斫腹死,有似燃臍,故云。

歸鳳翔及省家鄜州詩 至德二載

喜達行在 三首

時脫賊歸鳳翔。「喜達」者,得遂羸服而奔之初心也。

西憶岐陽信,無人遂卻回。眼穿當落日,心死著寒灰。四句在賊時。霧樹行相引,蓮峰望或開。二句在道。所親驚老瘦,辛苦賊中來。二句已達。

　　至尊行在鳳翔，我前此向西而憶，無人傳信，故遂卻回，不能遽達也。彼時眼穿矣，但當落日；心死矣，已置寒灰。今幸脫賊在道，一路人煙斷絕，惟有霧樹成行，引我歸路。而況山勢向背，雖有蓮峰可望，恍惚時開，而鳳翔至矣。忽見所親，驚我老瘦，詎知側身潛遯，歷盡艱辛，從賊中來。欲不老瘦，得乎？

愁思胡笳夕，淒涼漢苑春。生還今日事，間道暫時人。承「愁思胡笳夕」。**司隸章初覩，南陽氣已新。**承「淒涼漢苑春」。**喜心翻到極，嗚咽淚霑巾。**結總收。

　　我在賊時，聽胡笳，幾經愁思；望漢苑，無限淒涼也。當愁思胡笳夕，而望生還，何可復得？忽從賊中生還者，乃是今日事耳。生還則人，雖則生還，間道而行，人與鬼鄰，亦不過暫時人耳。當「淒涼漢苑春」，而思故國，司隸之章、南陽之氣，付諸夢想。今達行在，司隸之章，喜初睹也；南陽之氣，喜更新也。見司隸，對南陽，喜心為之翻倒。回想愁思淒涼，生還間道時，痛定思痛，又不覺灑淚沾巾已。

死去憑誰報，歸來始自憐。二句承次章。**猶瞻太白雪，喜遇武功天。影靜千官裏，心蘇七校前。今朝漢社稷，重數中興年。**六句極寫「喜達」意。

　　我在道時，獨行中路，萬一死去，憑誰報也？在道何暇計及。及至歸來，痛定思痛，始自憐耳。未歸，幾不得瞻太白。至歸，太白之雪，猶得重瞻。未歸，幾不得遇武功。至歸，武功之天，喜得重遇。前此形神沮喪，影搖搖矣。今立千官隊裏，我影方靜。向來危不自保，心戚戚矣。今在七校軍前，我心始蘇。夫身達行在，喜但一人。社稷中興，喜關君國。今日何日，社稷中興之日，從此於萬斯年，豈有量哉！○當時賊兵所及，西不過武功。是武功天猶聖朝日月，故喜遇。「千官」、「七校」二句，亦寫出司隸威儀，整齊嚴肅，非復靈武初即位，文武不滿三十人，披草萊，立朝廷時。

述懷

去年潼關破，妻子隔絕久。今夏草木長，脫身得西走。麻鞋見天子，衣袖露兩肘。朝廷愍生還，親故傷老醜。涕淚受輪遺，流離主恩厚。柴門雖得去，未忍即開口。以上述未能即歸之懷。寄書問三川，不知家在否。比聞同罹禍，殺僇到雞狗。山中漏茅屋，誰復依戶牖。摧頹蒼松根，地冷骨未朽。幾人全性命，盡室豈相偶。嶔岑猛虎場，鬱結回我首。自寄一封書，今已十月後。反畏消息來，寸心亦何有。以上述寄書問家之懷。漢運初中興，平生老耽酒。沉思歡會處，恐作窮獨叟。挽合起意。

　　我去秋為賊所得，自分與家永訣。幸而今夏脫身西歸，涕淚受官，流離供職。朝

廷恩重，妻子念輕，所以欲訪室家，未忍上瀆耳。自隔絕來，亦曾寄書問家矣。傳聞賊到彼處，殺僇殆盡。我山中茅屋、向來戶牖，必摧頹於蒼松之根。被僇者，骨應未朽。亮苟全性命者，能有幾人？凡有室家者，豈能田耦？遙想盜賊充斥，猛虎縱橫，我書雖寄，回首轉成鬱結耳。憶自寄書，已十閱月。倘傳聞而不確，消息可喜也。倘傳聞而或確，消息可畏也。寸心茫然，付之何有？所幸漢運中興，平生躭酒，酌酒相賀，定有歡會之處。但恐家室不保，終成窮獨。隔絕者，不終成隔絕耶？

彭衙行

此詩定是至德二載已達行在後作。詩中「別來歲月周」句可見。

憶昔避賊初，北走經險艱。領下二十四句。夜深彭衙道，月照白水山。盡室久徒步，逢人多厚顏。參差谷鳥吟，不見遊子還。癡女饑咬我，啼畏猛虎聞。懷中掩其口，反側聲愈嗔。小兒強解事，故索苦李餐。一旬半雷雨，泥濘相攀牽。既無御濕備，徑滑衣又寒。有時經契闊，竟日數里間。野果充餱糧，卑枝成屋椽。早行石上水，暮宿天邊煙。少留同家窪，欲出蘆子門。以上彭衙道。故人有孫宰，高義薄層雲。延客已曛黑，張燈啟重門。煖湯濯我足，剪紙招我魂。從此出妻孥，相視涕闌干。眾雛爛熳睡，喚起霑盤餐。誓將與夫子，永結為弟昆。遂空所坐堂，安居奉我歡。誰肯艱難際，豁達露心肝。別來歲月周，胡羯仍搆患。何當有翅翎，飛去墜爾前。以上頌孫宰。

白水縣東北有彭衙道，憶去歲避賊，自奉先攜家，將往鄜州，從白水北行，歷土山，走窮谷。妻子徒步，惟恐逢人。一路北走，但聞谷鳥悲吟，幾見遊子南還耶？女饑而啼，畏猛虎之尋聲；兒饑而索，指道旁之苦李。況雷雨涉旬，牽攀滑足；既乏備雨，又苦禦寒。以至數里村稀，終朝人絕。食則非猿而覓果，處則如鳥之棲枝。曉涉波而山徑為迷，暮投宿而野煙為伴。北走險艱如此。未幾，前路是同家窪矣。少焉，恍惚見蘆子關矣。險艱已脫，遂望鄜州而趨。時苦即次靡托，何幸得逢孫宰。夜黑張燈，張燈啟扉，非復夜深彭衙、月照荒山時矣。暖湯濯足，剪紙招魂，非復牽攀泥濘、徑滑衣寒時矣。出妻孥而相見，逢人厚顏何有矣；喚眾雛而霑餐，道旁苦李休索矣。與夫子而為弟昆，非復窮途契闊也；空高堂而居我室，庶免暮宿天邊也。自歎險艱，得此高義，披肝露膽，何日忘之。奉別以來，歲月已周。祿山搆禍，猶然未息。我妻子寄居鄜州，皆孫宰賜。自恨身無羽翼，安得奮飛到爾，一話闊惊哉！〇「剪紙」，剪紙為旐。

送從弟亞河西判官

亞於靈武上書論時事，擢校書郎。至德二載夏，杜鴻漸繼周泌節度河西，亞為判官。

南風作秋聲，殺氣薄炎燧。盛夏鷹隼擊，時危異人至。四句發端。令弟
草中來，蒼然論時事。詔書引上殿，奮舌動天意。兵法五十家，爾頗
為篋笥。應對如轉丸，疏通略文字。經綸皆新語，足以正神器。宗廟
尚為灰，君臣皆下淚。以上敘其論事。崆峒地無軸，青海天軒輊。西極
最瘡痍，連天暗烽燧。帝曰大布衣，藉卿佐元帥。坐看清流沙，所以
子奉使。歸當再前席，適遠非歷試。須存武威郡，為畫長久利。以上擢
判河西。孤峰石戴驛，快馬金纏轡。黃羊飫不羶，蘆酒多還醉。踴躍常
人情，慘澹苦士志。安邊敵何有，反正計始遂。我聞駕鼓車，不合用
騏驥。龍吟迴其頭，夾輔待所致。以上送別。

南風不宜於秋聲。南風而作秋聲，則殺氣薄於炎燧，因而鷹隼亦擊盛夏，蓋因
時危，異人不容緩耳。異人如弟，從草間來。當弟靈武上書，切論時事，一時召對，
遂聳宸聰。蓋由智藏甲兵，不啻武庫，故應對便捷，通達不拘。新語投時，神器可正。
當此社稷灰燼，君臣臥薪，宜乎一聽子言，莫不揮涕，庶幾夾輔天子，奈時勢方危何！
蓋鳳翔移軍，地軸未固；蕃戎叵測，天傾未寧。西極有瘡痍之悲，連山多烽燧之警。
時危如此，亟須異人。於是帝曰：「子從草間來，雖大布衣，河西元帥賴子為佐，吾
欲坐看。河西一帶，流沙水清，非子奉使，不奏厥績。今日論事，已前席矣。他日還
須待子。況子之才，無俟歷試，特以武威多故。武威存，河、隴諸處存。武威危，河、
隴諸處危。倘務苟安，勿策長久，非勝籌也。所以遣子者，實賴子為國家計長久，存
武威以存隴右、河西耳。」弟奉王命而往，乘傳叱馭，星言載馳，饑飫黃羊，渴飲蘆
酒。大丈夫如此，差足快意。志士於此獨慘澹不樂者，以安邊弭蔽不足奇，撥亂反正
斯足慰也。況騏驥何可駕鼓車，宏才豈堪判邊塞！龍媒之馬不忘主而回頭，夾輔之才
將內召而有待。武威之役，天子將於子卜致遠略，以為夾輔乘輿地，弟勉之矣。○按：
亞於大曆年間為諫議大夫，使魏州宣慰，繼又為江西觀察使，足見其能。

送長孫九侍御赴武威判官

至德二載正月，河西兵馬蓋庭倫與武威九姓商胡等殺節度使周泌。武威大城、
中小城有七，胡據其五。故詩中有「嚴城」、「城堡」等句。

驄馬新鑿蹄，銀鞍被來好。繡衣黃白郎，騎向交河道。四句「侍御赴武

威」。問君適萬里，取別何草草。天子憂涼州，嚴城到須早。去秋群胡反，不得無電掃。此行牧遺甿，風俗方再造。八句「赴武威」之故。族父領元戎，聲名閣中老。奪我同官良，飄颻按城堡。使我不能餐，令我惡懷抱。若人才思闊，溟漲浸絕島。尊前失詩流，塞上得國寶。皇天悲遠送，雲雨白浩浩。以上送別。東郊尚烽火，朝野色枯槁。西極柱亦傾，如何正蒼昊。四句勉之。

此驄馬鑿蹄新，銀鞍好，騎之者何人？乃繡衣郎騎往交河也。交河遠矣，匆匆取別，何為者？天子為涼州嚴城，非驄馬使不足彈壓耳。涼州去秋，群胡作亂，天子不得已，遣將勦絕。今日不然，其民久罹塗炭，亟圖撫綏，使武威遺甿有更生之樂。天子為此，特遣況節度茲地者，我族父鴻漸，望重臺閣。但侍御為我賢僚，奪之遠去，殊介介耳。侍御才思闊絕，千頃汪汪，蓋詩人之流、皇國之寶。今奪我同官於尊前，往按城堡於塞上，豈獨人，即皇天亦為興悲，而雲雨之色浩浩都白。況安、史造逆以來，陝、洛未清，瘡痍滿目；吐蕃叵測，西極俱傾。借問侍御何力回天，蓋不獨武威然也。○安邊長策以牧民為禦寇，邊心固則邊患息，故曰「此行牧遺甿」。杜鴻漸繼周泌節度河西，公於杜亞判河西則曰「藉卿佐元帥」、「為畫長久利」〔註11〕，於長孫判武威則曰「族父領元戎」、「奪我同官良」，明知鴻漸彈壓不足，有賴於幕下賢佐。大曆間，崔旰之畔，鴻漸專務姑息，且不能制，即邊境可知。

月

天上秋期近，人間月影清。入河蟾不沒，擣藥兔長生。四句「月」。只益丹心苦，能添白髮明。干戈知滿地，休照國西營。四句對「月」之感。

秋期近則月影清。其影何如？縱入天河，蟾光不沒其中；玉兔擣長生之藥者，又歷歷如見焉。詎知乞藥無從，祗益丹心之苦；長生靡自，空添白髮之明。丹心苦，白髮添者，只為干戈故耳。若論干戈，月光所及，無不遍照。獨長安國西，賊壘布列，月影雖清，休照可也。○當時長安國西，皆為敵壘賊營，西至武功而止，故曰「休照國西營」，以見安慶緒之惡，不容於照臨下也。若九月，官軍陳香積橋，正大舉滅寇時。日月所當怙冒，安得曰「休照」？舊註誤。

得家書

去憑遊客寄，來為附家書。今日知消息，他鄉且舊居。熊兒幸無恙，

〔註11〕見前一詩。

驥子最憐渠。以上「得家書」。臨老羈孤極，傷時會合疎。二毛趨帳殿，
一命侍鑾輿。北闕妖氛滿，西郊白露初。涼風新過雁，秋雨欲生魚。
農事空山裏，眷言終荷鋤。以上「得家書」之感。

　　喪亂寄書，但憑遊客。今得家信，知鄜州雖遭殺僇，我家人於彼猶幸舊居如故
耳。熊兒亦可憐，得家書喜其無恙；驥子亮無恙，得家書不覺生憐。我豈不欲亟圖聚
首？乃臨老而羈孤異地，傷時而會合偏疎者。年近二毛，今趨行在；官叨一命，言歸
未遑耳。況慶緒妖氛，正滿北闕；幸天時肅殺，已逼西郊。對此涼秋風雨，魚書雁陣，
總總關情。庶幾他日，得歸潤水空山、柴門老樹間，荷鋤以隱二毛，一命豈我志哉？

送樊二十三侍御赴漢中判官

威弧不能弦，自爾無寧歲。川谷血橫流，豺狼沸相噬。天子從北來，
長驅振凋敝。頓兵岐梁下，卻跨沙漠裔。二京陷未收，四極我得制。
以上時事。蕭索漢水清，緬通淮河稅。使者紛星散，王綱尚旒綴。以上
「漢中」。南伯從事賢，君行立談際。坐知七曜曆，手畫三軍勢。冰雪淨
聰明，雷霆走精銳。以上「侍御」。幕府輟諫官，朝廷無此例。至尊方旰
食，仗爾布嘉惠。補闕暮徵入，柱史晨徵憩。正當艱難時，實賴長久
計。以上往判漢中。回風吹獨樹，白日照執袂。慟哭蒼煙根，山門萬里
閉。居人莽牢落，遊子方迢遞。以上送別。徘回悲生離，局促老一世。
陶唐歌遺民，後漢更列帝。我無匡復資，聊欲從此逝。以上自序。

　　弧矢之利，以威天下，威不可一日不張。自天寶年間，朝廷武備不飭，象為弛
弓，因以致亂，使乾坤血戰，狼虎縱橫。幸今上即位靈武，振積敝作；六師移蹕鳳翔，
揚威沙裔。雖二京未收，四極已制。然以濟軍需，則莫急於租庸。漢中其咽喉哉！今
日漢水清，淮河通，江淮租庸已至江洋，漢中軍需既不困矣。然使者星散，王綱渺然，
猶賴漢中王為南伯，都督梁州，主持江淮租庸。乃幕下從事未得賢者，幸而侍御立談
即契。蓋由侍御上知天文，下諳兵法。知天文，則聰明淨矣；諳兵法，則精穎銳矣。
侍御本天子近臣，出判遐方，從無此例。只因至尊宵旰，念漢中租庸，國命所繫，而
民力方苦，又須輕繇薄賦以撫字之，故特輟諫官，暮徵晨發。國家當艱難時，凡事當
圖遠大，勿貪近功。侍御勉哉！回風蕭颯，白日淒其。蒼煙之根，兩人一慟；山家之
戶，萬里誰開？居此地者，牢落何堪；判遐方者，幾時得也。念爾生離，悲余將老。
願為陶唐遺民，耕鑿未遂；欲望後漢列帝，匡復無資。汝固望漢中行，我亦向鄜州去
矣。○漢中屬梁州。至德元載，第五琦請以江淮租庸市輕齎，沂江漢，上至洋川，令

漢中王瑀、陸運至扶風以濟軍。二載，上至鳳翔，江淮租庸始至江洋、漢中。「漢水清」等句正指此事。「我得制」，「我」字即孔子作《春秋》，以魯為我之意。

送韋十六評事充同谷防禦判官

昔沒賊中時，潛與子同遊。今歸行在所，王事有去留。四句冒。偪側兵馬間，主憂急良籌。子雖軀幹小，老氣橫九州。挺身艱難際，張目視仇讐。朝廷壯其節，奉詔令參謀。以上「評事」。巒與駐鳳翔，同谷為咽喉。西扼弱水道，南鎮枹罕阨。此邦承平日，剽劫吏所羞。況乃胡未滅，控帶莽悠悠。八句「同谷」。府中韋使君，道足示懷柔。令姪才俊茂，二美又何求。受詞太白腳，走馬仇池頭。古色沙土裂，積雪陰雲稠。羌父豪豬鞾，羌兒青兕裘。吹角向月窟，蒼山旌旆愁。鳥驚出死樹，龍怒拔老湫。古來無人境，今代橫戈矛。傷哉文儒士，憤激馳林丘。以上赴同谷防禦。中原正格鬥，後會何緣由。百年賦命定，豈料沉與浮。且復戀良友，握手步道周。論兵遠壑淨，亦足縱冥搜。題詩得秀句，札翰時相投。以上送別。

　　我與子昔陷賊中，今歸行在，以王事故，留者留，去者去。獨遣子者，今日兵馬逼側，急需良籌，乃行在左右能分主憂者蓋少。子軀幹渺小，似乎儒者，然人能濟勝，不在力之強弱，在氣之勇怯。子雖渺小，老氣橫絕，可赴巖疆而勝任矣。況艱難之際，挺身直前，每遇仇讐，張目不避。有節如此，朝廷壯之。遂奉詔書，參謀邊郡，有同谷方禦之役。同谷為鳳翔咽喉，扼弱水，挫枹罕，密邇行在。承平尚患剽掠搶攘，豈能無事？此懷柔之略。雖有使君防禦之功，尤需幕佐。使君為子諸父，今往參謀，兩美自合耳。於時，子方受詞於鳳翔、太白，遂走馬於同谷、仇池，以臨羌境。遙知羌山赤土，色裂丹沙；羌地陰寒，雲埋白雪。顧此羌父羌兒，穿豬鞾，著兕裘，剽掠無人之墟，自謂朝廷戈矛所不及。子橫戈直入，角聲所向，鳥出死樹，龍拔老湫。此豪豬鞾、青兕裘者有不膽破心寒哉？猶是軀幹渺小之人，憤氣一激，直摧林丘。信乎挺身艱難，張目仇讐而有壯節者。惟是中原多故，後會難期。子本俊茂才、文儒士，此行若有悵然者。不知百年賦命，浮沉與俱。況論兵有暇沙土積雪之境，可縱冥搜，以資吟詠。所望爾音頻寄，庶不失同患難、共王事之誼云爾。

奉送郭中丞兼太僕卿充隴右節度使三十韻

詔發西山將，秋屯隴右兵。淒涼餘部曲，煇赫舊家聲。鶺鴒乘時去，

驊騮顧主鳴。艱難須上策，容易即前程。斜日當軒蓋，高風卷斾旌。松悲天水冷，沙亂雪山清。和虜猶懷惠，防邊詎敢驚。古來於異域，鎮靜示專征。以上敘英乂「充隴右節度」。燕薊奔封豕，周秦觸駭鯨。中原何慘黷，餘孽尚縱橫。箭入昭陽殿，笳吟細柳營。內人紅袖泣，王子白衣行。宸極妖星動，園陵殺氣平。空餘金椀出，無復綉帷輕。毀廟天飛雨，焚宮火徹明。罘罳朝其落，榆栿夜同傾。以上敘安史之亂。三月師逾整，群胡勢就烹。瘡痍親接戰，勇決冠垂成。妙譽期元宰，殊恩且列卿。幾時回節鉞，戮力掃攙搶。以上敘武功之役，得兼太僕，並伏結意。圭竇三千士，雲梯七十城。恥非齊說客，甘似魯諸生。通籍微班忝，周行獨坐榮。隨肩趨刻漏，短髮寄簪纓。徑欲依劉表，還疑厭禰衡。漸衰那忍別，忍淚獨含情。以上自序。廢邑狐狸語，空村虎豹爭。人頻墜塗炭，公豈忘精誠。元帥調新律，前軍壓舊京。安邊仍匄從，莫作後功名。以上冀其早旋收京。

　　中丞舊為天水太守，繼為大震關使，是西山將也。今加隴右節度，詔發於彼，兵屯於此，蓋因此處為吐蕃要衝耳。中丞生自將門，循部曲，振家聲。今以鵰鶚之姿，乘時而起；驊騮之種，顧主而鳴。際此艱難，須得上策，即前程亦易耳。奉詔行矣，日當軒蓋，風捲斾旌。天水纔離，雪山已到。當念吐蕃和好，嘗懷舊恩；今日防邊，不在驚擾。我所謂「艱難須上策」者，務在鎮靜，以寓專征。夫吐蕃當撫者，以安、史未滅也。撫吐蕃使不擾，然後得以全力制安、史。往年安、史以幽薊叛將，首陷河北，次犯東都，以及長安，中原遂不可問。今日祿山雖剪，慶緒未平。猶憶飛矢昭陽，吟笳細柳，宮妃掩袂，王子竄身，熒惑犯而天子出奔，鐵騎馳而園陵震動。茂陵金椀，便出人間；銅臺綉帷，忽悲零落。雨飛天廟，火徹罘罳。國難如此。今年三月，庸調都至，大帥已整。安史群兇，尅日就烹。中丞裹創而戰，流矢貫頤。武功之役，有戰克機。乘此垂成，何難掃蕩。所以一時妙譽，遂奉殊恩，廁列卿兼太僕，今日復有隴右節度之命。但我所期於中丞者，節鉞遄歸，戮力一戰，掃盡安、史餘氛耳。今日幕中所收，不乏三千之士；雲梯已具，誰下七十之城。七十城必須酈生憑軾，而我非其類；三千士何取叔孫習儀，而我是其倫。通籍在朝，微班忝竊；周行好我，獨坐空依。雖趨刻漏，不過隨肩；偶寄簪纓，仍憐短髮。不無宦情，似依荊之王粲；還疑取厭，如戾俗之禰衡。當此廢邑狐狸，半是勝、廣之族；空村虎豹，無非安、史之徒。塗炭如斯，匡扶難緩。況廣平王已調新律，李嗣業將壓舊京！中丞此行，雖曰安邊為務。安邊之後，亟歸討賊，扈駕還京。時哉，勿可失也！〇至德二載，上至鳳翔。旬日，

隴右、河西、安西、西域兵皆會，江淮庸調亦至，上欲乘兵擣賊腹心。於是王思禮軍武功，王難得軍西原，郭英乂軍東原。是三月，師逾整，群凶勢就烹也。時英乂流矢貫頤，裹創而戰。因王難得不協心，遂至敗績。是「瘡痍親接戰，勇決冠垂成」也。

送楊六判官使西蕃

至德元載，吐蕃贊普遣使請助國討賊。二載，吐蕃又遣使修好。上遣給事中南巨川報聘，楊六判官佐之。

送遠秋風落，西征海氣寒。帝京氛祲滿，人世別離難。四句「送使西蕃」。絕域遙懷怒，和親願結歡。敕書憐贊普，兵甲望長安。四句「使西蕃」之故。宣命前程急，惟良待士寬。子雲清自守，今日起為官。垂淚方投筆，傷時即據鞍。儒衣山鳥怪，漢節野童看。邊酒排金盌，夷歌捧玉盤。草肥蕃馬健，雪重拂廬乾。以上「判官使西蕃」。慎爾參籌畫，從茲正羽翰。勉之。歸來權可取，九萬一朝摶。慰之。

秋風初落，海氣方寒。此時遠使絕域，又值國家多故，誠有難為別者。乃不得不往，以絕域有同仇之怒，蕃夷敦修好之誠也。勅書之賜，既憐贊普；甲兵之助，定慰長安。以報聘而宣命，前程難緩；賴正使之惟良，待士原寬。判官此行，亦何慮哉！初起為官，即使絕域。投筆而去，據鞍而行。大丈夫許國，義當如此。夫投筆據鞍，則不復儒衣矣。此時猶儒衣，即山鳥亦怪其迂。抑投筆據鞍，則漢節在手矣。此時持漢節，將野童亦看而喜。判官此行，適彼贊普，成禮於邊酒夷歌之餘，仗節於草肥雪重之處。慎參謀畫，勿令蕃人窺中國之淺深；整飭羽翰，勿令外夷見天朝之強弱。行見握節言歸，摶風直上，則今日起為官，不過使臣；將來權可取，豈止以使臣終。判官勉旃！○惟良指南巨川。《呂刑》曰：「惟良折獄。」不但《漢書》「其惟良二千石」。

哭長孫侍御

道為詩書重，名因賦頌雄。禮闈曾擢桂，憲府舊乘驄。四句生前。流水生涯盡，浮雲世事空。惟餘舊臺柏，蕭瑟九原中。四句歿後。

侍御未及赴武威而卒，想其平生，道為天下重者以詩書，名為一時雄者以賦頌。始而登第，擢桂禮闈；繼而為官，乘驄憲府。今日生涯流水，世事浮雲，惟餘臺中舊柏，一伴九原耳。風流安在也？

奉贈嚴八閣老

嚴武初為哥舒翰判官。至德元載，赴行在，以房琯薦，遷給事中。

扈聖登黃閣，明公獨妙年。蛟龍得雲雨，鶗鴂在秋天。四句贈武。客禮容疎放，官曹可接聯。新詩句句好，應任老夫傳。四句自敘。

黃閣難登，公以扈聖而登。夫豈倖致？然扈聖行在，得登黃閣，亦不獨公。公妙年，故不同耳。公登黃閣，如蛟龍得雨；公獨妙年，如鶗鴂凌秋。若我疎放，荷公待以客禮；幸而接聯，與公同一官曹。況公新詩，無瑕可摘。老夫雖老，以佐官曹不足，以傳公詩有餘。老夫不傳公詩，誰人能傳也？

留別賈嚴二閣老兩院補闕得聞字

時公已奉墨勅歸鄜省家。別賈、嚴外，又有兩補闕：左韋少游，右岑參。

田園須暫往，戎馬惜離群。去遠留詩別，愁多任酒醺。四句留別之情。一秋常苦雨，今日始無雲。山路晴吹角，那堪處處聞。四句就道之情。

我暫往田園，與同官作別，亦何足傷！可傷者，戎馬時耳。自鳳翔還鄜，道遠矣。去遠留詩，庶同官者見詩如見我。當戎馬言別，愁多矣。愁多任酒，庶離群者飲斯酒得以忘愁。彼歸途莫苦遇雨。一秋常雨，今日無雲，似北歸者可免斯苦。但山路雖晴，角聲到處，夫豈田園暫往之時，祇切戎馬離群之痛耳。

晚行口號

三川不可到，歸路晚山稠。落雁浮寒水，饑烏集戍樓。四句「晚行」情景。市朝今日異，喪亂幾時休。遠愧梁江總，還家尚黑頭。四句「晚行」所感。

三川可到，晚行則不可到，所見晚山稠疊耳。而況落雁無依，浮沉寒水；饑烏失所，棲遲戍樓。風景蕭條如此。昔年朝市，舉目不同；今日兵戈，何時得息？猶幸脫賊，奉勅還家。但我一官遲暮，白首言歸，比之梁總遇亂還家，猶是黑頭年少，多愧不如也已。○「落雁」二句，有「牂羊羵首，三星在罶」〔註12〕並春燕巢於林木〔註13〕之感。

獨酌成詩

燈花何太喜，喚起下七句。酒綠正相親。醉裏從為客，詩成覺有神。三

〔註12〕《詩經・小雅・苕之華》。
〔註13〕《資治通鑒》卷一百二十六《宋紀八》：「魏人凡破南兗、徐、兗、豫、青、冀六州，殺掠不可勝計，丁壯者即加斬截，嬰兒貫於槊上，盤舞以為戲。所過郡縣，赤地無餘，春燕歸，巢於林木。魏之士馬死傷亦過半，國人皆尤之。」謝肇淛《五雜組》卷四《地部二》：「至於典午失權，胡羯肆烈，南北分朝，兵連禍結，又二百餘年。春燕巢於林木，亦可哀也。」

句「獨酌成詩」。**兵戈猶在眼，儒術豈謀身。若被微官縛，低頭愧野人。**
四句「獨酌成詩」之感。

燈花非無為也，今頗怪之。怪此燈花何故太喜，意者為綠酒相親之故。夫燈花則
怪其太喜，綠酒則愛其相親者，以我今夜猶為客也。幸而醉裏，從其為客，且我獨酌，
方吟詩也。醉而詩成，更覺有神，此則可喜者。至若兵戈何時去眼，儒術豈足謀身，
年當二毛，秩叨一命，似此低頭束縛，不如野人優游。今日雖獨酌成詩，念微官而低
頭向人，苦則有之，愧則有之，何喜之有？而燈花灼灼，此則我所不解者。〇低頭就
之，出《梁鴻傳》。

徒步歸行公自注：「贈李特進自鳳翔赴鄜州，途經邠州作。」

至德二載，上幸鳳翔，議大舉盡括公馬以助軍。當括馬後，公為拾遺，徒步而
歸。《偪側行》曾云：「自從官馬送還官。」〔註14〕時李嗣業有宛馬千匹云。
明公壯年值時危，經濟實藉英雄姿。國之社稷今若是，武定禍亂非公
誰。四句頌李。**鳳翔千官且飽飯，衣馬不復能輕肥。青袍朝士最困者。**
白頭拾遺徒步歸。四句「徒步歸」。**人生交契無老少，論交何必先同調。**
妻子山中哭向天，須公櫪上追風驃。四句借馬。

壯年致主，危時捐軀，特患無經濟耳。公經濟為國所需，定社稷，戡禍亂，舍公
誰屬？若我徒步歸者，蓋有故也。當此朝廷，府庫無蓄積，官吏鮮飽，敢望輕肥？況
青袍朝士中，老夫最困，徒步歸省，何怪其然。但我固白頭，公當黑首，人生要在契
合，何論老少。我固朝士，公為武臣，論交便是同調，何分文武。此時山中妻子，無
可告哀，自傷徒步，非馬不濟。公有追風神駿，亮勿為徒步者靳也。〇「須公櫪上追
風驃」，公意禍亂方殷，九州萬戶如我一家，哭者何限。非李戡，定保聚無期。李即
追風驃也。是年九月，香積寺之戰，李為前軍官。軍為賊所乘，李肉袒立陣前，大呼
奮擊，人馬辟易，是真追風驃。公蓋寓意於借馬云。

九成宮

九成宮即隋仁壽宮，太宗常修以避暑。山有九重，因名九成。
蒼山入百里，崖斷如杵臼。曾宮憑風迴，岌嶪土囊口。立神扶棟梁，
鑿翠開戶牖。其陽產靈芝，其陰宿牛斗。以上敘其盛。**紛披長松倒，揭**
嵲怪石走。哀猿啼一聲，客淚迸林藪。四句敘其衰。**荒哉隋家帝，製此**

〔註14〕《杜詩闡》卷六。

今頹朽。**向使國不亡，焉為巨唐有。雖無新增修，尚置官府守。巡非瑤水遠，跡是雕牆後。**以上借隋示鑒。**我來屬時危，仰望嗟歎久。天王守太白，駐馬更回首。**四句自敍。

　　我行至鳳翔麟游縣，山中有九成宮者，境深百里，其間斷崖，形如杵臼。層宮上搆，勢若憑風。風出土囊，蓬蓬然盛，據勢何險絕也。其制度，則棟梁之扶；疑於立神；戶牖之謂，幾於鑿翠。其陽則產靈芝，故名仁壽；其陰則宿牛斗，故堪避暑。壯麗如此。今宮前長松，紛披爭倒；宮前怪石，揭嶫亂趨。哀猿啼，客淚迸，此曷故哉？以此九成宮，我先皇避暑處，實隋家仁壽宮。今松倒石走，摧頹至此。豈特摧頹，竟為唐有。假使當年隋帝有道，此宮依然仁壽，我唐焉得有之？我唐有鑒於昔，不加增修，祇因先皇曾經遊幸，仍置總監、錄事、府史諸人，以為居守。我先皇時巡避暑，原非瑤水之跡，然此宮則亡國遺基，實雕牆之殷鑒。我來俯仰，不勝嗟歎者。念天王出狩，駐蹕鳳翔，跋馬回首，願今上以亡隋為鑒也。○按史，隋楊素作仁壽宮，夷山堙谷，窮極壯麗。故詩中有「斷崖」、「鑿翠」等句。玄宗華清，猶隋仁壽。隋之仁壽，為巨唐有。唐之華清，今安在也？肅宗至靈武，魏少游盛治宮室帷帳，皆倣禁中，肅宗悉命撤去。是能凜雕牆之鑒者。此詩「荒哉」一段，指陳今昔，真《大雅》殷鑒之遺。

玉華宮

　　宮係唐貞觀年間作。舊註〔註15〕：梅聖俞曰：「玉華宮前有晉苻堅墓。」蔡夢弼云：「公詩末意，傷苻堅安在也。」姑從。

溪回松風長，蒼鼠竄古瓦。不知何王殿，遺搆絕壁下。以上「宮」。**陰房鬼火青，壞道哀湍瀉。萬籟真笙竽，秋色正瀟灑。美人為黃土，況乃粉黛假。當時侍金輿，故物獨石馬。**以上墓。**憂來藉草坐，浩歌淚盈把。冉冉征途間，誰是長年者。**四句感懷。

　　延安宜君縣有宮名玉華者，但聞溪水嗚咽，松聲蕭條，雖有古瓦，亦為蒼鼠竄處。欲問何王，今誰在者，但絕壁下，所存有遺搆耳。而況宮前有墓，其陰房鬼火常青，其壞道哀湍自瀉。雖萬籟笙竽，祇助哀湍之戚；秋色瀟灑，徒添鬼火之愁。回想當年，侍金輿者有美人，今美人何在？久黃土矣。所供奉者，誰數石馬。今故物絕少，獨石馬耳。彼苻堅創伯圖，吞東晉，自謂千秋萬世。至於今，金輿不見，石馬徒存。

〔註15〕《分門集注杜工部詩》卷六：「梅曰：『苻堅墓在此宮前。』」《補注杜詩》卷三亦引之。

況津梁間人，我藉草悲歌，淚流盈把。顧此征途，去者去，來者來，誰為不死者？玉華宮不足傷矣。

塞蘆子

時公出蘆子關，將抵鄜。蘆子關在延州。延州為長安門戶，蘆子關其扼塞處。塞蘆子扼高、史二寇，非為吐蕃。

五城何迢迢，迢迢隔河水。邊兵盡東征，城內空荊杞。思明割懷衛，秀巖西未已。回略大荒來，崤函蓋虛爾。以上「塞蘆子」之故。**延州秦北戶，關防猶可倚。焉得一萬人，疾驅塞蘆子。**四句「塞蘆子」。**岐有薛大夫，傍制山賊起。近聞昆戎徒，為退三百里。**四句舉近事。**蘆關扼兩寇，深意實在此。誰能叫九閽，胡行速如鬼。**一結叮嚀。

受降五城，遠隔河水，向有邊兵。自祿山作亂，邊兵精銳者皆徵入援。今五城內，一望荊杞耳。況賊將史思明方自博陵寇太原，舍河北而西，已割懷衛一帶；高秀巖自大同與思明兵合，其西來之勢，亦復猖獗。二賊將欲取太原，長驅朔方、河隴間，回略大荒之外。然崤函內，已知其空虛也。延州蘆子為秦北戶，其關防尚可倚賴。乘彼崤函空虛，得偏師一萬，急塞蘆子，更約薛大夫景仙相為犄角，內制山賊，外禦昆戎，即長安可收復耳。況景仙三卻祿山，近事已效。夫蘆關之塞，非為他也，一塞史、高兩寇，從此俱扼。我意則然，誰能上達？彼胡之行，其速如鬼。及今不防，何可及哉！○自玄宗離馬嵬北行，民間相傳太子北收兵，來取長安。長安民時相驚曰：「太子大軍至矣。」則市里為空賊。望見北方塵起，輒驚欲走。京畿豪傑往往殺賊，賊不能制。長安子女，盡輸洛陽，宜崤函內賊兵空虛。塞蘆子疾驅，長安何難一舉收復？公曰「崤函蓋虛爾」，語非漫下。「昆戎徒」指祿山。「速如鬼」暗用《漢書》「天馬來，化若鬼」，總言神速。

羌村

崢嶸赤雲西，日腳下平地。柴門鳥雀噪，歸客千里至。四句歸鄜。**妻孥怪我在，驚定還拭淚。世亂遭飄蕩，生還偶然遂。鄰人滿牆頭，感歎亦歔欷。夜闌更秉燭，相對如夢寐。**以上歸時情景。

我家羌村，赤雲日腳下，彷彿見之，遂望柴門而趨。顧此柴門，人蹤久絕，鳥雀之噪，蓋因歸客從千里至也。爾時，妻孥方盼我歸。及見歸客，不覺驚怪，蓋由喪亂之餘，萬死一生。我之生還，原屬偶爾。今日人耶？鬼耶？誠難免妻孥之驚怪耳。不獨妻孥，鄰人聚觀者亦為感歎。此夜不寐，如在夢中。秉燭話別，真不料有今日也。

晚歲迫偷生，還家少歡趣。領下十句。嬌兒不離膝，畏我復卻去。憶昔好追涼，故遶池邊樹。蕭蕭北風勁，撫事煎百慮。以上承「還家少歡趣」。賴知禾黍收，已覺糟牀注。如今足斟酌，且用慰遲暮。以上應「晚歲迫偷生」。

　　我年遲暮，無他樹立，不過偷生計迫，故爾還家。及至還家，愁懷又集，未見有歡趣也。往日嬌兒依依膝下，別離既久，愛我者轉而畏我。況昨歲追涼，喜遶池樹；北風忽勁，歲月已非。顧此一歲中，流離漂薄，興言及此，百慮煎心，何歡趣之有？乃偷生之計，則已定矣。禾黍既收，糟牀幸注。我平生躭酒，今得生還，且復斟酌，以慰暮齒。我晚歲迫偷生如此。○公羸服脫賊，幸奔行在，夫豈偷生者？今日奉勅還家，尚曰「晚歲迫偷生」，何以處北寺諸人甘膺偽命者？

群雞正亂叫，客至雞鬥爭。驅雞上樹木，始聞扣柴荊。四句「客至」。父老四五人，問我久遠行。手中各有攜，傾榼濁復清。苦辭酒味薄，黍地無人耕。兵革既未息，兒童盡東征。以上「客至」情事。請為父老歌，艱難愧深情。歌罷仰天歎，四座淚縱橫。四句答詞。

　　我初歸而鳥雀喧，客今來而群雞鬥。柴門人跡，久矣斷絕。禽鳥怪人，有如此者。驅雞上樹，始聞扣門。客何為者？蓋有四、五人，而皆父老，知我遠歸，來相問訊耳。手中有攜，率皆酒榼。傾榼而飲，清濁不同，酒味薄矣。父老曰：「酒味之薄者，以年來耕黍地者無人也。耕無人者，以今日東征兒童去盡也。」父老艱難哉！艱難之際，荷此深情，我滋愧矣。於是我為父老歌而仰天歎，父老聽我歌而涕縱橫。一時情事又如此。○公於《李公見訪》則曰「隔屋喚西家，借問有酒否」〔註16〕；於《羌村》則曰「手中各有攜，傾榼濁復清」；於《江村》則曰「鄰家送魚鼈，問我數能來」〔註17〕；於《寒食》則曰「田父要皆去，鄰家問不違」〔註18〕；於《櫻桃》則曰「西蜀櫻桃也自紅，野人相贈滿筠籠」〔註19〕；而自己一則曰「藥許鄰人劚」〔註20〕，一則曰「不教鵝鴨惱比鄰」〔註21〕，一則曰「堂前撲棗任西鄰」〔註22〕。若此類不一而足，亦可見公篤於鄰誼矣。公嘗曰「喜結仁里歡」〔註23〕，豈欺我哉？

〔註16〕《杜詩闡》卷三。
〔註17〕《杜詩闡》卷十九。
〔註18〕《杜詩闡》卷十二。
〔註19〕《杜詩闡》卷十三。
〔註20〕《杜詩闡》卷十九《正月三日歸溪上簡院內諸公》。
〔註21〕《杜詩闡》卷十七《將赴成都草堂途中有作先寄嚴鄭公五首》其二。
〔註22〕《杜詩闡》卷二十八《又呈吳郎》。
〔註23〕《杜詩闡》卷四《晦日尋崔戢李封》。

卷　六

省家眉從還京詩_{至德二載}

北征

皇帝二載秋，閏八月初吉。杜子將北征，蒼茫問家室。維時遭艱虞，
朝野少暇日。顧慚恩私被，詔許歸蓬蓽。_{八句前幅之綱。}拜辭詣闕下，
怵惕久未出。雖乏諫諍姿，恐君有遺失。君誠中興主，經緯固密勿。
東胡反未已，臣甫憤所切。揮涕戀行在，道途猶恍惚。乾坤含瘡痍，
憂虞何時畢。_{十二句後幅之綱。}靡靡踰阡陌，人煙眇蕭瑟。所遇多被傷，
呻吟更流血。回首鳳翔縣，旌旗晚明滅。前登寒山重，屢得飲馬窟。
邠岐入地底，涇渭中蕩潏。猛虎立我前，蒼崖吼時裂。菊垂今秋花，
石戴古車轍。青雲動高興，幽事亦可悅。山果多瑣細，羅生雜橡栗。
或紅如丹砂，或黑如點漆。雨露之所濡，甘苦齊結實。緬思桃源內，
益歎身世拙。坡陀望鄜畤，巖谷互出沒。我行已水濱，我僕猶木末。
鴟鳥鳴黃桑，野鼠拱亂穴。夜深經戰場，寒月照白骨。潼關百萬師，
往者散何卒。遂令半秦民，殘害為異物。_{此段敘在道。}況我墜胡塵，及
歸盡華髮。經年至茅屋，妻子衣百結。慟哭松聲回，悲泉共幽咽。平
生所驕兒，顏色白勝雪。見耶背面啼，垢膩腳不韈。牀前兩小女，補
綻纔過膝。海圖坼波濤，舊繡移曲折。天吳及紫鳳，顛倒在短褐。老
夫情懷惡，嘔泄臥數日。那無囊中帛，救汝寒懍慄。粉黛亦解包，衾

褊稍羅列。瘦妻面復光，癡女頭自櫛。學母無不為，曉妝隨手抹。移時施朱鉛，狼籍畫眉闊。生還對童穉，似欲忘饑渴。問事競挽鬚，誰能即嗔喝。翻思在賊愁，甘受雜亂聒。新歸且慰意，生理焉得說。此段敘還家。以上是「皇帝二載秋，閏八月初吉」八句之紀。至尊尚蒙塵，幾日休練卒。仰看天色改，旁覺妖氛豁。陰風西北來，慘澹隨回紇。其王願助順，其俗喜馳突。送兵五千人，驅馬一萬匹。此輩少為貴，四方服勇決。所用皆鷹騰，破敵過箭疾。聖心頗虛佇，時議氣欲奪。伊洛指掌收，西京不足拔。官軍請深入，蓄銳伺俱發。此舉開青徐，旋瞻略恒碣。昊天積霜露，正氣有肅殺。禍轉亡胡歲，勢成擒胡月。胡命其能久，皇綱未宜絕。此段敘官軍。憶昨狼狽初，事與古先別。姦臣競菹醢，同惡隨蕩析。不聞夏殷衰，中自誅褒妲。周漢獲再興，宣光果明哲。桓桓陳將軍，仗鉞奮忠烈。微爾人盡非，於今國猶活。此段追敘玄宗。淒涼大同殿，寂寞白獸闥。都人望翠華，佳氣向金闕。園陵固有神，埽灑數不缺。煌煌太宗業，樹立甚宏達。此段以中興結。以上是「升辭詣闕下，怵惕久未出」十二句之紀。

皇帝即位，已經二載。八月初吉，正朝廷大舉討賊時。杜子有事北征者，徒為情緒蒼茫，離家已久也。歸則歸矣，敢自主哉？蓋時方多故，臣子無家，恩詔許歸，自慚叨被。許則許矣，敢遂歸哉？詣闕拜辭，怵惕未出。蓋以才慚補袞，有負聖明。況安、史未夷，甫憤正切。所以辭朝未果，首路旁皇。似此乾坤，憂虞何時畢耶？於是就道。靡靡然似黍離之大夫，心如醉矣；蕭蕭然見人煙之斷絕，景堪傷矣。瘡痍載道，呻吟滿耳。望君門兮何在，庶行在兮伊邇。回首鳳翔，此我君駐蹕處也。旌旗明滅，正羽林嚴警時也。於焉登山，於焉率水。猛虎吼，蒼崖裂，伊可畏也；菊垂花，石戴轍，亦可玩也。興對青雲而忽動，悅隨幽事而亦發。所見山果之瑣細，多半橡栗之雜生。或紅或黑，或甘或苦。雨露所濡，無不結實。物生之齊一如此，人事之參差謂何。因思桃源可棲，因歎身世多拙。始焉戀主，則回首鳳翔，旌旗猶明滅也，去國似遠而未遠。繼焉懷家，則前眺鄜畤，巖穴頻出沒焉，到家似近而未近。我心孔亟，身已水濱；我僕既痛，行猶木末。鴟鳥對客而鳴，似有情也；野鼠見人而拱，似有禮也。行到哥舒之戰場，猶見潼關之白骨。當時一戰而潰，何倉卒耶！遂令秦民，半為異鬼。況我陷賊今歸，鬢毛盡白，不過經年間事。妻子凍餒，一寒至此。相見時，哭撼松聲，悲咽泉水。平生雪兒，何等嬌愛。今日垢膩，觸目不堪。兒腳不韤矣，女衣補綻耳。所補綻者，昔有海圖之衣、舊繡之服，今波濤坼

曲折移，而海圖天吳，舊繡紫鳳，一經補綻，皆顛倒於短褐之上。兒女之可憐如此，老夫之情懷自傷。自顧又無囊中帛，何以救汝寒懍慄也。未幾，粉黛衾裯，稍稍羅列。瘦妻嬌女，膏沐重施。女學母而施妝畫眉，兒見父而挽鬚問事。我北徵在道，到家時，情事如此。當其在賊，此景如夢；今日新歸，生理焉知。夫「蒼茫問家室」，君恩詔許之至情；「揮涕動行在」，臣子事君之大義。凡以至尊蒙塵，何以家為？聖躬練卒，獨勞堪念耳。仰觀而天色已改，旁眺而妖氛亦豁。天意改妖氛，豁則陰風來，回紇至矣。回紇之王，傾國助順。回紇之俗，馳突為長。人五千，不為少；馬萬匹，亦已多。蓋此輩多不足貴，其勇決則鷹騰箭疾，有過人者。宜乎至尊虛懷，賞賜無筭，廷議交推，氣為所奪。賊巢在東都，先伊洛，後西京，用兵之勢也。行見收者收，拔者拔，乘勝深入，蓄銳並進。即河北一帶，若青、徐，若恒、碣，何難一朝底定耶？以天意斷之，肅殺宜然；以賊勢斷之，歲月已屆；以皇綱斷之，國運未終。雖然，撥亂在今日，致亂則在昔日也。致亂由上皇。乃上皇當日處貴妃，安將士，傳位今上，以為中興地，亦未可忘也。猶憶昨歲亂離時，與夏、殷亡國原有異。不獨姦臣如楊國忠，競為葅醢；同惡如秦、韓、虢三姨，隨之蕩析。即如貴妃，猶之褒姐，上皇毅然割愛，馬嵬賜死，此古先所無。況今上又度越宣、光，為中興令主。然上皇當日所以立賜處分，陳玄禮之功居多。假使當日駕次馬嵬，六軍不發，玄禮不建議，將上皇不能割恩正法，則將士一呼，眾心瓦解，乘輿安危，尚未可知，又安得宣旨馬前？倉卒間有傳位太子之命，不亦人盡非，又焉得國猶活也？今日西京未復，大同殿淒涼可憫，白獸闈寂寞堪悲。然都人日望鑾輿，佳氣常繞鳳闕。諸宗在天，靈爽應眷；園陵無恙，灑埽有時。則太宗宏大之業，一舉恢復矣。我北征後，冀朝廷亟圖討賊。今上尅日中興有如此。○「慘澹隨回紇」數句，公不願回紇助順也，故曰「喜馳突」，則其心必異。曰「少為貴」，則並不如無。曰頗延佇，以見肅宗優待之過。曰「氣欲奪」，以見在廷無人，倚仗之失。先曰收伊洛，次曰拔西京，當時香積寺師戰克而後，先取東都則慶緒走，新店之戰亦可免。蓋賊巢在東都也。惜乎計不出此！

喜聞官軍已臨賊境〔註1〕

是年九月，大軍俱至長安，西陳於香積寺北，灃水之東。大軍夾擊，斮賊殆盡。公在鄜聞之，意其能破賊而賦。

〔註1〕《錢注杜詩》《讀杜心解》《杜詩鏡銓》《杜詩詳注》均作「喜聞官軍已臨賊境二十韻」。

胡虜潛京縣，官軍擁賊濠〔註2〕。鼎魚猶假息，穴蟻竟何逃。四句總起。帳殿羅玄冕，轅門照白袍。秦山當警蹕，漢苑入旌旄。路失羊腸險，雲橫雉尾高。五原空壁壘，八水散風濤。今日看天意，遊魂貸爾曹。乞降那更得，尚詐莫徒勞。以上虛寫官軍將臨賊境。元帥歸龍種，司空握豹韜。前軍蘇武節，左將呂虔刀。兵氣回飛鳥，威聲沒巨鼇。戈鋋開雪色，弓矢向秋毫。天步艱方盡，時和運更遭。誰云遺螫毒，已是沃腥臊。睿慮〔註3〕丹墀近，神行羽衛牢。花門騰絕漠，拓羯渡臨洮。此輩感恩至，嬴俘何足操。鋒先衣染血，騎突劍吹毛。以上實敘官軍已臨賊境。喜覺都城動，悲連子女號。家家賣釵釧，準擬戲香醪。結還喜聞。

　　京縣久為賊窟，今雖潛處，官軍已臨。譬彼鼎魚，暫時假息；猶之穴蟻，更欲何逃。此行必尅，賊必滅矣。遙想行在處，文盈帳殿，武列轅門。巀嶪秦山，正當警蹕；淒涼漢苑，已樹旌旄。自此羊腸，賊巢險失；從茲雉尾，宮扇雲高。敵營撤，五原之壁壘空矣；寇氣清，八水之風濤散矣。試看今日之天意，誰假鼎穴之遊魂。賊勢既窮，惟有乞降一策。慶緒渠魁，殲之斯快。況納叛非朝廷大體，乞降為狡賊詐謀，料亦徒勞縻用耳。所以然者，廣平王為龍種，郭子儀有豹韜，王思禮佩呂虔之刀，李嗣業秉蘇武之節。數人者，桓桓烈烈，其氣奮揚，可回飛鳥；其聲辟易，堪沒巨鼇。戈鋋則雪色俱開，弓矢則秋毫都拆。況運當否極，時屬泰來，決其必濟也。但賊如毒螫，毋俾遺種；亮此腥臊，無不盡沃。況至尊睿謀，出人意表；天威神助，必獲萬全。且回紇有助順之強兵，安西渡臨洮而效力。感恩圖報，何有殘孽？行見銛鋒所向，染血不難；利劍一揮，吹毛亦斷。官軍必克，為此故也。微獨我喜，彼都城子女應亦悲喜交集，爭賣釵釧，沽香醪，以犒官軍，如漢時殺董卓之日云。〇當時賊將乞降，如史思明舉朝幸之，獨張鎬不可。香積之師，公知必克。但恐慶緒勢窮乞降，故先為斬絕之言，曰「乞降那更得」，又曰「誰云遺螫毒」。是時，香積一戰，賊勢大潰。僕固懷恩謂廣平王曰：「賊棄城走矣，請以二萬騎追之，縛取安守忠等。」廣平王曰：「將軍疲矣，且休息。」遲明諜至，賊已宵遁，是「遺螫毒」也。明年，公《為華州郭使君進滅寇圖狀》〔註4〕云：「逆賊束身檻中，奔走無路，尚假餘息，蟻聚苟活。陛下猶覬其匍匐相率，降欵盡至，務廣寬大之本，用明惡殺之德，非愚所知。」可與此詩「乞降」等句相參。

〔註2〕「濠」，《錢注杜詩》《讀杜心解》《杜詩鏡銓》《杜詩詳注》均作「壕」。
〔註3〕「慮」，《錢注杜詩》《讀杜心解》《杜詩鏡銓》《杜詩詳注》均作「想」，其中，
　　　　《錢注杜詩》《杜詩詳注》注：「一作思。」
〔註4〕《杜詩詳注》卷二十五《為華州郭使君進滅殘寇形勢圖狀》。

潼關吏

士卒何草草，築城潼關道。大城鐵不如，小城萬丈餘。四句潼關城。借問潼關吏，修關還備胡。要我下馬行，為我指山隅。連雲列戰格，飛鳥不能蹾。胡來但自守，豈復憂西都。丈人視險處，窄狹容單車。艱難奮長戟，千古用一夫。以上敘潼關吏問答之辭。哀哉桃林戰，百萬化為魚。請囑防關將，慎勿學哥舒。四句援往事以志戒。

此方士卒，何勞人草草耶？蓋因收京後，增修潼關阨塞，為築城故也。城有大小，大城之堅，鐵亦不如。小城稱是，小城之廣，萬丈有餘，大城可知。築此何為？潼關吏曰：「胡雖去，今還備胡也。」因而要我下馬，指示山隅，曰：「關枕高山，戰柵雲列，鳥飛難渡，何有寇來？但不利於戰，利於守。」丈人但看要害處，止容單車。若奮戟則百戰難為功，堅守則一夫易為力。不見至德元載，桃林一戰，哥舒師潰，溺死無算，已事可哀矣！我為吏者，但知築城。至於防關，自有大將。請丈人囑防關者，以哥舒為鑒。此則我所云「胡來但自守」意也。○祿山初反，哥舒翰守潼關，相打半載餘。賊兵衝突襄、鄧間，卒不敢窺潼關，則守之效也。夫潼關宜守不宜戰，李、郭力持其議。即祿山亦苦之，謂嚴莊曰：「今守潼關，兵不能進。」是潼關守而賊坐困。向使國忠之奏不行，中使之命不趣，堅壁固守，長安可保無恙。此詩眼目，全在「胡來但自守」一句。「修關還備胡」句有諷，正是焦頭爛額後，為曲突徙薪計。

收京　三首

仙仗離丹極，妖星帶玉除。須為下殿走，不可好樓居。四句追言失京。暫屈汾陽駕，聊飛燕將書。依然七廟略，更與萬方初。四句「收京」。

京收矣，猶憶往者。上皇仙仗，忽離丹極；祿山妖星，遂犯玉除。夫「熒惑入南斗，天子下殿走」，妖星既犯，下殿之走難免矣，亦由平日好樓居耳。昔者，堯往汾水之陽，窅然若喪其天上。上皇幸蜀，汾陽之駕，不過暫屈。是仙仗雖離，不終離也。魯連遺書燕將，燕將自殺，聊城終下。今兩京收復，燕將之書，不過聊飛，而妖星之犯，遂以滅跡也。先是七廟之略，幾幾不復；萬方之民，誰與更始。今收京，廟算依然，幅員如昨，不誠可喜！○首四句從亂原議入。玄宗太阿不禦，委政姦臣，仙仗久離。祿山自華清賜浴，御床並坐，賊星亦久犯帝。「下殿走」隱用梁武帝跣足下殿以禳之之意，故曰「須為」，亦為奔蜀解嘲。「樓居」非神仙之說。古者，天子慮四方多故，不敢宴安，必時巡以防奸宄。二世委政斯、高，深居高拱，至於亡國。玄宗不鑒其失，嘗諧高力士曰：「朕不出長安十年，盡委政事於林甫，何如？」力士曰：「天子

巡狩，古之制也。」此即「好樓居」意，因玄宗有望仙、花蕚諸樓也。「汾陽駕」專指幸蜀。舊謂李泌者，大謬。「燕將」疑指哥舒翰。「書」則指諸將之書。按：翰初降祿山時，以尺書招李光弼、魯炅、李祗等諸將，皆復書切責之。祿山知不效，乃囚翰苑中。當時諸將若不復書，書不切責，則翰於祿山方且信任，反戈而攻。自有諸將責翰一書，翰被囚。使凡為將者，知降賊不利，殉國心堅。是諸將飛書於翰，所以示向背之福禍，明順逆之利害，有關匡復不細也。或曰燕將是史思明，飛書指李光弼招降思明。夫思明偽降，正是年十二月，於時既不合；且史但書耿仁智、烏承玼說之，未聞光弼，於人又不合。況思明之降，張鎬憂之。其後光弼以思明終當叛亂，陰使烏承玼計圖，事泄而敗，思明復叛。則此舉大不利於國家，於事又不合。難從。

生意甘衰白，天涯正寂寥。謂在鄜時。**忽聞哀痛詔，又下聖明朝。羽翼懷商老，文思憶帝堯**。四句感歎。**叨逢罪己日，霑灑望青霄**。結出扈從意。

　　我在鄜時，生意蕭條，自甘衰白；天涯落漠，正爾寂寥。及收京，忽聞哀詔，意中事若出意外。又下聖朝，不一次，且屢次焉。今上收京，固當爾爾。但李泌是商老，收京而後，即去衡山，我用念其羽翼之功；上皇是文思，表踐雖往，尚未還京，我因想夫文思之命。今日扈駕還京，叨逢下詔，為禹、湯罪己日。聖明罪己，小臣何功？霑衿灑淚，不禁望青霄於咽耳。○肅宗即位靈武時，赦天下改元，是已下詔。今收京，又下詔。曰「忽聞」，曰「又下」，公意上皇未歸，詔書未應擅下，與李泌一切家事請待上皇歸之意正合，故曰「懷商老」。先是靈武使者至蜀，上皇曰：「自今以後，四海軍國大事仍奏朕知，詔書毋容擅頒矣。」公曰「憶帝堯」，真悲痛之辭。李太白《上皇西巡歌》：「少帝長安開紫極，雙懸日月照乾坤。」〔註5〕天無二日，何得雙懸？語意亦有謂。

汗馬收宮闕，春城鏟賊壕。二句「收京」。**賞應歌杕杜，歸及薦櫻桃。雜虜橫戈數，功臣甲第高。萬方頻送喜，無乃聖躬勞**。六句「收京」以後事。

　　宮闕久陷，汗馬收之；賊壕久據，一戰鏟之。京收矣，以酬將士，朝廷自應班賞而歌《杕杜》。況宗廟重建，歸京後，自及大享，而薦櫻桃。收京固可喜。所患者，資西域回紇諸兵以平亂，此輩叛服不常，橫戈數見，恐不免。即功臣恃功者，又恐從此後甲第日高，無復去病辭第之義耳。凡此皆由貪天功以為己力，殊不知收復神京，亦由廟籌。彼萬方臣子，但知入賀，亦思兩年來，聖躬親在行間，其勞為已甚乎！○《杕杜》，勞還役者。初，上欲速得京師，與回紇約曰：「克城之日，土地士庶歸唐，金帛子女皆歸回紇。」入長安，葉護欲如約，廣平王曰：「願至東京如約。」及入東京，回紇意猶未厭。父老請率羅錦萬匹以賂回紇，乃止。自東京還，上迎之長樂驛，

〔註5〕《李太白詩集注》卷八《上皇西巡南京歌十首》之十。

與宴宣政殿，仍約歲遺回紇絹二萬匹。公曰「賞應歌杕杜」，以見收京後，賞自應也。回紇要求無厭，朝廷亦不必縱之。櫻桃，薦太廟者。《禮》：「仲夏，天子乃羞含桃，先薦寢廟。」〔註6〕收京在冬而云然者，當時肅宗不待上皇歸，捷書初至鳳翔，即遺裴冕入京師，告郊廟。公曰：櫻桃之薦，歸自及之，仲夏未晚也。

瘦馬行

陳陶斜在咸陽縣東。公《悲青阪》〔註7〕云「我軍青阪在東門」，故託之東郊瘦馬。依舊註，謂為房琯作。

東郊瘦馬使我傷，骨骼硉兀如堵牆。絆之欲動轉欹側，此豈有意仍騰驤。細看六印帶官字，眾道三軍遺路旁。皮乾剝落雜泥滓，毛暗蕭條連雪霜。以上寫其「瘦」。去年奔波逐餘寇，驊騮不慣不得將。士卒多騎內廄馬，惆悵恐是病乘黃。當時歷塊誤一蹶，委棄非汝能周防。見人慘澹若哀訴，失主錯莫無晶光。天寒遠放雁為伴，日暮不收烏啄瘡。以上敘其瘦之故。誰家且養願終惠，更試明年春草長。結應起處「有意」「騰驤」等句。

東郊有馬，我見傷心。骨出如牆，其瘦如此。而況重以羈絆，豈不欲動，不能自如，騰驤無意矣。乃此馬非私廄之畜，印帶官字。路旁偶遺，遂使皮雜污泥，毛暗霜雪。乃此馬非無因至是者。猶憶去年，僇力勦寇，驊騮且不見用。一時士卒，皆選內廄之馬，以為前驅，焉知此東郊瘦馬非乘輿之物？宜乎六印之中，猶帶官字。只因恃才致遠，歷塊誤蹶，遂致廢置。此亦有使之然者，豈汝能逆料而周防？「見人慘澹」，若有哀訴之情。已失主恩，無復晶光之色。於時天寒遠放，野雁伴之；日暮不收，饑烏啄之。雖則如此，瘦馬之意，還望主人收錄，以圖後效。有收養之者，願終其惠，明年春草長時，必能為主僇力，以贖去年一蹶之咎，豈真無意騰驤也者？○房琯喪師陳陶斜，遂罷相。公既疏救，復作《瘦馬行》。當以中間三處為眼目。一曰「絆之欲動轉欹側，此豈有意仍騰驤」。「絆之」則制其騰驤，「欲動」則騰驤之志未忘，「轉欹側」則願騰驤有所不能。公蓋云琯意尚欲効力，朝廷棄之如此。雖欲効力，有所阻也。一曰「當時歷塊誤一蹶，委棄非汝能周防」。歷塊之馬，何至於蹶？過在委棄，豈能周防？公意琯之敗，非以卒予敵，以傚古法，誤用車戰使然。然琯當日，猶欲持重，以有所伺。中人邢延恩促戰，遂至敗績。蓋由肅宗納賀蘭進明之譖，以致疑琯，故委

────────────

〔註6〕《禮記・月令》：「是月也，天子乃以雛嘗黍，羞以含桃，先薦寢廟。」
〔註7〕《杜詩闡》卷四。

諸孤注之地，又以中人掣肘之。明知必敗，而以將予敵也，非委棄之而何？卒至全軍覆沒。夫豈琯能逆料耶？一曰「誰家且養願終惠，更試明年春草長」。顏延年《赭白馬賦》：「願終惠養，蔭本枝兮」〔註8〕，謂不忘所自也。公《奉謝口勅放三司推問狀》〔註9〕曰：「臣不自度量，歎其功名未遂，志氣挫衂，願陛下棄細錄大。」是公意欲朝廷棄琯前譽，俾琯再圖後效。蓋因琯失職後頗怏怏，其黨為琯揚言於朝，云「琯有文武才，宜大用」，肅宗聞而惡之。公難顯言，寓意於馬，以為琯之怏怏，非敢懟朝廷；其效忠之念，未嘗不切。一章語意實有如此者。

送鄭十八虔貶台州司戶傷其臨老陷賊之故闕為面別情見於詩

鄭公樗散鬢如絲，醉後常稱老畫師。二句「鄭十八虔」。萬里傷心嚴譴日，百年垂死中興時。二句「貶台州司戶，傷其臨老陷賊」。蒼惶已就長途往，邂逅無端出餞遲。承「嚴譴」句，寫「缺為面別」意。便與先生應永訣，九重泉路盡交期。承「垂死」句，寫「情見於詩」意。

傷哉鄭公！一官樗散，即畫師人所諱稱者。公於醉後，往往自稱。原公之意，誠得老畫師終，足矣。今貶台州司戶，迢迢萬里，遠奉嚴譴。雖時值中興，乃臨老垂死，百年出處，從此長已。嚴譴如此。公萬里長途，蒼皇已就，我一生知己，出餞偏遲，竟至缺為面別耶？垂死如此。悠悠此行，亮已永訣。庶幾九重泉路，他年重敘交情。我真情見乎詩矣。○虔免死得貶，寬矣。公曰「嚴譴」，蓋虔不得已陷賊，以風緩，辭水部，以密章達靈武，庶幾王維之流。乃老面垂死，遠貶台州。當時六等定罪，未盡平允。李峴以崔、呂用法深刻，「嚴譴」二字，正非無謂。

畫鶻行

高堂見生鶻，颯爽動秋骨。初驚無拘攣，何得立突兀。將生鶻說入。乃知畫師妙，巧刮造化窟。寫此神俊姿，充君眼中物。烏鵲滿樛枝，軒然恐其出。側腦看青霄，寧為眾禽沒。長翮如刀劍，人寰可超越。以上寫「畫鶻」。乾坤空崢嶸，粉墨且蕭瑟。緬思雲沙際，自有煙霧質。我今意何傷，顧步獨紆鬱。六句感慨。

高堂非鶻落地，安得此秋骨爽然者不條縱而突兀立此？既乃知畫耳。畫師巧妙，直刮造化之窟。寫此神俊，以充觀瞻。乃枝間之鵲，見而忽驚，豈知此畫鶻？側腦而

〔註8〕《文選》卷十四。
〔註9〕《杜詩詳注》卷二十五。

看，其意常在霄漢，何屑搏擊凡鳥，與俱沒沒。良由翩如刀劍，目無人寰也。但乾坤空闊，終不能飛，究竟粉墨之姿，雖曰崢嶸，仍歸蕭瑟。彼雲沙上，豈無煙交霧凝為真鶻者？乃世人徒知畫鶻可愛，所以粉墨幻質，日供瞻玩，置高堂之上；煙霧奇姿，紆鬱顧步，老沙汀之間。天下何多葉公哉！

臘日

臘月常年暖尚遙，今年臘日凍全消。侵陵雪色還萱草，漏洩春光有柳條。四句「臘日」。縱酒欲謀良夜醉，還家初散紫宸朝。口脂面藥隨恩澤，翠管銀罌下九霄。四句「臘日」事。

　　天寶年來，燮理失職。每當臘日，暖氣尚遙。今日人事修，天時順，一交臘日，凍即全消不見。萱草舒青，侵陵雪色；柳條抽綠，漏洩春光。即物情，知人事矣。所以今年臘日，縱酒之興，欲謀良夜。夫臘日原宜會飲，謀良夜，時事快心也。還家之時，方值散朝。夫臘日原宜朝賀，散晚朝，君臣勤政也。我朝臘日，侍從諸臣必蒙宣賜。喪亂以來，此典久廢。今日脂口面藥，自天而下，一時朝臣胥帶翠管銀罌，盛脂藥而歸，無異景龍年間翠鏤牙管之故事。此今年臘日為可喜與？○九霄之上，恩澤隨君，非臣子所敢濫叨，故曰「隨恩澤」。

省中詩 乾元元年

奉和賈至舍人早朝大明宮 〔註10〕 公自注：「舍人先世掌絲綸。」

五夜漏聲催曉箭，九重春色醉仙桃。旌旗日暖龍蛇動，宮殿風微燕雀高。四句「早朝」。朝罷香煙攜滿袖，詩成珠玉在揮毫。二句「奉和」。欲知世掌絲綸美，池上於今有鳳毛。結還「自注」意。

　　夜交戌，九天開矣。於時曉漏將停，春光正豔。日色陽，而龍蛇之畫於旗者，其

〔註10〕賈至《早朝大明宮呈兩省僚友》（《王右丞集箋注》卷十）：
　　　　銀燭朝天紫陌長，禁城春色曉蒼蒼。千條弱柳垂青瑣，百囀流鶯遶建章。劍
　　　　佩聲隨玉墀步，衣冠身惹御爐香。共沐恩波鳳池裏，朝朝染翰侍君王。
　　　　王維《和賈舍人早朝大明宮之作》（《王右丞集箋注》卷十）：
　　　　絳幘雞人送曉籌，尚衣方進翠雲裘。九天閶闔開宮殿，萬國衣冠拜冕旒。日
　　　　色纔臨仙掌動，香煙欲傍袞龍浮。朝罷須裁五色詔，珮聲歸向鳳池頭。
　　　　岑參《奉和中書賈至舍人早朝大明宮》（《岑嘉州詩》卷五）：
　　　　雞鳴紫陌曙光寒，鶯囀皇州春色闌。金闕曉鐘開萬戶，玉階仙仗擁千官。花
　　　　迎劍佩星初落，柳拂旌旗露未乾。獨有鳳凰池上客，陽春一曲和皆難。

影若動；風力微，而燕雀之繞於殿者，其飛為高。早朝景象如此。俄而朝罷，凡為侍從，殿上香煙，攜歸滿袖；未幾詩成，獨我舍人，行間珠玉，盡在揮毫。舍人固世掌絲綸也。世掌絲綸，不足為美。欲知舍人世掌絲綸之美，只因舍人似謝超宗，為池上鳳毛，無忝先世。此《早朝》詩為獨步而同僚樂和與？○至父名曾，嘗於景龍中掌制誥。至從玄宗幸蜀，玄宗傳位，至當譔冊進藁。玄宗曰：「昔先帝異位於朕，冊文卿父所為。朕以大寶付儲卿，又當演誥。兩朝盛典出卿家父子，可謂繼美。」是「世掌絲綸」也。當時，玄宗普安下制，分遣諸王。主其議者，房琯。至實草制。肅宗自納賀蘭進明謗，已罷房琯。罷琯，凡琯黨如至等者，岌岌危矣。但普安之制，雖至屬筆；靈武之冊，亦至譔藁。肅宗縱不滿普安之舉，亦當念靈武之功。乃不一月，至出汝州。「世掌絲綸」，寓意正深。

宣政殿退朝晚出左掖

天門日射黃金牓，春殿晴曛赤羽旗。二句「宣政殿」。宮草霏霏承委佩，爐煙細細駐游絲。雲近蓬萊常五色，雪殘鳷鵲亦多時。四句「宣政殿退朝」之候。侍臣緩步歸青瑣，退食從容出每遲。結還「晚出左掖」。

額於殿者，有黃金牓，金書宣政殿也。列於殿者，有赤羽旗，所謂前朱雀也。日射晴曛，嚮明繼離，氣象如此。於時殿墀宮草，霏霏一色，臣佩所委者，草承之不亂；殿內爐煙，細細如無，游絲所裊者，煙駐之不出。宣政殿與蓬萊宮對峙，慶雲近繞，象為「君子道長」；宣政殿與鳷鵲觀比高，陰雪久殘，象為「小人道消」。「常五色」，「亦多時」，在朝久而可退矣。既退朝，獨晚出者，蓋由拾遺為近臣，終日侍君，故緩步遲歸云。○《曲禮》：「主佩垂則臣佩委。小俛則垂，大俛則委之於地。」委佩已下矣，宮草承之，仍不隃越。爐煙，唐每朝，殿上焚御爐香，宰相於香案前奏事。李泌嘗言異日奏事香案前。〔註11〕

紫宸殿退朝口號○女官導駕，朝儀褻矣。退朝會送，上文誥也。詩起結有議，本詩說。〔註12〕

戶外昭容紫袖垂，雙瞻御座引朝儀。二句紫宸殿朝儀。香飄合殿春風轉，

〔註11〕 朱勝非《紺珠集》卷二錄李泌《鄴侯家傳》「隔鑪為遠」：「泌與肅宗夾鑪而臥，懇求退曰：『今陛下以隔鑪為遠。此時若不得請，況他日於香案前奏事，豈復可得乎？』」
又見曾慥《類說》卷二錄李泌《鄴侯家傳》「香案前奏事」條。
〔註12〕 按：此注據二十一年本補。

花覆千官淑景移。晝漏稀聞高閣報，天顏有喜近臣知。四句在朝所見聞。宮中每出歸東省，會送夔龍集鳳池。二句「退朝」。

　　我朝大朝會，則在宣政殿，內朝則於紫宸便殿。惟內朝，故用女官導駕。導駕者在前，傴僂之狀，但見其紫袖垂也。導駕者分行而立，故雙瞻御座。瞻御座為內向，引朝儀為卻步。導駕之制如此。惟時御爐香氣飄合殿，而春風為轉，一時朝臣在香氣中；堦墀花影覆千官，而淑景為移，一時朝臣在花影內。時久矣，惟是內殿深沉，晝漏時刻如朝暱中晡夕，必待外廷高閣之報而始知。今閣報稀聞，何知晝漏？然瞻仰天顏，則已多時。此時千官無不瞻天仰聖，惟班近者得窺顏色，知其所喜之故。有喜者，不盡喜。凡有喜，則必知之。未幾退矣。此為內朝，則由宮中出。由宮中出，歸東省者，拾遺本省也。復會群僚，送夔龍於鳳池者，送宰相歸中書省而後散也。

晚出左掖

晝刻傳呼淺，春旗簇仗齊。退朝花底散，歸院柳邊迷。以上泛言朝散。樓雪融城濕，宮雲去殿低。避人焚諫草，騎馬欲雞棲。以上「晚出左掖」。

　　天子臨朝，傳呼刻漏。傳呼已淺，日過中禺，簇仗猶齊，臣忘晏罷也。我朝殿前，多植花柳。千官班次，率在花下；各僚廨舍，總在柳邊。於時有退朝者，從花底而散；有歸院者，至柳邊而迷。諸臣先出，時將晚矣。但見樓雪交春，融城而濕；宮雲當霽，去殿而低。時已晚，我亦出矣。諫書既陳，諫草安用？避人焚草，何必人知。少焉，騎馬歸省。日夕雞棲，敢曰匪懈，庶幾夙夜之義云爾。○玄宗時，宰相午後六刻乃出。李林甫奏今太平無事，巳時即還。軍國機務，皆決於第。觀此詩，不惟至午，直至雞棲，一時憂勤可見。

春宿左省

花隱掖垣暮，啾啾棲鳥過。星臨萬戶動，月傍九霄多。四句宿掖情景。不寢聽金鑰，因風想玉珂。明朝有封事，數問夜如何。四句宿掖之意。

　　垣花將隱，沉沉暮矣；歸鳥欲棲，啾啾過矣。少焉，星出掖垣，內有萬戶，星光欲動；未幾，月生掖垣，上有九霄，月色偏多。左省夜色如此。此時萬戶金鑰曾司啟否？吾不寢而聽，惟冀金鑰速開。此時九霄玉珂曾來朝否？吾因風而思，實恐玉珂已過。所以然者，我有封事，欲達至尊，能不聽金鑰、想玉珂、數問夜如何哉？○庶民惟星，星動則民勞。亂離後，民多失所。月為太陰，陰壯則陽弱。時張良娣用事，勢傾朝野。「星臨萬戶動，月傍九霄多」，語意隱含。

送翰林張司馬南海勒碑公自注：「相國制文。」

初，明皇置翰林院，延文章之士。下至僧道、書畫、琴棋、術數，皆處於此，謂之待詔。勒碑司馬，亦其流也。

冠冕通南極，文章落上臺。詔從三殿去，碑到百蠻開。四句「南海勒碑」。**野館穠花發，春帆細雨來。不知滄海上，天遣幾時回。**四句「送」。

南海衣冠各異，文物不通。今司馬去，冠冕通矣；得相國制文，文章達矣。從三殿中，奉詔而行，朝廷威爽，與之俱去。到百蠻外，勒碑而豎。南海聲教，從此方開。遙想陸路，穠花發於野館，旅次似堪喜；屈指水程，細雨來於春帆，舟次又堪悲。皇華萬里，天使一星。遠道既艱，遄歸為幸。何時使畢，從三殿去者，自百蠻歸也。

奉答岑參補闕見贈〔註13〕

岑參補闕，公薦之也。薦其識度清遠，議論雅正，時輩所仰，宜充近侍。因有在省贈答之作。

窈窕清禁闥，罷朝歸不同。君隨丞相後，我往日華東。四句「補闕」。**冉冉柳枝碧，娟娟花蘂紅。故人得佳句，獨贈白頭翁。**結還「奉答」「見贈」意。

君為補闕，我為拾遺，同趨禁闥，一何窈窕。但趨朝雖同，罷朝而歸，其地不同。蓋因補闕屬中書省，君自隨丞相而歸者；拾遺屬門下省，吾又往日華門東而歸也。歸不同如此。當此春日，冉冉碧者為柳枝，娟娟紅者為花蘂。似此柳碧花紅，疑非白頭物色。乃子得佳句，獨贈老翁，我能無率率奉酬哉？

奉贈王中允維

當時朝廷處分從逆諸人，以六等定罪後，如王維亦脅受偽命，得下遷中允，時議不滿，故有此贈。

中允聲名久，如今契闊深。「契闊」二字領下六句。**共傳收庾信，不比得陳琳。**「契闊」之故。**一病緣明主，三年獨此心。**「契闊」之心。**窮愁應有作，試誦白頭吟。**「契闊」之吟。

中允聲名有素，陷賊以來，勤苦獨深。蓋祿山以其聲名欲致之，不知中允死生契

〔註13〕岑參《左省杜拾遺》（《岑嘉州詩》卷三）：
聯步趨丹陛，分曹限紫薇。曉隨天仗入，暮惹御香歸。白髮悲花落，青春羨鳥飛。聖朝無闕事，自覺諫書稀。

闕，不忍獨活也。不幸陷賊，昔慮庾信為侯景收；未敢忘君，豈若陳琳草袁紹檄。當其身陷賊中，服藥取痢，偽稱瘖疾者，不忘舊君也。自維陷賊，至今三年，拳拳戴君，未嘗有二。蓋由「之死靡他」，獨此一心耳。似此窮愁，宦情應淡，如文君之作《白頭吟》以自絕，定有之也。○《白頭吟》應指「凝碧池」一章〔註14〕。

送賈閣老出汝州

西掖梧桐樹，空留一院陰。艱難歸故里，去住損春心。二句「出汝州」。宮殿青門隔，應「西掖」二句。雲山紫邐深。應「艱難」二句。人生五馬貴，莫愛二毛侵。結慰之。

　　汝居西掖，梧陰滿院。今一院之陰，只空留耳。近臣去國，廨宇蕭條有如此。汝何為有此去？蓋因時事艱難，居官不易。汝州為汝故鄉，今日出守，猶歸里耳。無奈汝去位而春心損，我在位春心亦損也。既出汝州，此處宮殿君門九重矣。宜乎！西掖梧陰，空留滿院；彼處雲山，孤臣萬里矣。宜乎！雖歸故里，交損春心，我今送汝，亦曰：「丈夫官至五馬，不為不貴。勿因出守傷懷，二毛侵鬢，亦善自寬可也。」○公悲賈去，自分不免，故有「去住損春心」句。蓋公與房琯、賈至、嚴武、張鎬諸公，同功一體。先是房琯見忤肅宗，以上皇普安郡分鎮之議建自房琯，賈至當制，忌房琯因惡賈至。去賈者，去房黨也。至德二載五月，公疏救房琯罷相，詔三司推問，是肅宗更疑公為房黨。張鎬力爭，得口勅，免三司推問，是肅宗又疑張鎬為房黨。至德初，房琯薦嚴武為給事中，是肅宗並疑嚴武為房黨。自賈先出汝州，張鎬隨罷相公，亦出華州，嚴武貶巴州。至房琯，則下制數罪，貶邠州刺史。不出兩月，朝署一空。譬彼雨雪，先集維霰。公於賈出，用是耿耿。

題省中壁

　　公在諫垣，身任國事。排眾直言，未免攖忌。兼之賈至去位，凡坐房琯交者，大率不免。平生稷、契自命，幸而遇主，可以有為。乃時事齟齬，柄鑿已見，從此不復上封事、焚諫草。曲江詩酒，消磨宦情，題壁一章，竟作乞骸疏讀。

掖垣竹埤梧十尋，洞門對雪常陰陰。落花游絲白日靜，鳴鳩乳燕青春深。四句「省中」。腐儒衰晚謬通籍，退食遲回違寸心。袞職曾無一字補，許身愧比雙南金。四句「題壁」意。

〔註14〕《王右丞集箋注》卷十四《菩提寺禁裴迪來相看說逆賊等凝碧池上作音樂供奉人等舉聲便一時淚下私成口號誦示裴迪》：

　　萬戶傷心生野煙，百官何日再朝天。秋槐葉落空宮裏，凝碧池頭奏管絃。

此省中掖垣竹埤處，有梧十尋，鳳所棲者。乃洞門之際，對雪常陰。雪為陰物，陰長則陽消矣。此時落花游絲外，更無他物，白日何其靜；鳴鳩乳燕後，不覺移時，青春何其深！白日靜而無所事，夫乃尸位耶？青春深而不再來，不亦遲暮耶？自歎腐儒衰晚，已非強仕，通籍誠謬矣。又念退食遲回，入告無益，寸心徒違耳。既叨衰職，無補聖朝，身許南金，何從報稱？昔之自比稷、契，欲堯、舜其君者，此身何等珍重。今竟何如？我題壁之意如此。

曲江陪鄭南史飲

雀啄江頭楊柳花，鶒鶒鸂鶒滿晴沙。二句「曲江」。**自知白髮非春事，且盡芳尊戀物華。**二句「陪南史飲」。**近侍即今難浪跡，此身那得更無家。**二句自歎。**丈人才力還強健，豈傍青門學種瓜。**二句勉南史。

曲江頭不但雀啄柳花，眠沙泛澈者，鶒鶒鸂鶒亦滿矣。凡此春事物華，雖與老人無與，既有芳尊在眼，亦且盡興留連。所以然者，我官居近侍，不能有為，似宜浪跡江湖。然既叨近侍，則官職有守，輒思浪跡，又義所不敢出者。至於昔遭喪亂，撥棄妻孥，甘為無家之人。今進焉有官，退焉有家，那得更無家而逍遙靡累哉！我固無如我何耳。若丈人才力方剛，正當強仕。彼青門種瓜、頹落放廢者之所為，丈人才力必不然矣。〇按：鶒鶒、鸂鶒，江南鳥也。開元間，玄宗遣宦官詣江南，取置苑囿後，以倪若水奏縱放之。此猶遺種與？

曲江 二首

一片花飛減卻春，風飄萬點正愁人。且看欲盡花經眼，莫厭傷多酒入唇。四句即「花飛」以見「物理須行樂」。**江上小堂巢翡翠，苑邊高冢臥麒麟。**二句又將「翡翠」、「麒麟」以見「物理須行樂」。**細推物理須行樂，何用浮名絆此身。**二句總結。

一片花飛，斷不自一片止，必風飄萬點而後已。有識者當一片花飛，早知春已減卻，況風飄萬點，能不愁人？此物理之可推者。然亦何必愁也。倘謂風光常在，且看欲盡之花，已經吾眼；誠知好景靡常，莫厭傷多之酒，頻入吾唇。即此而言，已當行樂。況江上小堂，又巢翡翠，堂中人安在？所謂生存華屋者，翡翠有之矣。苑邊高冢，長臥麒麟，冢中人安在？所謂零落山丘者，麒麟為伴耳。彼來巢者，應笑人生有幾；此高臥者，定悲行樂已遲。此皆物理可推者。人未細推，所以花飛不覺，酒多不飲，自謂小堂長有，高冢無時，逐逐浮名，身為束縛，蹉跎行樂，老死徒然。誠細推焉，人生行樂，富貴何時？寧待花飛，寧待春減，寧待翡翠巢、麒麟臥？張翰云：「使我

有身後名，不如生前一杯酒。」誠得之矣。

朝回日日典春衣，每日江頭盡醉歸。承上「行樂」，領下六句。**酒債尋常行處有，人生七十古來稀。穿花蛺蝶深深見，點水蜻蜓欵欵飛。傳語風光共流轉，暫時相賞莫相違**。結出與人同樂，正自勸、勸人意。

　　我朝朝回矣，日典春衣，江頭盡醉，何樂如之！春衣而日典，酒債難償矣。酒債日日負，還日日有。尋常行樂，何患其無。盡醉而每日，人生有限矣。人生日日醉，那能日日在？七十古來，曾有幾人？不獨人也。蛺蝶穿花深深見，曲尋其樂猶如此；蜻蜓點水欵欵飛，自得其樂猶如此。傳語遊人，風光流轉，暫留相賞，莫負殘春。亦何嫌於日典春衣，不醉無歸也已。○《韻略》曰：「點水，生子也。」然則穿花即求耦也。

曲江對酒

苑外江頭坐不歸，水精宮殿轉霏微。桃花細逐楊花落，黃鳥時兼白鳥飛。四句「曲江」之景。**縱飲久拚人共棄，懶朝真與世相違。吏情更覺滄洲遠，老大徒悲未拂衣**。四句「對酒」之感。

　　此芙蓉苑外，即曲江頭，我留連久之。極目一望，其宮殿在苑內者，霏微難辨。所見苑外江頭者，有落花，有一不落者，落者未足感。今桃花與楊花俱落。樹何花而不落？人何生而不盡？有飛鳥，有一不飛者，飛者未為高。今白鳥與黃鳥偕飛。林何鳥而不飛？宦何情而不澹？今日對酒，縱飲之餘，久拚人棄。縱飲，自懶朝矣。懶朝之後，真與世違。懶朝，益縱飲矣。吏情何有？滄洲安在？深歎為吏之情，與滄洲日遠。我亦志在滄洲耳，其如老大未何。○花落鳥飛，本尋常物色，卻於「逐」字、「兼」字寫得出色。「逐」字、「兼」字，亦未深微。「逐」曰「細逐」，逐得有情；「兼」曰「時兼」，兼得無意。蔡夢弼云：「老杜墨跡初作『欲共楊花語』，自以淡筆改三字」〔註15〕，作「細逐」、「落」，誣也。花安得語？

曲江值雨

　　曲江為上皇遊幸地。時上皇居南內，公遊曲江，值雨有憶。謂肅宗值雨，不來遊幸者，惧。

城上春雲覆苑牆，江亭晚色靜年芳。林花著雨燕支濕，水荇牽風翠帶長。四句「曲江值雨」之景。**龍武新軍深駐輦，芙蓉別殿謾焚香。何時詔**

〔註15〕見《杜詩詳注》卷六。

此金錢會，暫醉佳人錦瑟傍。 四句「曲江值雨」之感。

　　曲江有夾城，有芙蓉苑。夾城春雲覆於芙蓉苑牆，雨來候也。因而江亭上，晚色寂寥，芳華遂靜。於時雲覆而雨至，林花之紅者，著雨如燕支之濕；雨急而風狂，水荇之綠者，牽風為翠帶之長。江亭晚色如此。此夾城、芙蓉苑為上皇昔時遊幸處，我因值雨，憶龍武軍。先是唐有左、右羽林，自上皇用萬騎平韋氏亂，改為龍武，是新軍也。龍武新軍為上皇親近宿衛，今想亦深駐輦而不出矣。苑中有殿，是為別殿，當年上皇由夾城以達曲江。芙蓉苑別殿焚香，宜也！今上皇深居南內，不復遊幸，誰復來香案前奏事者？芙蓉別殿亦謾焚香而望幸耳。開元盛時，每當佳節，上皇賜宴錢，給百官。宰相以下，於曲江合宴，即金錢會，恩賜教坊女樂，池上備綵舟，因有佳人錦瑟。我於開元盛時，既不得躬逢斯典，今雖官叨近侍，聖眷難知。縱曲江之盛，有時而復；恐賜冥之榮，未必終沾。然則金錢詔、錦瑟傍，不真夢想哉！

偪側行 〔註16〕公自注：「贈畢曜。」

　　偪側，謂與畢所居相偪側。詩中「巷南巷北」是也。

偪側何偪側，我居巷南子巷北。可憐鄰里間，十日不一見顏色。 四句是「偪側」。**自從官馬送還官，行路難行澀如棘。我貧無乘非無足，昔者相過今不得。不是愛微軀，非關足無力。徒步翻愁官長怒，此心炯炯君應識。曉來急雨春風顛，睡美不聞鍾鼓傳。東家蹇驢許借我，泥滑不敢騎朝天。已令請急會通籍，男兒性命絕可憐。** 以上發明「十日不一見」之故。**焉能終日心拳拳，憶君誦詩神凜然。辛夷始花亦已落，況我與子非壯年。街頭酒價常苦貴，方外酒徒希醉眠。速宜相就飲一斗，恰有三百青銅錢。** 以上寫十日不見而思見意，挽到「偪側」。

　　人患契闊，偪側則聚集矣。今計所居，不過我巷南、子巷北，乃旬日不見，亦何樂此偪側也！所以然者，官馬送還，路難如棘耳。夫我貧固無乘，然亦有足。昔相遇，今不能者，子或疑我愛微軀，惜足力。不知無乘則徒步。朝廷有體，官長有例，禮法所拘，徒步不敢。思君之心，固自了了。雖不得見，子應亮之。況雨急風顛，正當睡美。考鐘伐鼓，適值朝參。蹇驢借矣，可以朝天，即可過子。已請假矣，既難朝天，安能過子？凡以似此泥塗，男兒性命不可嘗試。我十日不一見子者，職此之故。然似

〔註16〕《錢注杜詩》、《杜詩鏡銓》作「偪仄行贈畢曜」。《杜詩詳注》作「偪側行贈畢四曜」，注：「吳作仄」、「一本無『四』字」。《讀杜心解》作「偪側行贈畢曜」，注：「一作愊愊」、「《英華》有『四』字。」

此偪側，亦安能終日杜門，徒然誦詩，以當神往。不見辛夷之花，開而又落；爾我之年，壯而忽老。我不能過子飲，子豈不能就我飲？街頭酒貴，患無三百錢耳。酒徒稀醉，患無一斗酒耳。今斗酒不乏，青錢恰有，子何不速來就我？庶不負鄰里間偪側而居之誼云。○至德二載，朝廷盡括公馬，以助軍官。「馬送還官」，有自來也。乾元元年，朝廷嚴酒禁，酒價故貴。至麥熟，禁始弛。

奉陪鄭駙馬韋曲　二首

韋曲花無賴，家家惱殺人。淥尊須盡日，白髮好禁春。四句「奉陪韋曲」。
石角鉤衣破，藤梢刺眼新。何時占叢竹，頭戴小烏巾。四句似反前四句。

　　韋曲之花，何其無賴。無賴之至，家家被惱。計此時急須者，淥尊耳；所難為者，白髮耳。豈知花下淥尊，固期其盡；花前白髮，何怯於春。花固無賴，若夫縶衣石角、刺眼藤梢，其為幽致，與惱人之花迥異。況叢叢綠竹，瀟灑尤殊。何時謝朝服，戴烏巾，占此叢竹之幽趣？此時淥尊，何必花下；此時白髮，何必花前耶？○「禁春」，作勝春解。白髮禁春，正是力能勝春，不受春光困頓意。少年流宕，正坐濟勝無具耳。

野寺垂楊裏，春畦亂水間。美花多映竹，好鳥不歸山。四句承「韋曲」。
城郭終何事，風塵豈駐顏。誰能共公子，薄暮欲俱還。四句承「奉陪」。

　　雖曰韋曲，仍有野寺，隱然綠楊裏；亦有春畦，雜然亂水間。雖曰花無賴，亦有美花，不他映而偏映竹；且有好鳥，非不歸而不歸山。彼城郭紛紛，異於野寺、春畦矣，我又何事而還相逐？彼風塵擾擾，豈有美花、好鳥也，我已衰顏而更何堪！幸與公子共遊於此。若使共公子而俱還，不幾於城郭風塵哉！○「不歸山」，豈不歸也，隱「豈」字。

送李校書二十韻

代北有豪鷹，生子毛盡赤。渥窪騏驥兒，尤異是龍脊。李舟名父子，清峻流輩伯。人間好妙年，不必須白皙。十五富文史，十八足賓客。十九授校書，二十聲煇赫。眾中每一見，使我潛動魄。自恐二男兒，辛勤養靡益。以上贊李舟。乾元元年春，萬姓始安宅。舟也衣綵衣，告我欲遠適。倚門固有望，斂衽就行役。南登吟白華，已見楚山碧。靄靄咸陽都，冠蓋日雲積。何時太夫人，堂上會親戚。汝翁草明光，天子正前席。歸期豈爛漫，別意終感激。以上送李舟。顧我蓬屋姿，謬通金門籍。小來習性嬾，晚歲慵轉劇。每愁悔吝作，如覺天地窄。羨君

齒髮新，行已能夕惕。臨岐意頗切，對酒不能喫。廻身視綠野，慘澹隨荒澤。老雁春忍饑，哀號待枯麥。時哉高飛燕，絢練新羽翮。以上申「別意終感激」句。長雲濕褒斜，漢水饒巨石。無令軒車遲，衰疾悲宿昔。四句申足「歸期豈爛漫」句。

　　豪鷹生子，大抵赤毛；騏驥得兒，尤異龍脊。李舟是也。蓋李舟為名父之子，人物清高，流輩伯長。所貴妙年者，以其才，不以其貌。今舟十五，而富文史，有博膽才；十八而足賓客，有應對才；十九而授校書，有著作才。宜乎甫及二十，聲名煇赫。有才如此，彼妙年而白皙鬚者，何足道哉！既念李兒，又慚己子，而歎熊兒、驥子不如李舟，恐劬勞而養靡益也。舟今何往？蓋乾元以前，國家多故，非臣子歸省之日。自兩京收復，乾元元年二月，詔免陷賊州三歲租，盡免百姓今歲租庸，又停勒險括，命李峴安撫坊市，元元始有安宅，人慶得所。子懷將毋舟衣綵衣，歸故鄉？宜也！此時母方倚閭，舟乃就道。《白華》為孝子詩。此去望南登程，吟詩《陟岵》。楚山之碧，隱然在望。是日咸陽都市，公卿祖道者，車兩之多，應如雲積。計舟到時，慰太夫人而會親戚矣。其如汝翁在朝何？汝翁今日視草明光，亮汝歸朝，期亦不遠。乃我於臨別不無感激者，自顧蓬屋陋姿，金門蹇步，小來習嬾，晚歲轉慵。讀上六，愁悔吝之脣；對乾坤，有踦蹐之痛。自維慵嬾，不能惕厲。舟在妙年，省躬靡間。坐此臨岐，當盃惘然耳。舟行矣，回首綠野，荒澤間有老雁如我者，「小來習性嬾，晚歲慵轉劇。每愁悔吝作，如覺天地窄」者是也。宜其號荒澤，「春忍饑」耳。有時燕如舟者，「十五富文史，十八足賓客，十九授校書，二十聲煇赫」者是也。宜其翔綠野，羽翮新哉！遙望褒斜雲暗，漢水石橫之處，舟乘軒車往，即乘軒車來。毋俾衰老如予，盼軒車，悲契闊，則歸期終不汗漫。即別意所感激者，亦足自慰也已。〇按：李舟於德宗朝奉使詣劉文喜，陳以禍福，帳下殺文喜以降。又奉使詣梁崇義，諭旨安之，勸崇義入朝，言頗切直。觀公詩，少年時便已傑出。

題鄭十八著作

台州地闊海冥冥，雲水長和島嶼青。亂後故人雙別淚，春深逐客一浮萍。四句謫台州。酒酣嬾舞誰相拽，詩罷能吟不復聽。第五橋頭流恨水，皇陂岸北結愁亭。四句憶。賈生對鵩傷王傳，蘇武看羊陷賊庭。可念此公懷直道，也霑新國用輕刑。禰衡實恐遭江夏，方朔虛傳是歲星。六句傷之。窮巷悄然車馬絕，案頭乾死讀書螢。以自歎結。

　　台州瀕海，波濤冥冥，雲水與島嶼俱青也。故人此去，竟為逐客。蓋自亂後一

別，今春還作浮萍。想公此時，酒酣誰拽其舞？詩成誰聽其吟？憶當年，遊何將軍山林，同到第五橋東、皇陂岸北。今日惟橋流恨水，岸結愁亭耳。尤可傷者，命薄賈生，台州之貶，無異長沙，鵩鳥止舍，恐不免也；遇同蘇武，祿山之陷，猶之匈奴，牧羊秉節，正相似也。蓋公以直道忤人，猶幸以輕刑就貶。但公矯世戾物，有類禰衡，直慮江夏遭殺；公歲星見謫，有如方朔，竊悲不久人間。我居窮巷，悄無人跡，車馬既絕，誰與論文？案頭書蠹，多應乾死。何日與公，再圖聚首也？○前公以鄭為「嚴譴」，此何以曰「輕刑」？按：乾元元年夏，肅宗勑兩京陷賊官三司推究未畢者皆釋之，貶降者續處分。公知朝廷有此恩典，為是冀望之言。曰「也霑」，猶云也應霑云爾。

送許八拾遺歸江寧覲省甫昔時嘗客遊此縣於許生處乞瓦棺寺維摩圖樣志諸篇末

詔許辭中禁，慈顏赴北堂。聖朝新孝理，祖席倍輝光。內帛擎偏重，宮衣著更香。以上「覲省」。淮陰新夜驛，京口渡江航。春隔雞人晝，秋期燕子涼。賜書夸父老，壽酒賽城隍。以上「歸江寧」。看畫曾饑渴，追蹤恨森茫。虎頭金粟影，神妙獨難忘。以維摩圖樣結，所謂「志諸篇末」。

　　侍臣許八歸覲慈親，所重在詔許也。詔許者，今上新弘孝理，推恩臣子也。惟詔許，故同僚祖送，倍有光輝也。許八以拾遺歸省，手擎內帛，君命非輕；身著宮衣，御香猶惹。此行望江寧而趨，遙想淮水停舟，必經夜驛；潤州飛渡，必駕江航。春辭禁中，暫隔雞人之書；秋歸闕下，還期燕子之涼。於時赴北堂而出賜書，足夸父老；赴北堂而將壽酒，並賽城隍。許八奉詔省覲，洵榮矣。顧江寧為我舊遊地，極不忘者，瓦棺寺中維摩圖樣耳。寓目曾經，追蹤恨晚。蓋由此畫為顧長康筆所畫。金粟如來，光照一室，神妙如此，何日忘之！○至德二載，肅宗迎上皇，歸居興慶宮，行執鞚，食品嘗。乾元元年春，又加尊號，故曰「新孝理」。《易》曰「城復於隍」〔註17〕，城隍即城塹，都人所集處。

因許八奉寄江寧旻上人

不見旻公三十年，封書寄與淚潺湲。二句寄書。舊來好事今能否，老去新詩誰與傳。棋局動隨幽澗竹，袈裟憶上泛湖船。四句憶舊。聞君話我為官在，頭白昏昏只醉眠。結還「因許八」意。

　　我開元十九年曾客江寧，與上人旻公遊。至今乾元元年，不見者約略三十年矣。

〔註17〕《泰》上六。

封書而寄，涕泗汍瀾。蓋由旻公上人少年為善，最多好事，今日暮年，不知其精進如昨否。況是公能詩，喪亂以來，必致零落；將來老去，誰與之傳？不獨此也。猶憶旻公善奕，往日幽澗竹邊，曾攜碁局；猶記旻公善泛，往日泛湖船上，頻著裌裟。今幽澗竹尚存否？泛湖船還在否？我一官拓落，旻公一身將老，竊恐碁局、裌裟已不可問。欲尋舊時幽澗竹、泛湖船，無復在者。況好事與新詩哉！許八歸江寧，必話我為官，頭顱白盡，昏昏然只有醉眠。我雖不至江寧，此言如聞之矣。

李尊師松樹障子歌

老夫清晨梳白頭，玄都道士來相訪。握手呼兒延入戶，手持新畫青松障。四句「李尊師松樹障子」。障子松林靜杳冥，憑軒忽若無丹青。陰崖卻承霜雪幹，偃蓋反走虯龍形。老夫平生好奇古，對此興與精靈聚。已知仙客意相親，更覺良工心獨苦。八句寫畫松之妙。松下丈人巾屨同，耦坐似是商山翁。悵望聊歌紫芝曲，時危慘澹來悲風。四句看畫所感。

　　此玄都道士凌晨訪我，手持松障，必有異者。松障中，杳杳冥冥，一似真松林，而非丹青所為。陰崖之間，竟承雪幹；偃蓋之狀，忽走龍形。奇矣，古矣，老夫所愛者；精矣，靈矣，畫心獨絕者。此時老夫情興，合於畫者精靈，故仙意來親，苦心若揭。苦心何在？松林下，丈人耦坐，巾屨相同，彷彿商山，紫芝堪詠。此時覺松林颯颯，悲風忽起，安得此畫中老翁，出為商山四皓，庶幾羽翼已成，不可動乎！不然，如此時危何！○乾元元年，張良娣所生子興王佋，良娣欲以為嗣，廣平幾為建寧之續。先是至德二載，李泌在時，良娣已殺建寧，更搆流言，欲殺廣平。泌述黃瓜臺詞，廣平得安。泌於二載十月，已歸衡山。今良娣以所生子興王佋攘奪東官，時無李泌，誰為羽翼？「悵望聊歌紫芝曲」，望李泌出而定儲。「時危慘澹來悲風」，謂李泌不出，廣平不免為建寧之續。所謂良工心獨苦。

贈畢四曜

才大今詩伯，家貧苦宦卑。飢寒奴僕賤，顏狀老翁為。二句承「家貧苦宦卑」。同調嗟誰惜，論文笑自知。二句承「才大今詩伯」。流傳江鮑體，相顧免無兒。結慰之。

　　似爾才大，果然詩伯。何以家貧，為苦宦卑。惟家貧而苦宦卑。故見輕奴僕，何況他人！已類老翁，不須白首。惟才大而為詩伯，故世乏同調。雖相憐者無人，乃平日論文，其自知者有素。誠為詩伯，何慚江、鮑。雖曰家貧，相顧有子，亦庶免於李嶠無兒也。

義鶻行

陰崖有蒼鷹，養子黑柏巔。白蛇登其巢，吞噬恣朝餐。雄飛遠求食，
雌者鳴辛酸。力強不可制，黃口無半存。以上寫「白蛇」。其父從西歸，
翻身入長煙。斯須領健鶻，痛憤寄所宣。斗上捩孤影，嗷哮來九天。
修鱗脫遠枝，巨顙坼老拳。高空得蹭蹬，短草辭蜿蜒。折尾能一掉，
飽腸已皆穿。生雖滅眾雛，死亦垂千年。物情有報復，快意貴目前。
茲實鷙鳥最，急難心炯然。功成失所往，用捨何其賢。以上寫「義鶻」。
近經滻水湄，此事樵夫傳。飄蕭覺素髮，凜欲衝儒冠。人生許與分，
亦在顧盼間。聊為義鶻行，永激壯士肝。以上作詩之指。

　　陰崖、柏巔，地已慘澹。蒼鷹、白蛇，二物不相類而適相仇。於是蒼鷹養子，雄
方求食，白蛇乘機，恣破巢殺卵之凶。雌者力微，黃口頓盡。此時雄者歸覩斯慘，何
惜身一擊，殄蛇雪憤。乃猶以我非蛇敵，不反顧而入長煙，蒼鷹誠知量敵退矣。其退
也，將欲借援於鶻耳。忽焉，統領健鶻，以圖報復。而鶻至，此鶻欲擊之猛，先飛之
高，影捩斗上而來，聲從九天而下，出其不意，攻其不備。俄而遠枝上，白蛇之修鱗
脫矣；俄而老拳加，白蛇之巨顙坼矣。高空忽墜，蜿蜒無計；折尾一掉，飽腸已穿。
嗟爾白蛇，當其生雖滅眾雛，及其死亦復遺臭，一何快也！要非鶻之義不至此。大抵
物情自有報復，特事機一失，不可復挽。假使蒼鷹濡忍，不斯須去；健鶻猶豫，不應
期來；修鱗已逝，老拳徒張，不亦往返空勞哉！物情報復，快意目前，惟此鶻也，為
鷙鳥最，故急難所感，義氣炯然。且功成不尸，一擊之後，飄然長往。義哉斯鶻！豈
獨鶻然。人生意氣相期，凡有許與，亦當如鶻之急難，乃為有濟。作此歌行，使壯士
聞之，有所感激云爾。○《小雅》曰「急難」〔註18〕，言急人之難，貴於急也。篇中
首曰「斯須領健鶻」，「斯須」則急矣。次曰「快意貴目前」，「目前」則急矣。終曰「亦
在顧盼間」，「顧盼間」則急矣。信陵救趙，請於王，不聽，欲自約車騎以往救。章邯
擊趙，趙請救於楚，宋義留四十日不進，項羽斬義，疾引軍赴秦軍。二公誠知急難者。
當時張巡睢陽之圍，不食月餘，南霽雲乞師於賀蘭進明，進明坐擁強兵，不發一卒。
于闐王勝聞祿山反，自將兵五千，急入赴援。彼進明者，誠鶻不如。若勝者，乃真急
難耳。至於「功成失所往」，古來賢達，惟魯仲連為人排難解紛而無所取。當時回紇
葉護以兵赴援，肅宗欲速得京師，約曰：「克城之日，土地士庶歸唐，金帛子女歸護。」
護克西京，即欲如約，竟歲遺絹一萬匹。嗟爾回紇！如葉護者，以義始，以利終，有

〔註18〕《小雅·常棣》：「脊令在原，兄弟急難。」

愧斯鵲矣！《義鵲》一篇，不無遙慨。

端午日賜衣

宮衣亦有名，端午被恩榮。細葛含風軟，香羅疊雪輕。自天題處濕，當暑著來輕。六句「賜衣」。意內稱長短，終身荷聖情。以謝賜結。

　　宮衣以賜近臣者，我朝以來，敢望此賜？不謂「亦有名」、「被恩榮」，此典誠出意外。所賜之衣，有葛者，柔韌而含風並軟；有羅者，纖白而疊雪同輕。葛與羅並賜，典隆矣；風與雪交加，暑去矣。此宮衣亦有名者，聖澤沾濡，如雨之潤，故自天題名，覺其尚濕；此端午被恩榮者，皇恩浩蕩，如風之拂，故當暑著來，覺其愈清。君之待臣，長短不在衣也；臣之視君，長短原在意也。今我意內，自稱長短。過此以往，永荷聖清而已。

酬孟雲卿

樂極傷頭白，更深愛燭紅。相逢雖袞袞，告別莫匆匆。但恐天河落，應「更深」句。寧辭酒盞空。應「樂極」句。明朝牽世務，揮淚各西東。應「相逢」、「告別」二句。

　　「樂極」者，將悲之兆，蓋傷頭白，樂難再也。「更深」者，夜闌之候，猶愛燭紅，夜未央也。過此相逢，雖不終闌，可以袞袞；今宵分手，尚可少留，何必匆匆。夫更深則天河將落，當此紅燭照人，惟恐天河忽落；樂極則酒盞須空，當此白頭分手，休辭酒盞頻空。所以然者，轉盼明朝，安得天河常在？倏忽西東，安得酒盞常把？世務一牽，揮淚而去，不真匆匆告別，相逢不可知耶？

卷　七

出華州詩 _{乾元元年}

至德二載甫自金光門出間道歸鳳翔乾元自從左拾遺移華州椽〔註1〕與親故別因出此門有悲往事

　　公《奉謝口勅》云：「臣以陷身賊庭，憤惋成疾，實從間道，獲謁龍顏。」〔註2〕此間道也，「與親故別」，即《喜達行在》詩中「所親驚老瘦」〔註3〕之所親，《述懷》詩中「親故傷老醜」〔註4〕之親故也。

此道昔歸順，西郊胡正煩。至今猶破膽，應有未招魂。四句「間道歸鳳翔」。**近侍歸京邑，移官豈至尊。無才日衰老，駐馬望千門。**四句自拾遺出華州。

　　此金光門外之間道，我曾從此歸順本朝者。此時賊滿西郊，於萬死一生中，脫身來赴，至今思之，膽為破，魂為驚。我至德二載，間道歸鳳翔，出金光門如此。當時麻鞋見主，涕淚受官，扈從還京，身居諫省。豈料今日，諫官不終，復移華椽，展轉思維，夫豈至尊之故？亦無才使然也。自恨無才，中道背棄，況年日衰老，長與君辭。從此金光門一出，青瑣朝班，滄江入夢〔註5〕；長安宮闕，北斗空瞻。〔註6〕我乾元

─────────

〔註1〕　「椽」，通行本作「掾」。
〔註2〕　《杜詩詳注》卷二十五《奉謝口勅放三司推問狀》。
〔註3〕　《杜詩闡》卷五《喜達行在三首》之一。
〔註4〕　《杜詩闡》卷五。
〔註5〕　《杜詩闡》卷二十四《秋興八首》之五：「一臥滄江驚歲晚，幾回青瑣點朝班」
〔註6〕　《杜詩闡》卷二十四《秋興八首》之二：「夔府孤城落日斜，每依北斗望京華。」

元年，從拾遺移華橡，又出金光門如此。○此道即間道。從此道歸者為順，不從此道歸者為逆。當時從此道歸者有幾人？「此道昔歸順」句非漫下。時房琯忤肅宗，公因房黨，故出華州，似移官，亦至尊之故。忠臣去國，不懟其君，詩之可以怨者。

題鄭縣亭子

鄭縣亭子澗之濱，戶牖憑高發興新。雲斷岳蓮臨大路，天晴宮柳暗長春。四句「題鄭縣亭子」。巢邊野雀群欺燕，花底山蜂遠趁人。更欲題詩滿青竹，晚來幽獨恐傷神。四句感懷。

　　華州鄭縣有西溪亭，在澗之濱。憑高一望，詩興發矣。於雲斷處，見岳蓮朵朵，下臨姚鸞屯兵之大路；於天晴時，見宮柳垂垂，直暗高祖偶舍之離宮。亭景如此。惟是謫官去國，寂寞無徒。最可憎者，野雀從巢邊，群來欺燕，燕何仇於雀，受悔至是？尤可畏者，山蜂從花底，遠來趁人，蜂何恨於人，不忘情至是？題亭而後，更擬題竹。無奈謫官寡耦，幽獨傷神，始焉憑高發興，晚來興盡忽止耳。○群小猶野雀、山蜂也。公被譖而出，故有感於野雀欺燕。公出金光門以來，業遠群小，猶恐不免，故有懼於山蜂趁人。幽獨傷神，正畏此耳。

望嶽

西嶽嶒崚竦處尊，諸峰羅列似兒孫。二句「嶽」。安得仙人九節杖，拄到玉女洗頭盆。二句「望」。車箱入谷無歸路，箭栝通天有一門。二句應首聯。稍待秋風涼冷後，高尋白帝問真源。二句應次聯。

　　「西嶽嶒崚」，其竦絕處為眾峰尊，故眾峰輔於下者，如兒孫羅列。然我欲一躡其頂，奈無王烈九節之杖，直到玉女洗頭之盆耳。最深險者，車箱峽，入谷杳無歸路；極窄狹者，箭栝嶺，通天僅有一門。何日始登？庶幾秋風涼冷，白帝司令，為西嶽本命時。此時直躡峰頭，真源可問，亦何須九節杖，亦何止到玉女盆而已。○公出華州，以見慍群小，不得於君，故寓感於望嶽。曰「安得仙人九節杖」，悲青雲無梯也。曰「車箱入谷無歸路」，喻人情險艱也。曰「箭栝通天有一門」，分明望君門兮九重，欲向重華陳辭也。故遂結曰「稍待秋風涼冷後，高尋白帝問真源」。何以待涼冷後？時小人之焰方張也。意者「移官豈至尊」〔註7〕，公反覆思之，未得其故，故欲向白帝問真源。按：西嶽為玄宗本命。

〔註7〕見前《至德二載甫自金光門出間道歸鳳翔乾元自從左拾遺移華州橡與親故別因出此門有悲往事》。

早秋苦熱堆案相仍

七月六日苦炎熱，對食暫餐還不能。二句「早秋苦熱」。每愁夜中毒足蠍，
況乃秋後轉多蠅。二句諷辭。束帶發狂欲大叫，簿書何急來相仍。二句
「堆案相仍」。南望青松架短壑，安得赤腳踏層冰。結「苦熱」意。

　　秋令苦炎，食不下嚥，而況蠍蠅又投閒抵隙也。夫蠍本毒，至夜而集，物之陰
者。青蠅見刺於風人〔註8〕，適從何來，乃集於此。此時束帶視事，已欲狂叫；何堪
簿書紛乘，堆案盈幾。何以解此？青松短壑間，層冰堪踏，其如南望未能即得何！○
當時朝中小人，如王璵、崔圓，又有李輔國之奸惡，其為蠍、蠅，不一而足。公憂讒
畏譏，不能顯斥，託之此物。「束帶發狂」，即陶潛不肯束帶見督郵意。「簿書何急」，
即嵇康《絕交書》「七不堪」意。總是棄官之思。

留花門

　　至德二載九月，朝廷用回紇兵以討賊。既收兩京，葉護奏以軍中馬少，請留其兵
於沙苑，自歸取馬。此詩之作，當在乾元元年秋，公主既嫁葉護，馬還長安時。因詩
中有「胡為傾國至，公主歌黃鵠」二句也。按史，乾元元年秋七月，肅宗以幼女寧國
公主妻回紇可汗，送至咸陽。公主辭訣曰：「國家事重，死且無恨。」是「歌黃鵠」。
八月，回紇可汗遣其臣骨啜特勒、帝德等，將驍騎三千，討安慶緒。是「傾國至」。
公追歎沙苑之留為失計，故作《留花門》。

北門天驕子，飽食氣勇決。高秋馬肥健，挾矢射漢月。四句「花門」。自
古以為患，詩人厭薄伐。修德使其來，羈縻固不絕。四句不當留。胡為
傾國至，出入暗金闕。中原有驅除，隱忍用此物。公主歌黃鵠，君王
指白日。連雲屯左輔，百里見積雪。長戟鳥休飛，哀笳曉幽咽。以上
「留」。田家最恐懼，麥倒桑枝折。沙苑臨清渭，泉香草豐潔。渡河不
用船，千騎常撇烈。胡塵踰太行，雜種抵京室。花門既須留，原野轉
蕭瑟。以上「留」之害。

　　花門回紇，天之驕子，其氣飽颺。秋高馬肥，挾矢射獵，何有於漢月哉！自古患
之。即薄伐猶以為厭，惟務修德，招徠羈縻，不絕不聞，留之也。今回紇之來，胡為
傾國，使氛祲之？氣滿閶闔間，夫亦慶緒未除，隱忍用之耳。況公主下嫁，黃鵠作歌，

〔註8〕《詩經・小雅・青蠅》：
　　　　營營青蠅，止于樊。豈弟君子，無信讒言。營營青蠅，止于棘。讒人罔極，
　　　　交亂四國。營營青蠅，止于榛。讒人罔極，構我二人。

相與要盟，指日示信，遂使神京左輔。花門留此者，穹廬蔽野，勢若連雲，一望白衣，有如積雪。而且戟回飛鳥，笳咽曉風。花門留矣，蹂躪原野，麥倒桑枯。所惜沙苑一帶，本泉香草潔之地，而顧使花門飲馬於此。千騎滅沒，使馬如船，而況史賊又踰太行而來，雜種直抵京室而處。田疇已經蕭瑟，花門留而蕭瑟轉甚。甚矣，留之失策也！

觀安西兵赴關中待命　二首

時朝廷命郭子儀等九節度大舉討慶緒。李嗣業統安西四鎮兵來待命關中，公喜而賦之。

四鎮富精銳，摧鋒皆絕倫。還聞獻士卒，足以靖風塵。四句「觀安西兵」。老馬夜知道，蒼鷹饑著人。臨危經久戰，用意始知神。四句李嗣業。

安西節度撫寧西域，統龜茲、于闐、焉耆、疏勒四鎮兵。其精銳摧鋒，皆絕倫者，但恐不為朝廷用命耳。今聞其統兵過此，將獻士卒，風塵何難立靖？況主將李嗣業立功邊陲，屢摧勁敵。身為老馬，夜不失途者；卒亦蒼鷹，饑則附人者。夫不臨危，不久戰，其神不見。必臨危而經久戰，然後用意始見其神。以此主將統彼銳師，往而摧敵，易易也。

奇兵不在眾，萬馬救中原。談笑無河北，心肝奉至尊。四句嗣業。孤雲隨殺氣，飛鳥避轅門。竟日留歡樂，城池未覺喧。四句「赴關中待命」。

四鎮精銳，精銳故奇，何以多為，萬騎足矣。彼慶緒今日尚據河北六十餘城，中原之地陷溺猶多。嗣業此來，談笑之間，已無河北。心肝所有，皆奉至尊。於是待命關中，殺氣凜烈，孤雲隨之；轅門整肅，飛鳥避之。而且竟日歡宴，城池不喧，節制如此。是役也，早決其能滅賊矣。

寄高三十五詹事

安穩高詹事，兵戈久索居。領下六句。時來知宦達，歲晚莫情疏。天上多鴻雁，池中足鯉魚。相看過半百，不寄一行書。

言別以來，高公無恙，但兵戈既久，爾我索居耳。詹事則宦不達矣，時不終否，泰來有時；索居則情已疏矣，人壽幾何，如此長別。公竟情疏於我者，得毋天上無鴻可以寄書？乃天上非無鴻。得毋池中無鯉可以寄書？乃池中非無鯉。況五十之年，忽焉已過，尺素杳然，真情疏矣。此我所不解者。○初，適領廣陵十二郡，節度江淮，平永王璘，淮南兵罷。李輔國忌其才，下除詹事。下除時，適有詩云：「小人何不仁，

諧我成死灰。」〔註9〕宜此詩有「安穩詹事」、「時來宦達」二語。

遣興　五首

朔風飄胡雁，慘澹帶沙礫。長林何蕭蕭，秋草淒更碧。四句比興。北里
富薰天，高樓夜吹笛。焉知南鄰客，九月猶絺綌。四句相形。

　　寫其富。朔風一來，飄胡雁，飛沙礫，木葉盡脫，獨草色還碧也。彼北里富家，
其氣薰天，高樓弄笛，若不知有朔風慘澹者。豈知南鄰窮士，當此九月，尚未授衣，
而「絺兮綌兮，淒其以風」〔註10〕。所云「秋草淒更碧」者，非耶？甚矣，北里不
足羨，南鄰不足戚也！

長陵銳頭兒，出獵待明發。駓弓金爪鏑，白馬蹴微雪。四句「出獵」。未
知所馳逐，但見暮光滅。歸來懸兩狼，門戶有旌節。四句歸獵。

　　寫其豪。北里富者即如白起之長陵銳頭兒也，乘時倚勢。觀其出獵，明發即行。
張駓弓，挾金鏑，控馬踏雪，未知所逐者何方。但見平明出，抵暮歸，夕陽滅沒，而
已揚揚自得。歸懸兩狼，觀其門戶，有旌節之榮，亦足豪矣。○「待明發」，謂其及
時逞志。「暮光滅」，旁觀者歎其末路。

漆以用而割，膏以明自煎。蘭摧白露下，桂折秋風前。四句興。府中羅
舊尹，沙道尚依然。赫赫蕭京兆，今為時所憐。四句指其人。

　　寫其貴。銳頭兒即蕭京兆一流耳。漆無用，不割矣，今以用而割。膏無明，不煎
矣，今以明而煎。蘭不芳，不摧矣，今以芳而摧。桂不馨，不折矣，今以馨而折。才
可恃，勢可倚乎？彼宰相有沙道，宰相府中所羅舊尹，彼時沙道尚未壞也。如蕭京兆
者，亦赫赫一時，今日安在？徒為人所哀憐耳。才盡勢亦盡，理有固然，無足怪者。
○蕭京兆即蕭炅。炅與吉溫相結附李林甫，為宰相私人。舊尹即京兆尹。府中沙道指
林甫。炅為林甫私人，為其所網羅者，故曰羅舊尹。

猛虎憑其威，往往遭急縛。雷吼徒咆哮，枝撐已在腳。忽看皮寢處，
無復睛閃爍。六句比興。人有甚於斯，足以懲元惡。二句指其人。

　　寫其威。蕭京兆即猛虎也。莫猛於虎，有時遭縛。既已遭縛，因而枝撐在腳，其
皮直為人寢處，而無復睛光。向時憑其威者，今安在哉？彼元兇取禍，甚於猛虎。殺
人者，自殺之媒。戒之！戒之！毋至遭急縛，始自悔也。○猛虎近指吉溫。南山白額
虎，非。

〔註9〕《高常侍集》卷四《酬裴員外以詩代書》：「小人胡不仁，讒我成死灰。」
〔註10〕《詩經·邶風·綠衣》。

朝逢富家葬，前後皆輝光。共指親戚大，鰓麻百夫行。四句笑其愚。送
者亦有死，不須羨其強。君看束縛去，亦得歸山岡。四句喚醒之。

　　總結。彼北里富家，所謂銳頭兒。蕭京兆者，固猛虎也。朝逢其葬矣，前後送
者，何其盛耶！觀者莫不指其親戚之大，即為鰓麻服者，亦有百夫行，況其他也。然
送者之人，亦為人送。況富家之已葬者，又安足羨？昔之強者，莫如諸葛恪，乃孫峻
亦得束縛之，以投山岡。生者之強尚如此，死者之強可知矣。富豪權貴，同歸於盡。
回首南鄰絺綌之叟，固窮於朔風慘澹間。雖一時苦寒，禍患不及，差足恃也。○以富
起，以富收，故知五章為一人，一人是蕭京兆。

遣興　三首

　　三章遣興，皆切東都。因故宅及諸弟，因諸弟及親友。

蓬生非無根，漂蕩隨高風。天寒落萬里，不復歸本叢。四句「興」。客子
念故宅，三年門巷空。悵望但烽火，戎車滿關東。生涯能幾何，常在
羈旅中。結還首四句意。

　　蓬生有根，今從風萬里，漂蕩不歸。有根者，無根矣。我故宅在東都，三年以
來，奔竄靡定。言念故宅，門巷闃然。所以然者，一望烽火，戎車載道。關東諸處，
安慶緒據城未下，九節度方會師以討也。因歎吾人生涯，如蓬有根，生涯幾何，常為
羈旅，不幾於蓬生離本根哉！

我今日夜憂，諸弟各異方。領下八句。不知死與生，何況道路長。避寇
一分散，飢寒永相望。豈無柴門歸，欲出畏虎狼。仰看雲中雁，禽鳥
亦有行。

　　我雖不得歸，豈無諸弟？詎知我日夜煎心者，諸弟亦各異方哉！我煎心之至者，
不知其生死。何況道路之長者，消息更阻也。所以然者，昔因避寇而分，至今寇患未
息，遂令飢寒，不顧死生。契闊回首，柴門如故也。然而虎狼可畏也。虎狼載道，則
鴻雁分飛。乃鴻雁原自成行，諸弟不復聚首，亦獨何哉？○公諸弟如觀、豐、穎，或
濟州，或許州，或江左。從公者，惟占，死河間者。又有從弟。

昔在洛陽時，親友相追攀。送客東郊道，遨遊宿南山。四句追言初別。
煙塵阻長河，樹羽成皋間。二句不得歸之故。回首載酒地，豈無一日還。
丈夫貴壯健，慘戚非朱顏。挽起意結。

　　憶我初別洛陽，親友追攀者，祖餞東郊，南山信宿，一時情事，依依如昨。自謂
不久當歸，詎料長河一帶，忽阻烽煙，成皋故墟，非復疇昔，當年載酒之地，化為樹

羽之場，致令親友長別耶！庶幾亂定，重過酒壚，自念豈無一日？但丈夫行樂，貴於少壯。所慘戚者，朱顏早凋。縱洛陽再盛，故人已老；東郊送客，竟為永訣；南山遨遊，真成夢想矣。○成皋屬洛陽，時安慶緒據河北汲鄴七郡，是「煙塵阻長河」。朝廷於九月命九節度會師討慶緒，屯兵鞏洛間，將濟河趣鄴，故曰「樹羽成皋間」。

九日藍田崔氏莊

老去悲秋強自寬，興來今日盡君歡。羞將短髮還吹帽，笑倩旁人為正冠。四句「九日」。藍水遠從千澗落，玉山高並兩峰寒。二句「藍田莊」。明年此會知誰健，醉把茱萸仔細看。結應首二句。

　　悲哉，秋之為氣！況逢老去戚戚，何為為此興來？今日九日，與崔侯盡歡而飲。老去故羞將短髮，吹落風前之帽，參軍非我事矣；興來故笑倩旁人，正我頭上之冠，龍山猶不遠耳。不見莊前秋景，藍田之水直從西北千澗合流俱落，藍田之山直與太少兩峰對峙俱寒。秋氣蕭森如此，既已老去，明年此會，未知誰健。幸今興來，茱萸一枝，能勿珍重哉！

崔氏東山草堂

愛汝玉山草堂靜，高秋爽氣相鮮新。二句「東山草堂」。有時自發鍾磬響，落日更見漁樵人。盤剝白鴉谷口栗，飯煮青泥坊底芹。四句「草堂」景物。何事西莊王給事，柴門空閉鎖松筠。請客反結。

　　藍田一帶，莊舍不少，獨愛汝玉山草堂者，以其靜耳。草堂既靜，秋氣復爽。靜與爽俱，不亦相鮮新哉！惟靜，故鍾磬之聲有時自發；惟爽，故漁樵之人落日更見。而盤中新剝者，有白鴉谷口之栗；與飯共煮者，止青泥坊底之芹。我愈愛汝草堂矣。草堂而外，豈無西莊？崔氏而外，亦有給事。給事有此別墅，何不恬退，謀林下之樂？乃柴門空閉，長此寂寂，不幾令松筠笑人耶？去崔氏遠矣。

寄李十二白二十韻

昔年有狂客，號爾謫仙人。筆落驚風雨，詩成泣鬼神。四句敘其才。聲名從此大，汩沒一朝伸。文采承殊渥，流傳必絕倫。龍舟移棹晚，獸錦奪袍新。白日來深殿，青雲滿後塵。以上敘其遇。乞歸優詔許，遇我宿心親。未負幽棲志，兼全寵辱身。劇談憐野趣，嗜酒見天真。醉舞梁園夜，行歌泗水春。以上敘交情。才高心不展，道屈善無鄰。處士禰衡俊，諸生原憲貧。稻粱求未足，薏苡謗何頻。五嶺炎蒸地，三危放

逐臣。幾年遭鵩鳥，獨泣向麒麟。以上敘其流夜郎。蘇武先還漢，黃公豈事秦。楚筵辭醴日，梁獄上書辰。已用當時法，誰將此義陳。以上辨其誣。老吟秋月下，病起暮江濱。莫怪恩波隔，乘槎與問津。以上望其歸。

　　昔年有四明狂客賀知章者，見爾文章，歎為謫仙。蓋由筆一落風雨都驚，詩纔成鬼神亦駭耳。自狂客號為謫仙，聲名震，汨沒伸，於是奏頌金鑾，官居供奉，流傳絕調，群唱《清平》。龍舟泛而力士扶登，樂章成而錦袍奪賜。殿中承寵，白日頻移；後輩飯依，青雲常滿。謫仙榮遇如此，不足為謫仙重也。未幾，力士見妬，詔許乞歸。賜金放還，因而遇我。當年與孔巢父輩號為「竹溪六逸」，本欲幽棲也。此日還山，素志未負，本忘寵辱也。落羽歸來，出處能全。於時邂逅劇談，憐其野趣；猖狂嗜酒，愛其天真。與我遊梁，夜常醉舞；與我客魯，春復行歌。謫仙被放後，同我客遊如此，庶可自全矣。無奈才高戾俗，道屈違時。俊如禰衡，殺身不免；貧如原憲，生世堪憐。不幸見脅於永王璘，豈為稻粱之謀？何嘗為璘之參謀，致來薏苡之謗。遂使五嶺長流，三危遠放，命懸鵩鳥，道泣麒麟。謫仙流夜郎如此，要豈其罪哉？謫仙之於永王璘，如蘇武陷匈奴，常思還漢也；如黃公抗高節，不願仕秦也；如申生傅楚元王，王不設醴，見幾思去也；如鄒陽於梁孝王，含冤下獄，欲上書自訟也。然則安得有為璘參謀之事？惜當時無以此義上陳，竟施諸法，致今日長流夜郎耳。謫仙被誣如此，不足為謫仙病也。今於五嶺三危之地，老吟秋月，臥病寒江，朝廷之恩澤永隔矣。回首龍舟獸錦，白日青雲，何可復得？然乘槎有日，終當問津。似爾謫仙，應歸天漢。夫豈老於夜郎已也。○此詩敘白一生行狀，最為詳確。白於天寶初，載官供奉，旋放歸山。此詩云「乞歸優詔許，遇我宿心親」，是公與白交在天寶初年間，不在開元時。云「醉舞梁園夜，行歌泗水春」，是公與白遊，又在往來魯郡、梁、宋日，不在壯遊齊、趙時。考白流夜郎，聞酺不與；放後，恩遇不霑；皆有詩，是怪恩波隔也，故曰「莫怪恩波隔」。

有懷台州鄭十八司戶 公自注：「虜時坐污賊，貶台州司戶。」

天台隔三江，風浪無昏暮。鄭公縱得歸，老病不識路。四句總。昔如水上鷗，今如置中兔。性命由他人，悲辛但狂顧。山鬼獨一腳，蝮蛇長如樹。呼號旁孤城，歲月誰與度。從來禦魑魅，多為才名誤。夫子嵇阮流，更被時俗惡。海隅微小吏，眼暗髮垂素。黃帽映青袍，非供折腰具。以上敘其貶謫。平生一杯酒，見我故人遇。相望無所成，乾坤莽廻互。四句結還「有懷」。

天台地隔吳、越，三江風浪，滔滔不休。鄭公謫此，亮無歸日。縱使得歸，風浪如此，老病如彼，多應迷失耳。我想鄭公往日，逍遙散誕，本是水鷗；今謫台州，何異置兔。彼兔在置中，性命焉保？惟有狂顧思奔而已。況台州地惡，獨腳山鬼，如樹蝮蛇，此物滿城，誰與度歲？凡此山蝮蛇，即魑魅之屬。魑魅宜遠，不宜禦，蓋魑魅所妬者才名，乃才名又非禦魑魅之具。古來逢魑魅與御者，多被才名悞耳。若嵇康，若阮籍，卒嬰世網。鄭公才名四十年，今日見惡時俗，何以異是？所可痛者，白頭司戶，青眼茫茫，束帶摳衣，折腰大吏。公平生以故人遇我，今日故人非他人，同是水上鷗，同作置中兔，同為嵇、阮流，同著黃帽青袍，不肯折腰於大吏者。平生痛飲，盃酒相得。今日我為司功，公為司戶，一官拓落，老而無成，極目乾坤，莽莽回互，相見知何日耶？○篇中「性命由他人」，所謂「他人」，即山鬼、蝮蛇、魑魅之屬時俗人而惡才名者。

至日遣興奉寄北省舊閣老兩院故人　二首

去歲茲辰捧御床，五更三點入鵷行。二句去歲「至日」。欲知趨走傷心地，正想氤氳滿眼香。無路從容陪語笑，有時顛倒著衣裳。四句今歲「至日」。何人錯認窮愁日，愁日愁隨一線長。結還「遣興」意。

　　去年我扈駕還京，長至賀節，得左右侍從，捧御床矣。五更三點，即入鵷行。彼時趨蹌奔走，夫豈傷心地？今猶是趨走地，為傷心地者，正想此御床前，鵷行次，「氤氳滿眼香」，不可復見耳。惟此氤氳香不復滿眼，所以趨走地不禁傷心。諸公身在氤氳中，趨走地，亦知我傷心之故，正想此滿眼香否？諸公此時語笑，我亦欲從容以陪，惜乎無路；諸公此際衣裳，我何由顛倒而著，猶然有時。古人以長至日為愁盡日，愁盡是愁窮也。豈知自人言之，錯認為愁盡日。自吾言之，方訝為愁添日，與線俱長也，諸公亦念之否？○「趨走」，非為華椽參謁郡將之說。正是趨走於朝，身不得與，故曰「傷心地」。

憶昨逍遙供奉班，去年今日侍龍顏。承前章「去歲茲辰」二句。麒麟不動爐煙上，孔雀徐開扇影還。玉幾由來天北極，朱衣只在殿中間。四句正寫首聯。孤城此日腸堪斷，愁對寒雲雪滿山。結還今年至日意。

　　我今跼蹐華椽。逍遙供奉，不可復得。猶憶去年今日，入鵷行，捧御床，不嘗親侍龍顏哉！此時香案之蓋，麒麟不動，而爐煙自直；殿上之扇，孔雀徐開，而雙影交還。彼玉幾為龍顏所憑者，由來北極。朱衣傳呼，以就奉班者，只在殿中。往事如此。一出華州，遂違朝賀。爐煙、扇影，恍然夢中；玉幾、朱衣，如在天上。所對者，孤

城耳，寒云耳。此日何日，而對此也。回首去年今日，曾不料其有此日也。閣院故人，亦念我斷腸之故否？

暫之東都回華州詩_{乾元元年至二年}

冬末以事之東都湖城遇孟雲卿復歸劉顥宅宿宴飲散為醉歌

疾風吹塵暗河縣，行子隔手不相見。湖城城北一開眼，駐馬偶識雲卿面。以上「遇孟雲卿」。向非劉顥為地主，嫺廻鞭彎成高宴。劉侯歡我攜客來，置酒張燈促華饌。且將欹曲終今夕，休語艱難尚酣戰。照室紅爐促曙光，縈窗素月垂文練。以上宴劉顥宅。天開地裂長安陌，寒盡春生洛陽殿。豈知驅車復同軌，點「冬末以事之東都」。可惜刻漏隨更箭。人生會合不可常，庭樹雞鳴淚如線。點「宴飲散」。

馬首東都，風吹塵暗，途遇茫然矣。湖城北去，忽遇雲卿，乃云卿亦客。幸有劉顥為東道主，不然回鞭亦嫺，高宴何由？我攜雲卿同至，劉侯甚歡，置酒張燈，飭廚治具。劉侯曰：「今夕聚首，且語欹曲。縱使時事艱難，酣戰未息，姑置勿道。」於時照室紅爐，曙光若促；縈窗素月，文練疑垂。我與雲卿盡歡於劉顥宅如此。蓋自長安陌上，天開地裂以來，豈易得此歡會？幸而東都初定，洛陽殿裏，春光再生，今日同軌至此，有劉顥宅之宴樂。所可惜者，刻漏將盡，更箭交催。湖城地主，忽復天涯；馬上雲卿，又成異路。荒雞一聲，客淚俱下矣。○時東都初復，皇路再清，故客途邂逅，得敘友朋之樂。公嘗曰：「天下友朋盡膠漆。」觀公遇孟雲卿，同宴劉顥宅，情事甚爛熳可喜。時九節度方圍安慶緒於鄴，史思明又遙為聲援，賊燄未消，故曰「尚酣戰」。

閿鄉姜七少府設鱠戲贈長歌

姜侯設鱠當嚴冬，昨日今日皆天風。河凍未漁不易得，鑿冰恐侵河伯宮。四句取魚。饔人受魚校人手，洗魚磨刀魚眼紅。無聲細下飛碎雪，有骨已剁觜春菊。偏勸腹腴愧年少，軟炊香飯緣老翁。落礎何嘗白紙濕，放箸未覺金盤空。以上「設鱠」。新歡便飽姜侯德，清觴異味情屢極。東歸貪路自覺難，欲別上馬身無力。可憐為人好心事，於我見子真顏色。不恨我衰子貴時，悵望且為今相憶。以上志別。

我適東都，由湖城。已到閿鄉，又得姜侯為地主，為我設鱠。夫嚴冬設鱠，魚不

易得，況自昨至今，天風交作。風作則河凍，河凍則漁難，漁難則魚何從取？姜侯乃令校人鑿冰而入，勢必侵河伯之宮。魚得矣，鱠可設矣。此事非饔人不辦。於是校人得魚，饔人受魚。既已受魚，因而洗魚。洗魚而後，磨刀霍霍，魚眼猶紅，魚鮮矣。磨刀者將以鱠魚。饔人善鱠，遊刃於虛，砉然無聲；聶而切之，細於飛雪。《內則》曰：「魚去乙。」乙者，魚有骨，如乙篆形。去之，為其鯁也。茲已剝，而觜為頭上骨，又非所去者，但用芰以治之。饔事畢，鱠成矣。魚之腴者，尤在腹。燕人膾腥，切腴以獻貴者。姜侯以腹腴勸我，非以我貴，以我老也，愧此年少矣。顧鱠之設者，將以佐飯。《內則》曰：「養老者，五十則異糧。又恐其味薄，沃之以膏。」軟炊香稻，姜侯非以我老故與？遙想此鱠，落碪之時，白紙不濕；及嘗此鱠，放箸之後，金盤未空。此皆姜侯之德、姜侯之情、姜侯之心。不意新歡飽德，多情如此。所以東歸暫留，欲別且止。凡人顏色雖好，心事卻非。姜侯於我，拳拳然念我之老，有加無已，是真也，非偽也。吾他年相憶，正為今日一鱠之設，極不忘耳。若我衰日甚，子貴有時，何足道哉！

戲贈閿鄉秦少府短歌

去年行宮當太白，朝回君是同舍客。同心不減骨肉親，每語見許文章伯。以上昔時鳳翔。今日時清兩京道，相逢苦覺人情好。昨夜邀歡樂更無，多才依舊能潦倒。以上今日閿鄉。

　　猶憶去年行宮在鳳翔時，與君相遇，為同舍郎。不獨官同舍，交亦同心，不減骨肉也。不獨交同心，文章亦同調，每蒙見許也。今日兩京既復，行宮亦歸，我出華州，君尉閿邑。謫宦相逢，客況亦無不同，乃人情之好，偏於困苦時見。而況昨夜追歡，此樂更未有也。所可痛者，似君多才，不宜潦倒，如何作尉下邑，潦倒依舊？夫豈多才者能潦倒，無才者即潦倒亦不能耶？

路逢襄陽楊少府入城戲呈楊四員外綰公自注：「甫赴華州日，許寄員外茯苓。」

寄語楊員外，「寄語」二字貫到末。山寒少茯苓。歸來稍暄暖，當為斸青冥。翻動神仙窟，封題鳥獸形。兼將老藤杖，扶汝醉初醒。

　　少府為我寄語員外，曰：「茯苓之寄遲遲者，山寒難得耳。斸茯苓，必於二月新雨後。計歸華州，當在二月。此時暄暖，當為員外斷青冥而求之。青冥斸，則神仙之窟翻動矣。仙窟翻，則鳥獸形之，茯苓可得矣。封題奉寄，不敢後耳。華山不獨生茯苓，兼產藤杖。茯苓而外，更貽老藤，以扶汝醉而初醒時。」幸少府寄語云。○貽藤

杖，非謂縮真高陽之徒。按：縮自賊中冒險赴行在，除司勳員外郎，與公同功一體。公出華州，縮幸在朝，貽以杖者，欲縮持危扶顛也，特寓意於一杖。

李鄠縣丈人胡馬行

丈人駿馬名胡騮，前年避胡過金牛。廻鞭卻走見天子，朝飲漢水暮靈州。自矜胡騮奇絕代，乘出千人萬人愛。一聞盡說急難才，轉益愁向駑駘輩。以上寫「急難才」。頭上銳耳批秋竹，腳下高蹄削寒玉。始知神龍別有種，不比俗馬空多肉。四句寫骨相。洛陽大道時再清，累日喜得俱東行。二句亦蒙「有事之東都」。鳳臆龍鬐未易識，側身注目長風生。結挽自矜意。

　　丈人胡騮，前年避亂，曾過漢中金牛峽，將入蜀，追扈上皇。繼而廻鞭，走見今上於靈武。此時朝漢水，暮靈州，一何神速！蓋此騮自矜神駿，為千人萬人所愛，盡說其有急難之才者。我一聞傾心，自顧駑駘，何堪並駕。而況雙耳竹批，四蹄玉削，蓋龍種而非凡胎，骨馬而非肉馬也。今日東都初復，大道蕩蕩，丈人有洛陽之役，我得與丈人同行。自傷駑駘，不及胡騮。猶幸大道再清，蹇足與駿才並行各得耳。此胡騮雖曰「千人萬人愛」，若其鳳臆龍鬐，須經巨眼。不見側身行，注目往，長風起於足下，自矜絕代，豈虛語也！

觀兵

北庭送壯士，貔虎數尤多。精銳舊無敵，三句「觀兵」。邊隅今若何。妖氛擁白馬，元帥待彤戈。莫守鄴城下，斬鯨遼海波。五句「觀兵」之意。

　　此鎮西北庭李嗣業，前獻士卒，待命關中。所送壯士，貔虎尤多。蓋精銳絕倫，由來無敵也。我觀兵之意謂何？正為今日邊隅時勢，當圖萬全，先發制寇耳。彼邊隅妖氛，方擁白馬而為亂；此元帥待命，已賜彤戈而啟行。是役也，將趣鄴城，以討安慶緒。我意圖鄴且緩，先勦范陽。蓋慶緒釜魚，思明封豕，緩鄴城之攻，殲遼海之寇，慶緒失所援，而孤城自下，不亦勢順事逸哉！邊隅今若何？我所策者當如此。○時九節度會師，討安慶緒。慶緒窮蹙，求援於史思明。思明發范陽兵十三萬救鄴，軍於滏陽，遙為慶緒聲援。思明乘崔光遠初至魏州，引兵而下，遂陷魏。當時賊勢，慶緒倚思明為虎翼。翦思明，慶緒自覆也。乾元二年正月，李光弼請與朔方軍同逼魏城，求與之戰，謂思明懲嘉山之敗，必不輕出，得曠日持久，鄴城必潰。魚朝恩以為不可。九節度圍鄴，但築壘穿塹，為灌城計。不謂思明自魏疾引兵趣鄴，官軍遂潰。滏山之挫，自取之也。公曰：「莫守鄴城下，斬鯨遼海波」，真石畫哉！思明據范陽為遼海。

憶弟二首公自注：「時歸南陸渾莊。」

　　時河南初定，公有事之東都，暫歸故里陸渾莊。《憶弟》中以下諸詩，定為一時作。

喪亂聞吾弟，飢寒傍濟州。人稀書不到，兵在見何由。憶昨狂催走，無時病去憂。四句承喪亂說。即今千種恨，惟共水東流。結挽濟州。

　　我前喪亂鄜州，得弟平陰消息，知弟寄食窮村，依傍濟州耳。此後貽書，無人得到。欲見，兵又載途。弟本不狂，憶昨喪亂初，弟催我走，其情孔亟，不啻如狂者。弟豈還病，但我別弟時，弟方臥病。至今憂弟，無時去懷也。此皆我恨，向誰言耶？惟共濟水，東流弟處，庶幾書不到水到，庶幾無由見弟，共水東流，因得見弟。湯湯濟水，朝夕東流。悠悠我弟，相見無日，亦奈之何！

且喜河南定，不問鄴城圍。二句歸莊之由。百戰今誰在，三年望汝歸。故園花自發，春日鳥還飛。四句總承「河南定」。斷絕人煙久，東西消息稀。結應「鄴城圍」。

　　自至德二載十月，官軍克東都，安慶緒走河北，河南已定。此我今日得歸陸渾莊。然猶據鄴，九節度以兵圍之，庶幾速尅。而「不問」者，喜在此，忘在彼耳。顧此陸渾莊，昔經百戰，故人之在者有幾。幸與弟俱避亂他鄉，今日尚在。但三年內，日望弟歸。向以干戈未定，猶須異日。今河南定，弟可歸矣。乃花自發，不見弟歸也；鳥還飛，不見弟歸也。我在陸渾為西，弟在濟州為東，人煙斷，河南雖定，亦可傷。消息稀，豈非鄴城之圍未可問哉！

得舍弟消息　二首

亂後誰歸得，他鄉勝故鄉。直為心厄苦，久念與存亡。四句未得消息。汝書猶在壁，汝妾已辭房。二句「消息」。舊犬知愁恨，垂頭傍我床。隱結寄書意。

　　亂後得歸者少矣，蓋故鄉殘破，反覺他鄉可棲耳。但我則為汝，而心厄苦，非暫時相憶也。且久念汝，而願與俱存亡，非暫時厄苦也。憶在鄜時，得弟消息，是汝昔日之書，猶黏在壁。茲歸陸渾，又得弟消息，知汝同難之妾，今已辭房。此皆愁恨，誰知我者？舊犬知之，垂頭繞床，一似戀故鄉，並戀故人，欲為我寄書去者，可以人而他鄉耶？

風吹紫荊樹，色與春庭暮。花落辭故枝，風回反無處。四句比。骨肉恩書重，漂薄難相遇。二句「消息」。猶有淚成河，經天復東注。蒙前章「共

水東流」說。

　　紫荊，兄弟樹也，不幸為風所吹。風能吹花落樹，不能吹花上樹。所由色與春庭俱暮，一落之後，已離故枝。縱仗風回，花無處所。我與弟是矣。弟所來書，為恩書。書何以重？骨肉恩在焉故也。骨肉恩書何以重？亂離漂薄，不能相遇故也。不真花落辭枝，風回無處耶？我前憶弟，千種之恨，付與濟水東流。今日餘淚，猶有成河，經天而下，復東注於濟州耳。弟知我否？

不歸

河間尚征伐，汝骨在空城。二句「不歸」之故。從弟人皆有，終身恨不平。數金憐俊邁，總角愛聰明。面上三年土，春風草又生。六句「不歸」之痛。

　　祿山自反范陽，河北諸郡望風瓦解。我從弟死於河間，猶望征伐息，來收汝骨也。今已矣，長不歸矣，豈非終身恨哉？若論從弟，人所皆有。為爾不平，恨獨終身者，汝俊邁而聰明耳。無論其他，即籌數細事，俊邁可卜。況年在總角，聰明過人。自埋骨空城，三年於茲，面上之土得春風，而青草又生。弟真不歸也已。○「數金」二字有謂，蓋數為六藝之一。方名書記，原幼學事，接「總角」句可見。

洗兵馬公自注：「收京後作。」

　　此篇後及《新安》等篇，皆自注「收京後作」，正見兩京雖復，太平尚遙。即賈誼「已治已安，臣獨以為未也」〔註11〕意。先是，公《為華州郭使君進滅殘寇圖狀》〔註12〕云：「今大軍盡離河北，逆黨意必寬縱。臣請平盧兵馬及許叔冀等軍鄴州西北渡河，先衝收魏，遣李銑、殷仲卿等軍渡河佐之，收貝博。賊若救之，則請朔方、伊西、北庭等軍渡沁水，收相、衛。候其形勢漸進。又遣季廣琛、魯炅渡河，收黎陽、臨河等處，相與出入犄角，逐便撲滅，則慶緒之首，可翹足待。」誠如公言，不獨可以滅慶緒，兼可牽制思明。計不出此，九節度並力相州，至六十萬人一齊俱潰。《洗兵馬》詩及《新安吏》等作，皆有感於此也。

中興諸將收山東，捷書夜報清晝同。河廣傳聞一葦過，胡命危在旦夕中。祇殘鄴城不日得，獨任朔方無限功。京師皆騎汗血馬，回紇餧肉葡卜宮。以上敘收山東之事。已喜皇威清海岱，常思仙仗過崆峒。三年笛

〔註11〕　《治安策》。
〔註12〕　《杜詩詳注》卷二十五《為華州郭使君進滅殘寇形勢圖狀》。

裏關山月，萬國兵前草木風。成王功大心轉小，郭相謀深古來少。司徒清鑒懸明鏡，尚書氣與秋天杳。二三豪俊為時出，整頓軋坤濟時了。東走無復憶鱸魚，南飛覺有安巢鳥。青春復隨冠冕入，紫禁正耐煙花繞。鶴禁通宵鳳輦備，雞鳴問寢龍樓曉。以上追敘收京，歸功諸將。攀龍附鳳勢莫當，天下盡化為侯王。汝等豈知蒙帝力，時來不得誇身強。關中既留蕭丞相，幕下復用張子房。張公一生江海客，身長九尺鬚眉蒼。徵起適遇風雲會，扶顛始知籌策良。青袍白馬更何有，後漢今周喜再昌。以上見收京後當任賢相。尺地寸天皆入貢，殊祥異瑞爭來送。不知何國致白環，復道諸山得銀甕。隱士休歌紫芝曲，詞人解撰河清頌。田家望望惜雨乾，布穀處處催春種。淇上健兒歸莫嬾，城南思婦愁多夢。安得壯士挽天河，淨洗甲兵長不用。以上皆願望之詞，結出洗兵馬。

　　朝廷中興，賴有諸將耳。今日安慶緒尚據山東諸郡，收京後，收山東為急務也。諸節度會師討慶緒，郭子儀先破安太清，遣使告捷。尋拔衛州、魏州，捷書之報，誠不一次。夜報以慰宵衣，晝報以慰旰食，無不同詞云。又傳聞子儀自杏園濟河，崔光遠自酸棗濟河，魯炅自陽武濟河。「誰謂河廣？一葦杭之。」慶緒之命，危於諸將破竹之勢矣。所餘鄴城，不日可下。況朝廷獨任朔方，破鄴後，功何可量哉！且吐蕃助順，京師多汗血之馬；花門効力，與宴滿葡卜之宮。兵勢如此，山東諸郡，反掌收耳。夫山東之收，原可計日；蜀道之奔，實為前車。或者但喜皇威之清海岱，不思仙仗之過崆峒，是豈不忘河北之意與？所以然者，三年笛裏，頻奏關山之月；萬國兵前，常驚草木之風。主臣有蒙塵之悲，將士犯霜露之痛也。今日收山東之諸將，即前日收兩京之諸將。若成王俶，若郭相子儀，若李司徒光弼，若王尚書思禮，皆智深勇沉，同心協力，用奏厥功。凡此二三豪俊，非貪天功，慕封爵，為時而出，整頓乾坤。兩京既收，濟時功畢。從此人思彈冠，東走者，鱸魚休憶矣；從此民慶安澤，南飛者，安巢有鳥矣。青春無恙，紫禁依然。且上皇既返，迎望賢，居興慶。今上重修人子之禮，通宵鶴駕，鳳輦親臨；問寢雞鳴，龍樓待曉。人但知兩京收復，鑾輿反正，以為太平景象。苟非二三豪俊，安能至此？至若靈武諸臣，自廁於攀龍附鳳，本無汗馬之勞，坐邀封爵之拜。此皆蒙帝力，乘時會，夫豈得與中興諸將並誇奇績哉！天下危，注意將；天下安，注意相。蕭華、張鎬，非其人與？今日者，以言蕭丞相。既留關中，庶幾張子房仍收幕下。張公雖為江海客，無意功名，乃具魁梧奇偉，有過人者，以此人。一朝徵起，俾之扶顛，遇風雲，杼籌策，安、史可殄也。何青絲白馬之紛紛，中興可奏也。何周宣、漢光之不再，行見太平坐致。尺地寸天，皆入版圖。符瑞漸臻，銀甕

玉環，交羅天閣。商山隱士，紫芝輟歌；輦上詞人，河清獻頌。萬國健兒，盡歸南畝；天涯思婦，亦輟夢思。區區山東，不足收也。今日魏州思明，餘氛尚熾；鄴城慶緒，遺孽未除。庶挽天河以洗之，使甲兵永息，是在壯士耳。壯士謂誰？張公一生江海客，身長九尺，鬚眉蒼者是也。○肅宗以郭子儀領朔方兵，又以魚朝恩為觀軍容使。「獨任」二字有微詞焉。肅宗於回紇，優禮太過。「餕肉」之喻，詞意痛絕。蕭華初為魏州防禦，郭子儀以崔光遠代之，故曰「留」。或曰蕭華指房琯，肅宗曾以房琯為我之蕭何也。按：琯於乾元元年六月，已貶為邠州刺史。張鎬繼房琯同平章事。未幾，出為河西節度使，又罷為荊南防禦使。是朝廷有一張鎬不能用也。曰「復用」者，冀朝廷復用之耳。「休歌紫芝曲」，望李泌出山。

新安吏 公自注：「收京後作。雖收兩京，賊猶充斥。」

　　九節度圍鄴時，滏水之戰，官軍潰而南。子儀以朔方軍斷河陽橋，保東京。諸將繼至，議捐東京，退保蒲陝。張用濟以蒲陝洊饑，不如河陽。子儀從之。用濟役所部兵築南北城以守，《新安吏》以下諸章，皆此時作。

客行新安道，喧呼聞點兵。借問新安吏，縣小更無丁。府帖昨夜下，次選中男行。以上「點兵」。**中男絕短小，何以守王城？肥男有母送，瘦男獨伶俜。白水暮東流，青山猶哭聲。莫自使眼枯，收汝淚縱橫。眼枯卻見骨，天地終無情。**以上「點兵」而行。**我軍收相州，日夕望其平。豈意賊難料，歸軍星散營。**四句「點兵」之故。**就糧近故壘，練卒依舊京。掘壕不到水，牧馬役亦輕。況乃王師順，撫養甚分明。送行勿泣血，僕射如父兄。**以上慰之之辭。

　　此點兵守東都。　我行新安道，點兵之聲，一何喧呼！問之新安吏，新安吏曰：「府帖昨下，縣小無丁。不得已，中男行也。」顧此中男，人未成丁，身絕短小。守城之役，何以堪此？況中男中，其瘦而無母者為更苦。此時送者行者，莫不慟哭。但聞白水嗚咽，東流不還；青山遙隔，哭聲猶在。眼枯矣，淚縱橫矣。誰知天地無情，豈以慟哭可免斯役？幸毋然哉！所以點中男者，守王城也；守王城者，相州未平也。當九節度圍鄴，築壘穿塹，壅水灌城，自冬涉春，慶緒食盡。人咸謂克在旦夕，豈意史思明引兵趨鄴，抄掠四布，官軍出，輒散歸其營。賊情難料如此。至今日退軍修備也。先是諸軍乏食，人思自潰。今就糧只因故壘耳，食不乏也。先是圍鄴時，賊兵抄掠。官軍人馬牛車，日有所失。今練卒亦依舊京耳，非遠戍也。先是壅水灌城，軍士有築壘穿塹之役。今掘壕力省，牧馬役輕，無前此之勞矣。先是諸軍既無統帥，進退

無所稟，軍中苦樂不聞。今王師既順，撫養分明，有一體之誼矣。我勸送者行者不必
慟哭，為此之故。況僕射子儀，恩同父兄行矣。戍役慎守王城，勿以相州之役，逗留
不前也。○相州之役，正丁戰死，因及次丁。考之《周禮》，凡起徒役無過家一人，
以其餘為羨。惟田與追胥竭作，大故致餘子。守王城，大故也。按：太宗點兵，並點
中男。魏徵諫，乃罷。祖制：中男不點。今日中男之點，雖非得已，時事可知。時郭
子儀軍中尚有六七萬糧，故有「就糧因故壘」句。

石壕吏

暮投石壕村，有吏夜捉人。老翁踰牆走，老婦出門看。吏呼一何怒，
婦啼一何苦。以上敘「石壕」。**聽婦前致詞：「三男鄴城戍。一男附書至，**
二男新戰死。存者且偷生，死者長已矣。室中更無人，惟有乳下孫。
孫有母未去，出入無完裙。老嫗力雖衰，請從吏夜歸。急應河陽役，
猶得備晨炊。」以上述老婦應吏之詞。**夜久語聲絕，如聞泣幽咽。天明登**
前途，獨與老翁別。結還「老翁」。

　　　　此召役築河陽城。　我從新安來，暮抵鄴州，有村名石壕者。但見有吏乘夜捉
人，此村所留，但老翁老婦耳。老翁已走，老婦應門。吏呼愈怒，婦啼愈苦。老婦應
吏曰：「今日者為九節度鄴城之役，我一家三男，盡戍鄴城。鄴師潰，一男附書到家，
知二男力戰身死。一男之存者，幸免耳。二男之戰死者，長已矣。可憐一室，更無他
人。戰死之男，所遺者，乳下孫；所存者，未亡人。少婦縕縷，不堪應役。老嫗筋力，
何以應命？今日河陽土國之功，不能奮鍤從事，庶得備晨炊以執勞也。」老婦之言如
此。夜久語絕，幽咽如聞。未幾天明，老婦遂從吏登途，此老翁之踰牆走者，長別不
顧矣。○既斷河陽橋以保東京，因築河陽城。當以「急應河陽役」一句為眼。新安之
人，召守王城，送中男者，止有母。石壕之人，召役版築，應晨炊者，止有嫗。盡室
役矣。起結敘事，中段從老婦口中說。起曰「暮投石壕村」，中云「請從吏夜歸」，結
曰「夜久語聲絕」，皆蒙「暮投」說。前曰「老翁踰牆走，老婦出門看」，後曰「天明
登前途，獨與老翁別」，老翁老婦，首尾有情。

新婚別

兔絲附蓬麻，引蔓故不長。嫁女與征夫，不如棄路旁。四句總起。**結髮**
為君妻，席不煖君牀。暮婚晨告別，無乃太匆忙。君行雖不遠，守邊
赴河陽。妾身未分明，何以拜姑嫜。父母養我時，日夜令我藏。生女
有所歸，雞狗亦得將。君今往死地，沉痛迫中腸。以上敘「別」。**誓欲隨**

君去，形勢反蒼黃。勿為新婚念，努力事戎行。婦人在軍中，兵氣恐不揚。自歎貧家女，久致羅襦裳。羅襦不復施，對君洗紅妝。仰視百鳥飛，大小必雙翔。人事多乖迕，與君永相望。一段勉夫。

此欲兵守河陽城。　新婚之婦曰：「兔絲當附松栢。今附蓬麻，失其所而不長矣。嫁女須得所歸，期與偕老。今嫁征夫，直棄擲不如耳。所以然者，結髮為婦，期煖君床，非棄路旁也。暮婚晨別，君床未煖，誠路旁之棄置也。要豈得已，亦有河陽守城之役耳。河陽不遠，似有歸期。但妾方暮婚，告夫則當事姑嫜。禮婚之夕，質明贊見婦於舅姑，乃得分明，以稱姑嫜。暮婚而晨即告別，則未分明，孰議姑嫜而拜事矣？轉念父母生我，何等鞠育。一日從夫，雞狗亦得相將以俱往。愛我如此，今君以河陽之役，竟趨死所，沉痛何如！況戎行未便，勢難追隨，願君努力，勿以新婚為念耳。所以隨君不果者，恐軍中有婦，鼓聲不揚也。所以勉君勿念者，我羅襦棄致，紅妝已洗也。彼百鳥雙翔，妾豈不念？人事乖迕，天各一方，惟有永永相望，為望夫石而已」。〇一篇中，「君」字凡七喚。首曰「結髮為君妻」，下數「君」字皆從此出。為君妻，則煖君床。「席不煖君床」，凡以君有行也。為君妻，則隨君去。既不得煖君床，又焉得隨君去？為君妻，則為君紅妝；為君妻，則與君雙翔。君行矣，君往矣，不得與君同去矣。紅妝則對君洗，相望則與君永，凡以為君妻也。七箇「君」字，一呼一淚。嗚呼！亂不廢禮，禮必順情，先王之制。況民生有欲，莫大於婚。既棄其禮，又拂其情，至於暮婚晨別，是何等時事！《東山》零雨篇云：「其新孔嘉，其舊如之何？」〔註13〕先王曲體人情如此。諷公詩，益念范氏人道使民之說。

垂老別

四郊未寧靜，垂老不得安。二句總括。子孫陣亡盡，焉用身獨完。投杖出門去，同行為辛酸。幸有牙齒存，所悲骨髓乾。以上寫「垂老」。男兒既介冑，長揖辭上官。老妻臥路啼，歲暮衣裳單。孰知是死別，且復傷其寒。此去必不歸，還聞勸加餐。以上寫「別」。土門壁甚堅，杏園度亦難。勢異鄴城下，縱死時猶寬。人生有離合，豈擇衰盛端。憶昔少壯日，遲回竟長歎。萬國尚征戍，烽火被岡巒。積屍草木腥，流血川原丹。何鄉為樂土，安敢尚盤桓。棄絕蓬室居，塌然摧肺肝。以上都寫時事，是「垂老別」之故。

此遣或守杏園、土門，備史思明。　老翁之言曰：「四郊多壘，尚未宴然。我雖

〔註13〕《詩經・豳風・東山》。

垂老，未許安閒也。況子孫陣沒，苟活可憐。所以投杖出門，不顧生死。同行之人，代為我悲。自幸牙齒猶存也，其如骨髓已枯何！夫我雖垂老，猶是男兒。介冑不拜，長揖而去，有何足戀？所難為情者，老妻耳。我行雖則死別，妻寒亦為可憫，是我不悲己死，轉痛妻寒也。乃老妻亦知我戍不歸，數有加餐之好語，是老妻不憫己寒，反慮我饑也。此行我果何為？蓋將守杏園、土門，備史思明耳。此處壁壘甚固，飛渡亦難，較諸鄴城之戰，命懸呼吸，其勢大異。況人生離合，何常盛衰！不免回首少壯，惟有浩歎，豈獨我哉！萬國之民，誰免征戍？烽火之愴，滿於岡巒，草木腥，川原赤，四郊未寧靜如此。欲求樂土，何處為然？顧此敝廬，又何足戀？蓬室之居，從茲永棄。肺肝之摧，能勿塌然？」所由垂老而別也。○《周禮》：鄉大夫之職，辨其所任者、其老者，皆舍。句踐伐吳，有父母耆老、無昆弟者，皆遣歸。魏公子無忌救趙，亦令獨子無兄弟者皆歸養。子孫亡盡，老者從戎，如垂老別者，亦可傷矣。守土門杏園，而曰「勢異鄴城下」者，兵有主客。鄴城之役，賊為主，我為客。土門杏園之守，我為主，賊為客也。當時鄴師初潰，退保東京，所扼要者河陽，故築城以守，杏園、土門即在其處。按史，乾元元年十月，郭子儀自杏園濟河，東至獲嘉。上元間，令狐彰使楊萬里請降，徙屯杏園。是杏園為河陽扼要處。天寶十四載，安祿山使安守忠將兵出土門，又使蔣欽湊以趙郡甲卒守土門。顏杲卿召袁履謙等西據土門，李光弼以朔方兵五千東出土門，救常山。寶應元年，藥子昂說回紇，自土門略邢、洺、懷、衛等州。是土門亦河陽之扼要處。相州之役，史思明審知官軍潰去，自沙門收整士眾，還屯鄴城，南守河陽，以保東京。守杏園、土門，以保河陽，是當時用兵之勢。

無家別

寂寞天寶後，園廬但蒿藜。我里百餘家，世亂各東西。存者無消息，死者為塵泥。賤子因陣敗，歸來尋舊蹊。久行見空巷，日瘦氣慘悽。但對狐與狸，豎毛怒我啼。四鄰何所有，一二老寡妻。宿鳥戀本枝，安辭且窮棲。以上敘「無家」之故。方春獨荷鋤，日暮還灌畦。縣吏知我至，召令習鼓鞞。雖從本州役，內顧無所攜。近行止一身，遠去終轉迷。家鄉既蕩盡，遠近理亦齊。永痛長病母，五年委溝谿。生我不得力，終身兩酸嘶。人生無家別，何以為烝黎。以上敘「無家別」之情事。

此敘鄴城敗卒。　敗卒之言曰：「追維天寶盛時，豈嘗寂寞？寂寞自天寶後也。自遭喪亂，田園荒蕪，我里百家，存亡難覓。賤子今日師潰而歸，為訪舊蹊，但存空巷。所見空巷中，日色無光，野狐作伴，四鄰竄盡，寡妻亦稀。荒廢如此，仍歸不忍

舍者，以鳥戀故巢，人當首丘也。我陣敗而歸，當此春日，荷鋤灌畦，了此餘生。不意縣令聞知，召習鞞鼓。此役將終不免，雖本州之役，不為甚難，內顧子身，有何繫戀？然近行本州，止於一身；遠徙他方，終於迷失。似此家鄉蕩盡，遠近相等。況我無家，雖因喪亂，亦由母死。五年以來，母子兩人，彼此抱痛。無家矣，雖出門，向誰作別也？人生到此，號為烝黎，亦何益哉！」○先王以六族安萬民，使民有有家之樂。今新安無丁，石壕遣嫗，新婚有怨曠之夫婦，垂老痛陣亡之子孫。至戰敗逃歸者，又復不免「人生無家別，何以為烝黎」，收足數章。

卷　八

華州詩_{乾元二年}

夏日歎

夏日出東北，陵天經中街。朱光徹厚地，鬱蒸何由開。上天久無雷，
無乃號令乖。雨降不濡物，良田起塵埃。飛鳥苦熱死，池魚涸其涯。
以上「夏日」。萬民尚流冗，舉目惟蒿萊。至今大河北，盡作虎與豺。浩
蕩尚幽薊，王師安在哉？對食不能餐，我心殊未諧。眇然貞觀初，難
與數子偕。以上「夏日歎」之情。

　　夏至後，日經中街，行黃道，赤光徹地，蒸鬱難開，亟望雨耳。顧雷為雨徵，奈
雷聲久絕。夫雷動則雨驟而能澤物，無雷則雖有小雨，於物不濡，良田亦坐槁耳。豈
特良田，鳥死熱，魚苦涸矣。夫天時之應，人事所感。今萬人流冗，觸目蒿萊，安、
史縱橫，鄴師新潰，所由食不下嚥，憂從中來。緬想貞觀年間，朝有賢相，政事修明，
時和年豐，國無夭札。今眇然難再。求與房、杜、王、魏數子偕者，杳無其人。此可
歎也。○此為肅宗大權下移李輔國，又歎朝廷無賢相也。乾元二年夏四月，以久旱祈
雨。時輔國專掌禁兵，事無大小，輔國為制勑。公曰：「上天久無雷，無乃號令乖？」
朝廷所相者，李峴、李揆、呂諲、第五琦等。李峴具陳輔國專權亂政狀，輔國忌之，
以他事出。至李揆執子弟禮於輔國，呼為五父；呂諲、第五琦率皆碌碌庸臣。相之賢
者不終任，其庸碌者但知阿比，公曰「眇然貞觀初，難與數子偕」。

夏夜歎

永日不可暮，炎蒸毒我腸。安得萬里風，飄飄吹我裳。昊天出華月，茂林延疏光。仲夏苦夜短，開軒納微涼。虛明見纖毫，羽蟲亦飛揚。物情無鉅細，自適固其常。以上「夏夜」。念彼荷戈士，窮年守邊疆。何由一洗濯，執熱互相望。竟夕擊刁斗，喧聲連萬方。青紫雖被體，不如早還鄉。北城悲笳發，鸛鶴號且翔。況復煩促倦，激烈思時康。以上「夏夜歎」意。

　　夏日難暮，況當炎蒸，亟望涼風耳。俄而華月出，疏光來，雖無長風，喜有涼月。但見虛明之際，已徹纖毫；蟲羽之微，飛揚各得。我何歎之有！可歎者，此荷戈士也。此荷戈士，窮年守邊，末由洗濯，不但永日執熱，至夜猶擊刁斗。雖被青紫，何如林下哉！於時悲笳互發，鸛鶴哀號，求如羽蟲飛揚，何可復得？言念及此，轉加煩促。惟有激烈感懷，翹首太平而已。○夏夜歎，歎將帥在外不得休息，難免中傷也。當時鄴師之潰，郭子儀退屯河上。魚朝恩因敗，短之於上。公曰：「念彼荷戈士，窮年守邊疆」、「青紫雖被體，不如早還鄉」，痛其功名未立，受譖中官，誠不如見幾而作耳。當時宰相受制輔國，將帥受制朝恩，豈非炙手之時、執熱之勢？二歎略同。

所思　公自注：「得台州鄭司戶消息。」

鄭老身仍竄，台州信始傳。二句點自注。為農山澗曲，臥病海雲邊。世已輕儒素，人猶乞酒錢。四句承傳信。徒勞望牛斗，無計斸龍泉。結出所思意。

　　我望鄭老邀恩而歸，今身仍竄。憶自至德二載，就貶台州，至今乾元二年，始傳其信。傳其資生無計，山曲為農；傳其潦倒日增，海邊臥病；傳其斯文將喪，儒素已乖；傳其痛飲依然，酒錢不乏。其信如此。遙想台州分野，上屬牛斗。夫牛斗之墟，劍氣所燭，今龍泉劍氣雖燭牛斗，亮無雷煥發之獄中，亦何日而免於竄也？○鄭竄已久，曰「仍竄」者，乾元元年六月敕兩京陷賊官三司推問，未畢者皆釋之，貶降者續處分。公冀鄭得邀恩典歸，竟不可得，故曰「仍竄」。

獨立

空外一鷙鳥，河間雙白鷗。飄颻搏擊便，容易往來遊。草露亦多濕，蛛絲仍未收。六句寓言。天機近人事，獨立萬端憂。結還正意。

　　鷙為猛鳥，今在空外，不及防矣。鷗為閒鳥，今在河間，自為無患也。豈知以彼

空外，及此河間，飄飆而來，搏擊甚便。鷲猛如此，鷗之往來容易者，鷗之愚也。況草露迷濛，蛛絲密布哉！鷲鳥空外，使人不及防；草露蛛絲，使人不屑防。不及防者，搏擊固忽及；不屑防者，羅織亦暗施。何多端也！我人處世，自任天機。人事一遭，多所不測。彼獨立者，何能當此萬端紛遭矣！○此似傷去年出華，讒言傾危之故。

遣興 五首

公將棄官，志在長往。《遣興》諸作，大指可見。

蟄龍三冬臥，老鶴萬里心。昔時賢俊人，未遇猶視今。嵇康不得死，孔明有知音。六句見士貴知己。又如澗底松，用舍在所尋。大哉霜雪幹，歲久為枯林。四句見用舍由人。

蟄龍雖臥，老鶴有心，其未遇則然。賢俊猶是也。昔之賢俊，幸而遇耳。當其未遇，何異今人？如嵇康、孔明，有遇有不遇者。一不得其死，一有知己也。豈獨蟄龍、老鶴？澗底之松亦然。其用其舍，在人所求。用之則棟梁，不用則枯林。見今豈無孔明，知音安在耶？

昔者龐德公，未曾入州府。襄陽耆舊間，處士節獨苦。豈無濟時策，終竟畏羅罟。以上表龐公。林茂鳥有歸，水深魚知聚。舉家隱鹿門，劉表焉得取？四句申明上意。

昔有龐公，抱濟時略，不入州府。於襄陽耆舊間，獨高處士之節者，誠恐禍患不免也。龐公嘗語劉表曰：「鴻鵠巢於高林，暮而得所棲；黿鼉穴於深淵，久而得所宿。趣舍行止，亦人巢穴各得其棲而已。」信哉！林茂，鳥方有歸；水深，魚乃知聚與？古來豈無賢達，人得取之者以有欲也。神龍為人所縶，不免菹醢；猛虎為人所縛，不免寢處其皮。其始人得而取，其後人得而殺。是故以文種不免，越王得以富貴取之；以淮陰不免，漢高得以齊王取之。龐公攜家，高隱鹿門，劉表招之不至，非不欲取，不可得而取也。士亦務為「焉得取」者可矣。

陶潛避俗翁，未必能達道。二句領至末。觀其著詩集，頗亦恨枯槁。達生豈是足，默識苦不早。有子賢與愚，何其掛懷抱。

陶潛高行渺致，誠哉避俗。由今思之，一似未達道者。夫惟不達道者，恨枯槁，昧達生。以子之賢愚掛懷抱，而不能自遣，我不能為陶潛解矣。○陶潛採菊漉巾，詩酒自娛，未嘗「恨枯槁」。解綬棄官，即賦《歸去來》，達生未嘗不早。作《責子》詩，詼諧戲謔，未嘗以子之賢愚掛懷抱，非達道不至此。山谷曰：「子美困於山川，為不知者詬病，以為拙於生事。又往往諷宗文、宗武失學，故託之淵明以解嘲耳。」斯得

—163—

之矣。

賀公善吳語，在位常清狂。上疏乞骸骨，黃冠歸故鄉。四句生前。**爽氣不可致，斯人今則亡。山陰一茅宇，江海日清涼。**四句歿後。

古人不作，近有賀知章耳。知章越人，能操吳語，當其在位清狂，一官如寄。嘗夢遊帝所，上疏乞為道士，遂賜鑑湖一曲，即以其宅為千秋觀，服黃冠，以道士終。至於今，清狂爽氣，渺不可得。乃其山陰茅宇，所謂千秋觀者，尚在人間。過其地，挹其風，江海之氣，清涼日甚。一似清狂爽氣，蕭蕭未散云。

我憐孟浩然，「我憐」二字直貫至末。**裋褐即長夜。賦詩何必多，往往凌鮑謝。清江空舊魚，春雨餘甘蔗。每望東南雲，令人幾悲吒。**

孟浩高人，憐之者惟我耳。何憐爾？蓋由孟公布衣終身，賫志以沒也。況其詩清新，直凌鮑、謝哉！孟詩云：「試垂竹竿釣，果得槎頭鯿。」〔註1〕今清江之中，空有舊魚，垂竹竿者之人長夜矣。孟集云：「灌園藝圃，以全其高。」〔註2〕今春雨所餘，但有甘蔗，灌園藝圃之人長夜矣。彼東南襄陽，正孟公所居處。今日望雲悲吒，正悲其衣裋褐，即長夜耳。昔之孟公可憐，今之孟公猶是也。○首章遣興，興在隆中。二章遣興，興在鹿門。三章遣興，興在彭澤。四章遣興，興在鑑湖。五章遣興，興在襄陽故里。皆棄官之思。

遣興　二首

天用莫如龍，有時繫扶桑。頓轡海徒湧，神人身更長。四句「興」。**性命苟不存，英雄徒自強。吞聲勿復道，真宰意茫茫。**四句正意。

《平準書》曰：「天用莫如龍矣。」其遊戲大海，宜惟所欲為。乃或繫扶桑，不能自騁。一頓羲和之轡，徒湧海水之波。良由龍用雖神，又有神人如羲和者以制之耳。彼英雄亦當審所自處，保全性命。徒然自強，亦何益哉！所以然者，上有真宰，嘿嘿主之。其意茫茫，非人可測。龍制於神人，英雄制於真宰，況非龍、非英雄，妄自尊大，多見其不度德，不量力，自取滅亡而已。○語意似諷懷恩輩。

地用莫如馬，無良誰復記。此日千里鳴，追風可君意。君看渥窪種，自與駑駘異。六句馬。**不雜蹄齧間，逍遙有能事。**二句責成用馬者。

《平準書》又曰：「地用莫如馬。」然馬不同，彼無良者，不須記也。惟千里之

〔註1〕《峴山作》。

〔註2〕按：非孟浩然文。《九家集注杜詩》卷五：趙云：「王士源為浩然詩集序云：『灌園藝圃以全高。』然則『春雨餘甘蔗』豈浩然嘗自營蔗區乎？惜無所明見。」

足，疾如追風，斯可君意耳。但渥窪名種，原異駑駘，當相諸牝牡驪黃之外，不令與蹄齧為伍，則彼得逍遙自如。其追風能事，必然常可君意。御馬者當知審擇矣。○當時良將，如郭子儀，被讒失眷，不能有為。如千里馬，受羈槽櫪，豈能展追風之力？魚朝恩本無良者，命為觀軍容使，大將以下，受其節制。譬彼駑駘，必至僨轅。詩中既曰「可君意」，又曰「君看」，是在馭之者。

入秦州詩乾元二年

立秋後題

日月不相饒，節敘昨夜隔。玄蟬無停號，秋燕已如客。四句「立秋後」。平生獨往願，惆悵年半百。罷官亦由人，何事拘形役。四句「題」之意。

　　四時之序，成功者退。日月數定，即欲相饒，而不可得。昨猶夏，今已秋。人事推移亦如此。五月鳴蜩，秋已過時，號猶未輟者，若岌岌乎不安於樹，動驚秋之感。至於燕，春至秋歸。今日之燕，豈能久客？我平生之願，不過獨往，肯至遲暮，反不自如今日罷官而去，亦由人耳。誰可羈縻我者，使心為形役也。我決計棄官矣。○「秋燕」句，公自言我出華州，如燕偶巢，今已辭去，誰為我主人者？故曰「已如客」。

赤谷西崦人家

躋險不自安，出郊已清目。「清目」句領至末。溪回日氣暖，逕轉山田熟。鳥雀依茅茨，藩籬帶松菊。如行武陵暮，欲問桃源宿。

　　我至秦州，地有赤谷。躋攀登頓，幾不自安。所喜出郊，眼界始曠耳。但見溪回勢聚，日氣常暄；逕轉路幽，山田恒熟。而況鳥雀歸飛，都依茅宇；松菊徧地，皆繞藩籬。似此風景，何異桃源。我今投宿，不猶武陵問津之人。

昔遊

昔謁華蓋君，綠祖崑玉腳。人棺已上天，白日亦寂寞。暮升良岑頂，巾几猶未卻。弟子四五人，入來淚俱落。余時遊名山，發軔在遠壑。良覿違夙願，含悽向寥廓。林昏罷幽磬，竟夜伏石閣。王喬下天壇，微月映皓鶴。晨溪響虛駃，歸徑行已昨。豈辭青鞋胝，悵望金匕藥。以上敘王屋之遊。東蒙赴舊隱，尚憶同志樂。伏事董先生，於今獨蕭索。四句敘東蒙之遊。胡為客關塞，道意久衰薄。妻子亦何人，丹砂負前諾。

雖悲鬢髮變，未憂筋力弱。杖藜望清秋，有興入盧霍。以上入秦，思訪董鍊師。

　　我昔年曾遊王屋山，謁華蓋君，綠袍綴玉，誠神仙之姿。惜人棺遐舉，白日空留耳。雖巾幾尚存，弟子猶在，乃入門寂寞，灑淚相看。我山遊之興，發軔於此。既違夙願，能免含悽，庶幾凝神，嘿期冥覿。於時磬聲初罷，伏閣旁皇，恍見王喬跨鶴而下。未幾，向晨溪寂，歸蹤已迷，回首王喬皓鶴，果安在耶？只因尋山之興，夢想常魷，所由累繭不辭，無奈紫金難得也。因辭王屋，遊東蒙，再訪元逸人。此時同志者有李白，伏事者有董鍊師。蹉跎至今，依然蕭索。今日遠客關塞，道意久衰；繫戀妻孥，丹砂負約。但鬢髮雖變，筋力猶堪。聞董鍊師者近隱衡陽盧霍間，當此清秋，杖藜而往，乘興為衡霍遊，豈以昔遊不遂，道念竟衰耶？

秦州雜詩　二十首

　　前數章大意，謂朝廷全師喪於安、史，至吐蕃失防，將來秦州不盡沒吐蕃不止。後數章欲卜築於仇池東柯。

滿目悲生事，因人作遠遊。包二十首。遲廻度隴怯，浩蕩及關愁。水落魚龍夜，山空鳥鼠秋。四句寫「秦州」。西征問烽火，心折此淹留。結自歎。

　　悲烽火。　今日生事，滿目堪悲，不得已而因人，遠客秦州耳。顧此隴阪九折，人上阪者，悲思故鄉，我亦遲回怯度。隴關適當戎翟，青海流沙，一望無極，我因浩蕩悲生。隴有魚龍，水水落，向夜其聲嗚咽；隴有鳥鼠，山山空，當秋其氣蕭條。況吐蕃近陷河源，朝廷方事西征。我此來，正欲淹留。值此烽火，不禁心折，非悲生事，亦何緣為此遠遊也。○秦州，古天水郡。外逼吐蕃，朝廷使修好，遣將西征，必由於此。故首章有西征烽火之悲。「因人」者，疑因東柯谷姪佐也。

秦州城北寺，傳是隗囂宮。苔蘚山門古，丹青野殿空。四句寫「隗囂宮」。月明垂葉露，雲逐度溪風。二句景。清渭無情極，愁時獨向東。二句感懷。

　　借隗囂託諷。　秦州城北，此何寺耶？相傳是後漢隗囂宅也。隗囂當日據天水，背正朔，如今安、史，今其宅廢為寺矣。苔蘚滿門，為時已古；丹青留殿，闃爾無人。但見露葉空明，夜垂落月；溪風爭逐，日送歸云耳。彼長安在西，我心本西向長安，今此渭水無情之極，當我愁時，東向而流，亦獨何哉？○按《水經注》，寺枕秦山，接渭水。渭水東合冀水，又東與新陽崖水合，即隴水。東逕瓦亭，即隗囂使牛邯所守

處。岑參《見渭水思秦川》「渭水東流去」〔註3〕是也。或曰渭水東流長安，公已西適秦，而渭獨東流，自歎不如渭水無情之物，且能如此。亦是。

州圖領同谷，驛道出流沙。二句「秦州」。**降虜兼千帳，居人有萬家。馬驕朱汗落，胡舞白題斜。**四句降戎。**年少臨洮子，西來亦自誇。**二句諷辭。

　　賦降戎。　秦州都督領天水、隴西、同谷三郡，其圖志可考。我朝使者出使吐蕃，驛道不一。其近贊普牙帳者，為勃令驛。從此而出，即是流沙，真控制吐蕃之要地。所憂者，降戎雜處耳。其隸秦州者，聯氊帳以居，或大拂廬、小拂廬，有千帳之多。若秦州土著者，居人止有萬耳。以千帳降戎雜處此萬家中，何以堪此！顧此降戎，其馬則驕朱汗，其舞則斜白題，宜其誇也。彼自臨洮來者，年少無知，不以為憂，亦自誇其技擊，良可怪耳。夫秦州惟居人鮮少，故守禦者取給於臨洮年少。西來自誇，幾為降戎竊笑矣。

鼓角緣邊郡，川原欲夜時。秋聽殷地發，風散入雲悲。承「鼓角」句。**抱葉寒蟬靜，歸山獨鳥遲。**承「欲夜」句。**萬方聲一概，我道欲何之。**結挽前章「淹留」意。

　　詠鼓角。　戍鼓角聲，本邊塞防秋之具。鼓角起邊郡，則川原已入夜矣。其聲何如？如雷出然。雖曰「緣邊郡」，實不知起何地也，覺隱地發耳。秋聽故也。下焉隱地發，上焉入雲悲。鼓角在下，何以入雲？風散故耳。其聲為風所散。雖曰「緣邊郡」，而已入雲際，悲聲何遠也！此時抱葉寒蟬，聞鼓角而不敢鳴，其聲則靜；此時歸山獨鳥，聞鼓角而不敢止，其棲則遲。川原故自此欲夜耳。夫寒蟬驚鼓角，且聲為靜；獨鳥怪鼓角，且棲為遲。況我客子，今日萬方被兵，萬方鼓角，亦安能去秦州而他有所之？所由心折此淹留也。

南使宜天馬，由來萬匹強。浮雲連陣沒，秋草徧山長。隱諷回紇。**聞說真龍種，猶殘老驌驦。哀鳴思戰鬭，迴立向蒼蒼。**隱喻子儀。

　　冀任郭子儀。　沙苑別名為南使。至德二載，葉護留兵沙苑，自歸取馬。乾元元年，回紇遣驍騎三千助討慶緒。信乎此地，宜牧天馬。其萬匹之強，由來舊矣。乃相州之役，九節度師潰於滏水，回紇亦止存十五騎，自相州奔還。「萬匹強」安在哉？浮雲之馬，連陣沒矣；秋草之生，徧山長矣。獨不有真龍種乎？我聞其說，又不有老驌驦乎？尚有餘勇，此老驌驦雖滏水之師，一時暫蹶，其僇力之志，未嘗敢忘。蓋仰首哀鳴，常思戰鬭者。誰則知之？惟有兀然迴立，思見亮於蒼天而已。○「真龍種」是趙王係，非廣平王俶。乾元二年七月，李光弼代郭子儀。光弼畏魚朝恩，願得親王

〔註3〕《岑嘉州詩》卷六《西過渭州見渭水思秦川》。

為副，於是以趙王係為天下兵馬元帥，光弼副之。曰「聞說」者，時初勑遣也。「老
驦驪」指子儀。時子儀以朝恩譖，召還京師。「蒼蒼」喻君，蓋子儀見譖於朝恩，庶
見亮於至尊。「殘」字作「餘」字用。

城上胡笳奏，山邊漢節歸。「漢節歸」領下四章。**防河赴滄海，奉詔發金
微。士苦形骸黑，林疎鳥獸稀。**四句正為漢節不歸故。**那堪往來戍，恨解
鄴城圍。**結慨往事。

傷戍卒。　城上胡笳，薄暮奏矣。山邊漢節，亦宜歸矣。惟漢節不歸，故防河之
卒，已赴滄海而遙；奉詔之臣，又自金微而發。往來何紛紛也！此時士苦，形骸俱黑，
征人罷疲可知。林疎鳥獸亦稀，戍士失所依可知。此往彼來，更番調遣。所以至此，
彼滄海之卒為安、史往，金微之師為吐蕃來，能無致恨於六十萬人盡沒於鄴城之解圍
哉？○至德二載，肅宗遣南巨川報聘吐蕃。未幾，吐蕃入遏。公有傷往事，故以下五
章，反覆使節，若冀其歸，若訝其未歸也。當時外有吐蕃，內有安、史。公恨安、史
未滅，使朝廷兵力不能專用於吐蕃，以至征戍之歸，往來勞苦。夫安陽之役，朝廷以
九節度會師圍鄴，安、史有可滅之會。魚朝恩阻撓軍事，不從光弼謀，先拔魏州，反
使思明引兵趣鄴，而鄴城之圍解。一時，六十萬人盡沒於鄴。徵調紛紛，有自來也。
向使鄴城之師剋期盪滅，則今日征西之役，專力吐蕃，豈不甚快？興言及此，痛恨於
安陽之役，魚朝恩阻撓軍事耳。本潰師曰解者，為九節度諱言之。

莽莽萬重山，孤城山谷間。無風雲出塞，不夜月臨關。四句塞上。**屬國
歸何晚，樓蘭斬未還。**二句使節。**煙塵一長望，衰颯正摧顏。**二句總結。

專諷使節不還。　秦州襟帶隴蜀，高山萬重，孤城即在其間。山多則云長出塞，
不必風也；月臨關，則又恒疑其不夜。塞上之景如此，我日望使節還也。乃但見雲出
塞，月臨關耳。苟使者能為蘇屬國，杖漢節而不屈，今日雖未歸，無害也。但不知能為
蘇屬國否。苟使者能為傅介子，斬樓蘭而後還，今日雖未歸，何傷也？但不知能為傅
介子否。我訝「屬國歸何晚」。意者「樓蘭斬未還」，煙塵一望，衰颯摧顏，奈之何哉！

聞道尋源使，從天此路回。牽牛去幾許，宛馬至今來。四句承使節。**一
望幽燕隔，何時郡國開。東征健兒盡，羌笛暮吹哀。**四句傷內寇。

承上。　河源在天上，使者尋源往，從天回，由來舊矣。其犯牽牛星而去，誠不
知為路幾許。庶幾能為張騫也，乃得大宛馬而歸，至今亦宜早來，亦何難為李廣利耶！
使節不歸，亂靡有定。跳梁幽燕，如安、史者，自若也。據郡國為安、史者，更多也。
先是天寶十四載，祿山初反，朝廷以兵籍少，於京師召募十萬，號天武健兒。至德以
來，一盡於陳濤，再盡於清渠。今九節度之師，又潰於鄴城，至六十萬人俱盡。天武

健兒，尚有幾人？宜徧地羌人，聞橫吹者，不勝哀怨也。彼為使者，乃牽牛徒去，宛馬不來。○前章謂使者不能如蘇武仗節、傅介子立功。此章謂使者不能如張騫使絕域、李廣利伐宛得馬，無非諷辭。

今日明人眼，臨池好驛亭。叢篁低地碧，高柳半天青。稠疊多幽事，喧呼閱使星。六句「驛亭」。老夫如有此，不異在郊坰。二句自況。

賦驛亭，亦諷使節。　秦州所見，大率降戎。「明人眼」者，惟驛亭耳。驛亭臨池處，柳竹蕭疏，高低作勢。「明人眼」如此不幸，處於衝煩，喧呼不輟，日看使節往來耳。雖有叢篁高柳之幽事，誰復過而賞此？若使老夫假館，雖處喧地，無異郊間，庶不負此好驛亭也。○公思假驛亭，非慕驛亭。甚言使節往來，喧呼靡益，為此解嘲之言。

雲氣接崑崙，涔涔塞雨繁。二句雨勢。羌童看渭水，使節向河源。二句時事。煙火軍中幕，牛羊嶺上村。二句羌戎，兼點雨景。所居秋草靜，正閉小蓬門。一句自謂。

悲使節不還，羌戎雜處。　塞外崑崙，已是吐蕃之境。乃秦州雲氣，直接於此。雲氣接，則塞雨來矣。降戎久處遺種，遂有羌童。彼渭水東入於河，羌戎看渭水之東流，使客向河源而不返，果何為哉？此時塞雨中，羌戎雜處，煙火交接，直遍軍中之幕；牛羊相半，亦滿嶺上之村。若我所居，當此塞雨中，秋草深，蓬門閉，羌戎焉得擾我？○《水經注》：渭水東至船司空，入河。上曰「看渭水」，下曰「向河源」，語意一串。

蕭蕭古塞冷，漠漠秋雲低。黃鵠翅垂雨，蒼鷹饑啄泥。四句承上塞雨。薊門誰自北，漢將獨征西。不意書生耳，臨衰厭鼓鼙。四句時事。

此章為前後脈絡。　當此雨後，古塞冷矣，秋雲低矣。黃鵠本摩天之翮，今翅垂雨，猛士幾困與？蒼鷹本飽颺之物，今饑啄泥，師徒能宿飽與？況思明久據薊門，今自北進勦者何人？征西以討吐蕃，問使臣何往，獨勞漢將也。內寇未平，外夷方熾，中原鏖鼓，臨衰飽聞，亦獨何哉！○味「薊門誰自北，漢將獨征西」二句，公恨解鄴圍，反覆仗節，良有以也。夫修好外夷，朝廷原非得已，特以內寇未平，時事多故，姑借修好，以戢夷心，使得專力，以除內寇。然此乃使臣之職。誰料使節空煩，修好不驗，使今日東征將士，重有西征之役也。薊門自北，即直擣幽燕。意當時直擣幽燕之說，先見者，清河客李萼也。李光弼、郭子儀亦請引兵直取范陽，覆其巢穴。繼則李泌勸肅宗遣安西、西域之眾，並塞西北，自歸檀南，取范陽、薊門。「誰自北」，傷直擣幽燕之無人。「漢將獨征西」，諷使臣報聘之無效。語意至此並透。

山頭南郭寺，水號北流泉。老樹空庭得，清渠一邑傳。秋花危石底，

晚景臥鐘邊。六句「南郭寺」。**俛仰悲身世，溪風為颯然。**二句感懷。

賦南郭寺。　秦州有城北寺，又有南郭寺。城北寺枕秦山，接渭水。南郭寺控山頭，帶北流。所見寺中，老樹占空庭之勝，似獨得者。至於北流泉，即清渠名。清水者，為一邑所傳。於時危石之底，秋花生焉，一何失所！臥鐘之邊，晚景落焉，能幾何時？凡此皆俛仰所及者。仰則見山頭寺，俛則見北流泉；仰則見老樹婆娑，俛則見清渠湛淨；仰則見沉沉焉鐘邊晚景，俛則見冉冉焉石底秋花。一俛一仰，身世之悲交集矣。夫身世之悲，只自悲耳。乃溪風亦颯然而動，似溪風亦知我悲者。知我悲，亦惟溪風而已。

傳道東柯谷，深藏數十家。二句領至末。**對門藤蓋瓦，映竹水穿沙。瘦地偏宜粟，陽坡可種瓜。船人相近報，但恐失桃花。**

賦東柯谷。　秦州枕山麓有東柯谷者，人曾傳道其可居，云此間深藏者有數十家。此數十家，其對門之藤，直蓋於瓦；其映竹之水，曲穿於沙。其谷中地雖瘦，偏宜種粟；其谷中坡向陽，更可種瓜。傳聞如此，何異桃源。況船人近更相報，謂捨此不居，是失桃源也。夫桃源可失乎哉？○公姪佐居此，故曰「傳道」。

萬古仇池穴，潛通小有天。神魚久不見，福地語真傳。四句「仇池」。**近接西南境，長懷十九泉。何時一茅屋，送老白雲邊。**四句卜居「仇池」。

賦仇池。　不獨東柯，更有仇池。仇池四面斗絕，為小有洞天之附庸。此地潛通，可以避世。穴有神魚，食之者仙。雖則云然，「久不見」矣。至洞天為福地，此則語真傳耳。況西南一帶，正十九泉所在，為神魚所出者。仇池近接之，我平生長懷此地，思於白雲深處，一茅終老。今客秦州，庶幾足遂我願耳。

未暇泛滄海，悠悠兵馬間。塞門風落木，客舍雨連山。二句承「兵馬間」。**阮籍行多興，龐公隱不還。東柯遂疎嬾，休鑷鬢毛斑。**四句隱承「泛滄海」。

承東柯谷。　我壯年便志浮海，今未暇泛而客秦州者，只為烽煙未靖，且寄身兵馬間耳。夫兵馬間，何堪久處？況塞門吹落木之風，客舍有連山之雨乎！每念阮籍車轍，率意獨行；龐公出處，採藥長往。二賢何等疎嬾！彼東柯谷，誠得遂我疎嬾，亦何妨為阮籍、龐公。白髮種種，擲鑷不顧矣。然則滄海雖未暇泛，庶不終於兵馬間哉！

東柯好崖谷，不與眾峰群。落日邀雙鳥，晴天卷片雲。野人吟險絕，水竹會平分。五句總言崖谷之好。**採藥吾將往，兒童未遣聞。**結還卜居意。

承上。　秦州之山，莽莽萬重。東柯之崖谷獨好者，於眾山中卓絕不群耳。落日有情，若邀雙鳥；晴天無意，偶卷片雲。而且野人之吟，常於險絕；水竹之勝，會許

平分。此皆眾峰所無者，定須投老於此。所慮兒童聞之，徒亂人意，我行不果矣。此行採藥，休遣兒聞。果哉長往，我棄妻子如敝屣也。○十三章有「映竹水穿沙」句，故此章有「水竹會平分」句。

邊秋陰易夕，不復辨晨光。二句領至末。**簷雨亂淋幔，山雲低度牆。鸕鶿窺淺井，蚯蚓上深堂。車馬何蕭索，門前百草長。**六句總寫「秋陰」。

　　客舍苦雨。　邊秋多陰，未夕恒夕，故有晨若無晨，晨光亦不復辨也。客舍有幔，簷雨淋幔者，亂不可止；客舍有牆，山雲度牆者，低不復開。客舍有井，鸕鶿性貪而捕魚。今窺淺井，是使客子不有此井。客舍有堂，蚯蚓性廉而飲泉。今上深堂，似憐客子獨處此堂。無非秋陰使然。此時車馬蕭索，蓬蒿滿門，寂寂秋陰，晨昏不辨，客子窮矣。○鸕鶿，水鳥，宜江湖，今窺淺井；蚯蚓，土蟲，宜野壤，今上深堂。皆失其所。《九歌》：「鳥何萃兮蘋中，罾何為兮木末。」大意相似。

地僻秋將盡，山高客未歸。塞雲多斷續，邊日少光輝。承「秋將盡」。**警急烽常報，傳聞檄屢飛。西戎外甥國，何得近天威。**四句「客未歸」之故。

　　隱諷使臣。　秦州僻矣，況值秋盡，亟望使節歸耳。其如山徒高，使客未歸何！於時塞土之雲，頻有斷續；邊地之日，亦少光輝。「地僻秋將盡」如此。所見者，「烽常報」；所傳者，「檄屢飛」。吐蕃正復充斥。彼吐蕃於我，本屬甥舅，亮天威燀赫，誰復敢近？或使臣啟釁故耳。「山高客未歸」，是可歎也。○貞觀間，太宗以文成公主下嫁弄贊，弄贊執婿禮甚恭。景龍間，中宗又以金城公主下嫁普贊，普贊表稱「世尚公主，義同一體」。中間張玄表等興兵寇鈔，遂使二境交惡。甥深識尊卑，安敢失禮？是吐蕃不敢犯天威也。其後明皇僕金城公主所立赤嶺碑，遂失吐蕃心。然至德初，尚有助討祿山之請。二載，南巨川報聘，反陷西平，又陷河源。先王馭夷，羈縻不絕，修好雖非上策，罷兵息民，不失為中策。今使客不還，「烽常報」，「檄屢飛」，豈西戎敢近天威？實為使者辱君命，啟邊釁也。公特隱其指微。其辭曰：「西戎外甥國，何得近天威」，欲為使者自維其故。前數章疊諷使臣，至此並透。

鳳林戈未息，魚海路常難。候火雲峰峻，懸軍幕井乾。風連西極動，月過北庭寒。六句收前西征一事。**故老思飛將，何時議築壇。**二句任將。

　　承上。　吐蕃未平，鳳林之戈，何時得息；魚海之路，至今為難。於時斥堠之火，連峰舉者，熾而且高；孤懸之軍，掘井飲者，往往無水。彼西極為吐蕃之處，風連欲動；北庭為控吐蕃之處，月過加寒。此時亟須飛將。欲得飛將，亟須築壇。屬在故老，昧昧我思，日望之矣。○《易》曰：「井收勿幕。」〔註4〕井口為收，勿幕以

〔註4〕《周易・井》上六。

資汲者。今曰「幕井」,是無人汲也。無人汲是無戍也。凡軍旅所在,必先論井泉。漢時耿恭以匈奴擁絕澗水,穿井不得水,恭整衣,向井拜,水泉湧出。今曰「幕井乾」,水竭可知,亦見時無耿恭,故思子儀也。「風連西極動」,吐蕃有飛揚之勢。「月過北庭寒」,似傷李嗣業。嗣業為北庭節度。乾元五年正月,鄴城之役,中流矢薨。「故老」,公自謂。「飛將」指子儀。公意子儀雖有鄴師之潰,不妨使收效於吐蕃,故前曰「仍殘老驌驦」,此曰「故老思飛將」。

唐堯真自聖,野老復何知。二句領至末。**曬藥能無婦,應門亦有兒。藏書聞禹穴,讀記憶仇池。為報鴛行似,鷦鷯在一枝。**

　　結出棄官之意。　今日唐堯,誠然自聖;我為野老,「不識不知」,亦「順帝之則」耳。野老隱矣,有偕隱之人。曬藥養生,安能無婦?應門待客,幸亦有兒。有偕隱之地。昔日讀書,曾聞禹穴;至今讀記,尚想仇池。至若鴛行舊侶,自佐唐堯;鷦鷯小禽,甘棲枳棘。東柯一枝,從此逝矣。○學道者必曰棄妻孥,長住者必俟婚嫁畢,終是識力未透。蓋對孺人,抱穉子,不害敬通高致;攜妻子,入鹿門,適成龐公逸節。梁鴻有偕隱孟光,陶潛有候門穉子。古來達士,豈必定舍妻孥?公曰「曬藥能無婦,應門亦有兒」,是本分佳話。

野望

清秋望不極,迢遞起層陰。二句領至末。**遠水兼天淨,孤城隱霧深。葉希風更落,山迴日初沉。獨鶴歸何晚,昏鴉已滿林。**

　　天空秋霽,一望無極。迢遞之處,又起層陰。但見遠水與長天一色,孤城與薄霧俱深。葉已落矣,因風更稀;山惟迴也,夕陽初沒。鶴歸何晚?鶴宜晚也。鴉棲滿林,鴉宜滿哉!野望真無極矣。○清秋爽氣,層陰蔽之,是小人蔽君之象。見幾者能遠於害,獨鶴是也。昧於幾者為群鴉,應有滿林之棲。

雨晴

天際秋雲薄,從西萬里風。今朝好晴景,久雨不妨農。四句「晴」。**塞柳行疏翠,山梨結小紅。胡笳樓上發,一雁入高空。**四句「晴」景。

　　雲從秋薄,風自西來,雨晴候也。此今朝之景,分外加好。夫雨則妨農。既晴,雖前此久雨,農事何妨哉!豈特農事,塞柳疏翠,因風成行;山梨小紅,得雨亦結。況入耳者笳聲,秋風送之;觸目者雁行,秋雲隨之。笳聞樓上,雁入高空,亦雨晴使然。晴景真好矣!

初月

光細弦欲上，影斜輪未安。微升古塞外，已隱暮雲端。四句實寫「初月」。
河漢不改色，關山空自寒。庭前有白露，暗滿菊花團。四句虛寫「初月」。

初月何如？弦未上欲上，輪將安未安。凡以光尚細，影猶斜耳。方其微升，勢若
當空；未幾已隱，光難普被。於時，河漢之色，依然如故；關山之處，徒然自寒。月
光明則花露亦明，月光暗則花露亦暗。雖曰初月，猶無月也。

天河

常時任顯晦，秋至最分明。二句領至末。縱被微雲掩，終能永夜清。含
星動雙闕，伴月落邊城。牛女年年度，何曾風浪生。

天河常時，聽其顯晦，一當秋至，分外分明。豈無微雲掩其光彩？然於永夜，終
自常清也。況含星浮闕，常近至尊；伴月沉城，勿傷淪落。其分明又如此。彼牛女渡
河，常於秋至。天河任其自渡，風浪不生。河身有定，故其分明亦有常耳。○詩意謂
君子處遇，顯晦隨時。亮節耿耿，時窮彌見。不猶天河「常時任顯晦，秋至最分明」
乎？雖有小人流言，暫掩其光，乃其常明之體，終不為其所蔽，不猶天河「縱被微雲
掩，終能永夜清」乎？「含星動雙闕」，天河近而有光，君子心依至尊，亦若是耳。
「伴月落邊城」，天河遠而有耀，君子自安退棄，亦猶是耳。況世自風波，吾嘗安止。
彼天河映水結體，牛女雖渡，風浪不生，亦由其體恒定也。黃鶴云：「公為小人所間，
出華州，故詠此。」〔註5〕

東樓

萬里流沙道，征西過此門。但添新戰骨，不返舊征魂。四句「東樓」時
事。樓角凌風迥，城陰帶水昏。二句「東樓」之景。傳聲看驛使，送節向
河源。挽合前四句。

秦州東樓下有驛道，茫茫萬里，即通吐蕃之流沙道也。顧此城門，征西者年年過
此，但見其自此門去，幾見其自此門返。從前去者，為舊征魂；今日往者，為新戰骨。
於此日減，於彼日添也。於時樓上吹角，凌風彌迥；城隅向陰，帶水常昏。彼河源使
節，正往吐蕃和好者。和好以罷兵息戰，庶征西之過此門者，得而少止。寄語驛使，
送節河源，則有人望其遄歸。果何日？幸勿為吐蕃所羈哉！

〔註5〕《補注杜詩》卷二十：鶴曰：「公為小人所間，自拾遺出為華州司功，故託天
　　　河以自喻，而有『縱被微雲掩，終能永夜清』之句。」

山寺

野寺殘僧少，山園細路高。麝香眠石竹，鸚鵡啄金桃。二句隱承「殘僧少」。亂水通人過，懸崖置屋牢。上方重閣晚，百里見纖毫。四句承足「細路高」。

野寺山僧，所餘無幾。寺在山上，路細且高。山園內，森森石竹，麝香閒眠；瑣瑣金桃，鸚鵡巧啄。所見止此。僧誠少矣。細路之高何如？俯見亂流，渡者行人，過而不阻；仰見懸嚴，搆者屋宇，置而偏牢。所憑既高，故能見遠。百里纖毫，都在眼中。上方高，重閣深，晚則暗；百里遠，纖毫微，而乃畢見。故為奇也。○按《天水圖經》，東柯谷南麥積山有瑞應寺，閣道縈旋，上下千餘尺。故詩云「山園細路高」。上下水縱橫可涉，故詩云「亂水通人過」。又《玉堂閒話》云：「麥積山梯空架險而上，其間千房萬室，懸空躡虛。」故詩曰「懸崖置屋牢」。高檻可以眺遠，故詩曰「百里見纖毫」。

天末懷李白

涼風起天末，君子意如何。領下六句。鴻雁幾時到，江湖秋水多。文章憎命達，魑魅喜人過。應共冤魂語，投詩贈汨羅。

爾流夜郎地，屬天末，涼風起，此意何如哉！庶幾鴻雁北鄉，可以寄書，今也杳然。況「在水一方，溯洄從之，道阻且長」也。彼文章與命，從來相左，命達則文章賤，文章高則命窮。所以「憎命達」，魑魅為小人之類，與君子原不相能，宜乎喜其來而甘之。既阻於鴻雁，又遠於江湖；既見困於文章，又見害於魑魅。君子之意，果如何哉？古屈原亦君子也。爾流夜郎，原放湘江，爾之心即屈原之心，是爾之心惟屈原知之。想爾此時，惟有投詩以贈汨羅，與屈原之冤魂共語爾。「君子意何如」，庶幾如此。

蕃劍

致此自僻遠，又非珠玉裝。如何有奇怪，每夜吐光芒。虎氣必騰上，龍身寧久藏。六句「蕃劍」。風塵苦未息，持女奉君王。結到「致此」二字。

俗眼於物，必耳目近玩，而珠玉裝者為奇怪。蕃劍異是。每夜光芒咄咄逼人者何故？蓋由此劍有虎氣，係龍身耳。今日風塵未靖，君王須用正急，持汝奉之，行見虎氣龍身，光芒滿六合矣。

銅缾

亂後碧井廢，時清瑤殿深。銅缾未失水，百丈有哀音。二句承「時清」。
側想美人意，應悲寒甃沉。蛟龍未缺落，猶得折黃金。四句承「亂後」。

　　喪亂後，碧井廢矣。雖有銅缾，無可效能。若前此時清，瑤殿自深，嗟爾銅缾，
幸供汲取。在銅缾自以「時清瑤殿」，從此長被收錄，勿悲失水。乃人情當汲水則用
之，失水則棄之。誰念未失水時，架轆轤，牽素綆，哀音有至今在耳者。彼美人誠想
手挽銅缾，牽絲秋水日。今沈寒甃，豈不惻然，寧失水，竟遭棄哉！況此銅缾雖然失
水，其刻畫蛟龍，黃金兩耳，縱然缺落，猶堪折取。銅缾未可棄矣。○銅缾汲水於碧
井，猶士君子效能於國家。銅缾見用於美人，猶士君子不見棄於君王。特所悲者，失
水耳。全是放逐之感。

寓目

一縣蒲萄熟，秋山苜蓿多。關雲常帶雨，塞水不成河。羌女輕烽燧，
胡兒掣駱駝。六句「寓目」。自傷遲暮眼，喪亂飽經過。二句「寓目」之感。

　　惟西域人種蒲萄釀酒，種苜蓿餵馬。秦州內地，亦生此種土物如此，尚堪寓目
否？且關山多陰，雲常帶雨；塞地多沙，水不成河。風景如此，尚堪寓目否？烽燧何
物而輕之？「輕烽燧」，習烽燧也。羌女猶然，羌兒可知。駱駝何物而掣之？「掣駱
駝」，習駱駝也。胡兒且然，壯者可知。種類如此，尚堪寓目否？彼伊川披髮，辛有
傷之。今土物則蒲萄、苜蓿，風景則關雲、塞水，種類則羌女、胡兒，自傷老眼，喪
亂飽經，感慨繫之矣。

即事

聞道花門破，和親事卻非。二句領至末。人憐漢公主，生得渡河歸。秋
思拋雲髻，腰肢賸寶衣。群兇猶索戰，回首意多違。

　　國家資花門兵以討賊，故有和親一事。聞道滻水之敗，骨啜亦潰奔京師。可汗隨
死，是花門亦破矣。昔年以公主下嫁，本資其兵力。今花門潰，可汗死，國家和親之
事，應悔其非。我聞可汗死時，國人慾以公主殉。公主曰：「回紇萬里結婚，本慕中
國，吾不可以殉。」故今日得渡河生還也。可汗死，公主雖不殉，聞亦為剺面而哭，
為可汗居縗宜今日歸，「拋雲髻」，「賸寶衣」耳。朝廷向資花門以助戰，今賊猶索戰，
而花門破，公主歸，回首和親，不亦意多違哉！○蔡氏曰：「時回紇為史朝義誘之為
寇，故曰『回首意多違』。此係上元間事，非公主聽歸之年。」按史：乾元二年秋，

史思明命諸郡太守各將兵，從己向河南，分為四道，是群兜索戰。

歸燕

不獨避霜雪，其如儔侶稀。四時無失序，八月自知歸。四句今秋之歸。**春色豈相訪，眾雛還識機。故巢倘未毀，會傍主人飛。**四句來春之訪。

　　燕歸，人知其避霜雪耳。不知為秋來去盡，儔侶已稀也。四時有序，八月知歸，與時推移，道固如是。然秋去春來，春色雖無訪爾之日；春來燕至，眾雛原有識機之明。春色回則霜雪消，眾雛至則儔侶集。故巢無恙乎？主人不棄乎？今日歸燕，依然明年來燕。特難必者，主人耳。○嘗讀《谷風》〔註6〕，棄婦始曰「無逝我梁，無發我笱」，何其厚也！至曰「我躬不閱，遑恤我後」，又歎其決絕之甚。公曰「故巢倘未毀，會傍主人飛」，明知故巢已毀，不敢謂主人無恩，拳拳然猶冀主人勿棄。身雖棄官，心還戀主也。彼「前度劉郎」，玄都觀裏之作，何足語此！

促織

促織甚微細，哀音何動人。草根吟不穩，牀下夜相親。二句承「哀音」。**久客得毋淚，故妻難及晨。**二句承「動人」。**悲絲與急管，感激異天真。**二句總結。

　　促織細甚，哀音動人。哀音何如？始吟草根。寒侵不穩，繼入床下，夜久相親。彼人之可哀者，莫如久客與故妻。蓋久客為無家之人，故妻為已棄之婦。聽此哀音，安能忍淚及晨也？所以然者，促織之音，發於天真，非急管哀絲可比，故其感激為獨切云。

螢火

幸因腐草出，敢近太陽飛。未足臨書卷，時能點客衣。承首句。**隨風隔幔小，帶雨傍林微。**承次句。**十月清霜重，飄零何處歸。**結意仍歸「腐草」。

　　螢火時當季夏，已是三陰。幸因腐草，化而為質，敢近太陽飛哉？蓋太陽為君位，螢火本宵行，譬彼小人，亦欲上亢至尊，終不敢者，地位使然耳。惟其因腐草而出，故以臨書卷則不足，彼書卷之氣，原不相親也；點客衣則有餘，彼塵污之性，其所從來也。惟其不敢近太陽，故脂韋之態，則隨風飄，帶雨落；猥瑣之姿，則隔幔小，傍林微。況清霜一至，飄零無所，亦終歸腐草耳。其無持危之節又如此。

〔註6〕按：所引非《谷風》，乃《小雅‧小弁》。

蒹葭

摧折不自守，秋風吹若何。暫時花載雪，幾處葉沉波。體弱春苗早，叢長夜露多。四句承「摧折不自守」。**江湖後搖落，亦恐歲蹉跎。**二句結「秋風吹若何」。

　　蒹葭弱卉，自守難矣。至秋而敗，亦奈之何。當其暫時，花亦帶雪；不知幾處，葉已沉波。良由體弱苗早，故亦先摧；叢長露多，故難持久。其摧折不自守如此。至於江湖搖落，空悲歲暮，嗟何及耶！「秋風吹若何」，誠不知若何矣。〇此言庸碌人，其平生不能植立，大節易奪。是「摧折不自守，秋風吹若何」也。當其依附權貴，亦藉榮施，不知到處披靡，已喪氣節。是「暫時花載雪，幾處葉沉波」也。其趨榮常在人先，得時最早；其乞憐恒於暮夜，感恩最多。是「體弱春苗，早叢長夜露多」也。一當患難，與時變遷，火炎崑岡，玉石俱碎。是「江湖後搖落，亦恐歲蹉跎」也。祿山之叛，如陳希烈、張均兄弟皆因貪位希寵，不自樹立使然。至六等定罪，誅者誅，自盡者自盡。《蒹葭》之作，有以也夫。《國風·蒹葭》本懷伊人，此以「不自守」說入，意別有寓。

苦竹

青冥亦自守，軟弱強扶持。味苦夏蟲避，叢卑春鳥疑。軒墀曾不重，翦伐欲無辭。四句承「軟弱強扶持」。**幸近幽人屋，霜根結在茲。**二句結「青冥亦自守」。

　　竹為苦竹，雖則不高，乃亭亭青冥，亦能自守。人見其軟弱，若可壓以勢力，不知其勉強扶持自守，原不可奪。彼夏蟲感陰氣而生，為趨炎之物，竹味苦，宜為夏蟲避，愛此夏蟲避也。春鳥乘時令而出，有高搴之態，竹枝卑，宜為春鳥疑，懼此春鳥疑也。夏蟲避，庶可遠嫌；春鳥疑，不免見猜。苦竹於此，極難耳。夫苦竹既分軟弱之質，亦何敢托處軒墀。即軒墀，亦不重之。苦竹雖無軒墀之分，亦何至下夷翦伐。即翦伐，亦何必辭也。其「軟弱強扶持」如此。見輕於軒墀，庶見重於幽人；欲遠夫翦伐，須善保其霜根。今也「幸近幽人屋」，春鳥、夏蟲所不及者。「霜根結在茲」，又何軒墀、翦伐之庸心為？其青冥亦自守如此。

日暮

日落風亦起，城頭烏尾訛。黃雲高未動，白水已揚波。二句「日落風亦起」之景。**羌婦語還哭，胡兒行且歌。將軍別上馬，夜出擁彫戈。**四句

「城頭烏尾訛」之意。

日落風起，城頭之烏尾亦動，有漢時「城上烏，尾畢逋」〔註7〕之象。此時日落，黃雲未動；此時風起，白水已波。不但烏尾訛動耳，羌婦、胡兒且哭且歌，哭可悲，歌可畏也。征西將軍別秦城而上馬，乘夜出關，擁彤戈以征吐蕃，真有「不遑寧處」者。日暮所見如此。

夕烽

夕烽來不近，每日報平安。塞上傳光小，雲邊落點殘。照秦通警急，過隴自艱難。四句承「來不近」。聞道蓬萊殿，千門立馬看。二句結「報平安」。

塞上烽有報平安者，每夕一舉，傳至京師。每日報，惟恐一日不報也。始而塞上傳光，其烽猶小；繼而雲邊落點，其火將殘。當塞上傳光，故照秦通警急之報；及雲邊落點，則過隴有艱難之憂。其來不近如此。遙想至尊，當此旰食，惟恐平安之火不至，故每夕候火，立馬千門，但未卜每日報平安，果得平安否也。○結意似諷守禦諸臣，安邊無策，徒使蓬萊殿上望烽火為憂喜。

秋笛

清商欲盡奏，奏苦血霑衣。二句領至末。他日傷心極，征人白骨歸。相逢恐恨過，故作發聲微。不見秋雲動，悲風稍稍飛。

五音中，商音主殺，其聲不堪盡奏，盡奏則血淚霑衣也。所以然者，此曲為傷心極耳。最傷心惟商音，最傷心惟征人。聽此曲者，大半多屬征人，以傷心人聽傷心曲。「今日血霑衣」者，正為他時白骨歸也。惟其然，此相逢盡奏者恐征人聞之，恨其過情，故作微聲，不忍盡奏。豈獨征人，彼秋雲悲風，本無情之物，清商一奏，亦似傷心，而動者停，飛者緩，吹笛者看秋雲，聽悲風，清商之音忍盡奏耶？

搗衣

亦知戍不返，秋至拭清砧。二句領至末。已近苦寒月，況經長別心。寧辭搗衣倦，一寄塞垣深。用盡閨中力，君聽空外音。

戍婦曰：「戍人不返，吾豈不知？近者戍臨洮，河源之陷已不返；戍河北，鄴師之潰已不返；戍河陽，鄭、滑等州之淪沒已不返。今日之戍，斷其必不返耳。然我戍

〔註7〕《後漢書·靈帝紀》。

婦，秋至拭砧者，念征夫苦寒，又經長別，故不惜勞苦，遠寄塞垣。雖身不能至，庶
幾征夫聞空外砧聲，知我閨中搗衣之力耳。」戍婦之言如此。

月夜

戍鼓斷人行，秋邊一雁聲。露從今夜白，月是故鄉明。四句「月夜」。有
弟皆分散，無家問死生。寄書長不達，況乃未休兵。四句憶弟。

　　戍鼓一聲，人行遂斷，邊塞嚴警有如此者。此時所聞，惟有雁聲。雁為兄弟之
鳥，如之何所聞者，止一雁聲耶？何夜無露？今夜加白者，月為之也。何地無月？疑
是故鄉者，有弟在彼也。故鄉有弟，月應照之。遭此亂離，都應分散。故鄉有家，月
應照之。弟既分散，焉知死生？計惟寄書耳。從前寄書，往往不達，況今東都一路，
兵馬倥傯，縱使寄書，亦屬浮沉。惟有對月相憶而已。〇是年九月，史思明陷東京及
鄭、滑、齊、汝四州，故曰「未休兵」。

遣興

干戈猶未定，弟妹各何之。拭淚霑襟血，梳頭滿面絲。地卑荒野闊，
天遠暮江遲。二句應首聯。衰疾那能久，應無見汝期。二句應次聯。

　　我望干戈，定訪弟妹。今猶未定，即弟與妹，亦不知一方與否而各何之也。所由
淚枯成血，髮變為絲耳。遙想江南，干戈未定，不識地卑天遠，荒野暮江，問弟妹果
在耶否？我年日老，更加多病，直恐死喪已近，無幾相見，如之何不悲也！〇前章憶
弟，若穎、若觀，在河南者，故曰「故鄉」。此章憶弟妹，弟豐在江左，妹韋氏在鍾
離。詩中地卑江遠，可見江南自永王璘反後，久為戰場。公後寄豐詩：「聞汝依山寺，
杭州定越州。」〔註8〕至於妹，《同谷七歌》曰：「有妹有妹在鍾離，良人早歿諸孤癡。」
〔註9〕此曰「弟妹各何之」，直恐杭州、越州、鍾離諸處，一經喪亂，無有定所。公
《送韓十四江東》又云：「我已無家尋弟妹。」〔註10〕

〔註8〕《杜詩闡》卷二十三《第五弟豐獨在江左近三四載寂無消息覓使寄此二首》。
〔註9〕《杜詩闡》卷十《乾元中寓居同谷縣作歌七首》之四。
〔註10〕《杜詩闡》卷十一《送韓十四江東省覲》。